中国社会科学院创新工程学术出版资助项目

中国公共服务的网络治理

Research on Network Governance of
Public Service in China

周悦 —— 著

社会科学文献出版社
SOCIAL SCIENCES ACADEMIC PRESS (CHINA)

摘　要

公共管理范式经历了传统的公共行政、新公共管理、新公共服务的变迁，20 世纪末以来，国际社会更加关注政府的竞争力、政府的合法性和回应性，"更少的政府，更多的治理"成为西方政府改革的共同特征。在此背景下，网络治理理论在回应社会需求中应运而生，并成为公共事务治理的重要范式。国际社会对公共服务的质量和效率持续关注，在治理模式上大致趋同，合作网络成为国外公共服务供给的基本模式。合作网络既包括政府间、区域间的内部合作网络，也包括政府与市场、社会间的外部合作网络，形成"内外兼顾"、"内外联动"机制，以整合式、参与式、互动式实现公共服务的有效供给。我国政府近年来尤为重视公共服务建设，但当前公共服务仍存在着供给不足、供给失衡、供给低效等问题，解决的关键在于创新治理方式与方法，促进政府与市场、社会主体的互动与合作。十八届三中全会提出"推进国家治理体系和治理能力现代化"的总目标。网络治理理论在公共服务领域的应用，顺应我国治理理论创新的发展趋势，也是提升我国公共服务供给效率的迫切需要。

本书基于网络治理理论，按照"构建理论—实践检验—完善理论"的研究思路，探讨优化公共服务供给的方法与路径。首先，夯实研究的基础和前提，在国内外文献综述的基础上，界定核心概念并阐释相关理论。其次，确立研究的核心和重点，构建我国公共服务网络治理的理论框架，涵盖理论模型、影响因素、评价机制和效率分析。再次，回归实践的检验与论证，比较国内外公共服务网络治理的典型案例，分析我国案例的不足与差距、总结国外案例的经验与启示。最后，实现研究的深入与升华，完善我国公共服务网络治理的理论，阐释提升公共服务网络治理能力的对策与路径，以期应对我国公共服务网络治理的风险与挑战，优化我国公共服务网络治理的政策体系。

本书的主要内容和研究结论分为以下五点。

一是界定公共服务网络治理的概念。公共服务网络治理是一种全新的通过公私部门合作，非营利组织、营利组织等多主体广泛参与公共服务供给的治理模式。政府、市场组织、社会组织和公民就一个或多个公共服务项目形成了合作共赢的网络关系，这些参与主体在开放、平等、有序的公共环境中分担公共责任、分享公共权力、共同管理公共服务事务，真正实现风险共担、利益共享。

二是公共服务网络治理的理论基础。通过梳理国内外研究文献，对公共服务网络治理的相关理论基础和现实条件进行分析，奠定研究的前提和基础。理论基础包括多中心治理理论、协商民主理论、社会资本理论、政策网络理论和新公共服务理论，现实条件包括政府"元治理"、合作机制、信任机制、责任机制和监督机制。

三是构建公共服务网络治理的模型并进行效率评价。公共服务网络治理模型的工具按照政府介入程度和系统复杂程度的不同，分为强制性工具、市场化工具、社会化工具和混合性工具，其中市场化和社会化工具使用频率更高。公共服务网络治理模型的结构经历了从中心集聚向分散集聚的演变过程；公共服务网络治理模型的要素即参与主体包括政府、市场、社会和公民，存在相互竞争和博弈关系；公共服务网络治理的模型按照公共服务特性分为政府主导、市场主导、社会主导型。公共服务网络治理的影响因素是效率评价的前提，包括服务项目因素、内部影响因素和外部影响因素。本书从理论有效性、工具有效性、模型有效性和产出有效性方面对公共服务网络治理进行效率分析。

四是国内外网络治理案例的比较研究。国内外案例的选取注重同质性和可比性，分别代表政府主导、市场主导、社会主导的公共服务网络治理模型。国外选取的是美国公共安全服务网络案例、韩国公共住房服务网络案例以及美国德州的儿童保育服务网络案例；国内选取的是北京市公共安全服务网络案例、北京市公共租赁住房服务网络案例、南京市鼓楼区居家养老服务网络案例。通过比较发现，我国在治理经验、市场与公民社会成熟度、公共服务网络合作的稳定性上存在一定差距。

　　五是提升公共服务网络治理能力的路径。当前我国公共服务网络治理的风险与挑战，既包括部分学者对公共服务网络治理理论与实践的质疑与不信任，也包括按照流程划分的公共服务网络的构建问题、运行问题和效果问题。公共服务网络治理主要的问题集中于网络的公平性与透明性问题、网络的协调性与回应性问题、参与主体的角色作用问题、资金来源与收益分配问题、绩效评估与监管问题等。而在我国公共服务网络治理路径的探析上，包括从目标层次、组织层次、执行层次和保障层次提升治理能力。主要包括：树立公平、高效、回应和透明的公共服务网络治理理念；明确政府的"元治理"作用、市场主体的基础性作用和社会主体的主导性作用；完善治理工具、收益分配制度和绩效考核体系以优化公共服务网络治理的运行过程；在人才、资金、政策上提供支持，在监管机制上提供保障，促进公共服务网络治理的完善与发展。

　　关键词：公共服务　网络治理　治理模型　治理路径

Abstract

The paradigm of public administration has been through traditional public administration, new public management and new public service. Since the 20th century, the international community has been more concerned about the competitiveness of the government, the government's legitimacy and responsiveness, "less government, more governance" has become a common feature of western government reform. In this context, network governance theory came into being in response to the needs of society, and became an important paradigm of public affairs governance. The international community has been continuously paying attention to the quality and efficiency of public services, and been similar in the pattern of governance, cooperative networks become the basic pattern of foreign public services. Cooperative networks include intergovernmental and inter – regional internal cooperation networks, and also include the government, the market and the society external cooperation networks, to form the mechanism of "both inside and outside" and to realize effective supply of public services in an integrated, participated and interactive formation. In recent years, the Chinese government attaches particular importance to the construction of public services, but the current public service still exists supply shortage, supply imbalance and inefficient supply problems. The key lies in innovating the ways and methods of governance, and promoting interaction and cooperation between the government, the market and the society. The Third Plenary Session of the Eighteenth Central Committee of the CPC proposed "The overall goal of comprehensive deepening reform is to improve and develop the socialist system with Chinese characteristics, promoting national governance systems and modern governance. " Therefore, the network governance theory implied in the field of public service is in line with governance theory innovative trend, and in the needs of improving the efficiency of public service.

The book is based on network governance theory to discuss the public service optimization method and path, and according to the ideas of "construct theory - practice test - improve theory" to design the paper frame. Firstly, solidify the basis and premise for research. On the basis of literature review of both home and abroad, the author define the core concepts and related theories. Secondly, establish the core and focus of the research. Construct the theoretical framework of public service network governance, covering models, factors, evaluation mechanism and efficiency analysis. Again, return to practice test and demonstration. Compare the domestic and foreign cases of public service networks, and analyze of the shortages and gaps in our cases, and summarize the experiences of foreign cases. Finally, realizes in - depth study and sublimation. Improve the public service network governance theory, explain the measures and the future path of public service network governance, in order to be able to cope with risks and challenges of public service network governance, and to optimize the policy system of public service network governance.

The main content and the research conclusion of the book is divided into the following five parts:

The first is to define the concept of network governance of public service. The network governance of public service refers to a new governance pattern through a public - private partnerships, and multi - agents in the provision of public services including profit organizations and non - profit organizations. Government, market, society and the citizens form a win - win cooperative public services network on one or more public service programs, they share the common responsibility, the public power and public service affairs in an open, equitable and orderly public environment and truly realize risk and profit sharing goals.

The second is to build the theoretical basis of public service network governance. Based on domestic and foreign research literature, this paper analyzes the relevant theoretical basis and practical conditions of public service network govern-ance, and lays the premise and foundation of the research. Theoretical basis include multi – center governance theory, consultative democracy theory, social capital theory, policy network theory and new public service theory; The practical condi-tions include "meta – governance", cooperation mechanism, trust mechanism, responsibility mechanism and supervision mechanism.

The third is to build the public service network governance models and to eval-uate the efficiency. ? According to the different levels of government intervention, the public service network governance tools can be divided into a mandatory tool, market tools, social tools and mixing tools, the market and social tools have a more frequent use. The structure of network governance model of public service has experienced from the center of agglomeration to dispersed agglomeration develop-ment process. Network governance model elements which are also main participants of public service, including the government, market, society and citizens, exist-ing mutual competition and game mechanism. Network governance of public service models in accordance with the characteristics of public service can be divided into the government dominant, market dominant, and society dominant public service network governance models. The influence factors of public service network govern-ance is the precondition for the efficiency evaluation, including service project fac-tors, internal factors and external factors. ? Efficiency analysis of public service network governance, illustrates from the theory effectiveness, tool effectiveness, model effectiveness to output effectiveness.

The fourth is comparative study of network governance at home and abroad. Selection of cases focus on homogeneity and comparability, respectively, on be-half of the government leading, market leading, social dominance of the public service network governance model. Foreign selections are public security service network and child care service network case in America, as well as public housing service network in South Korea; Domestic selections are public security service network and public housing service network case in Beijing, as well as China's first home endowment service network in Nanjing Gu Lou community. The analysis shows that there is a certain gap between home and abroad in governance experiences, market and citizen society maturity and cooperation stability.

Last but the least is to improve the path of public service network governance. Current risks and challenges of public service network governance, including some scholar's doubts and mistrust of the theory and practice on public service network governance, as well as building issues, operating problems and outcome problems in public service network. Public service network governance main problems focus on the fairness and transparency problems of network, the communication and responsiveness problems, the role of the main partners, the distribution issues sources of funding and income, and also performance assessment and regulatory issues. Then analyze network governance paths and put forward correspondence solutions of public service, from the target level, organization level, execution level and the safeguard level. Establish public service network governance concepts of fairness, efficiency, response and transparency. Clear and definite the meta – governance role of the government, the basic role of the market and the dominant role of the society. Improve governance tools, income distribution system and performance appraisal system in order to optimize the process of public service network governance. Provide support on talents, capital, policy, and protection in the regulatory mechanism, in order to promote the improvement and development of public service network governance.

Keywords: Public Service, Network Governance, Governance Models, Governance Paths

目　录

第一章　绪论

一　公共服务网络治理研究的背景与意义

本部分阐释了公共服务网络治理的研究背景和研究意义。研究背景方面，从公共服务网络治理研究的国外背景和国内背景进行展开；研究意义方面，从公共服务网络治理研究的理论意义和实践意义展开。通过分析认为，公共服务的网络治理是理论创新的发展趋势，也是实践改革的现实需要。

（一）公共服务网络治理研究的背景

本书从国外和国内两个角度分别阐释在公共服务治理领域的国内外理论和实践研究背景。

1. 国外研究背景

首先是原有治理范式的低效。进入 20 世纪以来，为了适应公共管理发展的需要，国外政府的社会管理职能迅速扩张，建立在官僚制基础之上的传统公共行政逐渐成为组织管理的工具。现代官僚制将社会生活的方方面面都纳入官僚组织的管理范围，政府的管理职能和机构规模随之膨胀，官僚制的政府失灵问题逐渐受到越来越多的人的质疑。撒切尔、布莱尔政府掀起的民营化浪潮，倡导"有限政府"的新公共管理运动，过多强调竞争与效率，而忽视公平与民主的市场失灵问题。

其次是新的治理范式的涌现。20 世纪末以来，国际社会更加关注政府的竞争力、政府的合法性和回应性，"更少的政府，更多的治理"成为西方政府改革的共同特征。在这样的背景下，合作网络在回应社会需求中应运而生，并成为治理公共事务的重要组织形式。作为新兴的治理模式，整体性治理①和网络治理为处理公共事务引入了新的机制，也为提升集体行动的能力提供了新的途径。前者重点强调政府内部跨界合作与统筹，后者重点强调政府与外部多元治理主体（市场与社会）的合作与协同。

最后是公共服务关注度持续提升。国际社会对公共服务的质量和效率持续关注。公共服务模式有所差异，其中有以美国为代表的"效率与公平并重型"、以北欧国家为代表的"全面公平型"、以新加坡和智利为代表的"效率主导型"。国外公共服务治理模式大致趋同，合作主义成为国外公共服务的基本理念，合作既包括政府间、区域间的内部合作网络，也包括政府与市场、社会间的外部合作网络，形成"内外兼修"、"内外联动"机制，以整合式、参与式、互动式实现公共服务的有效供给。

总之，国外政府公共服务在理论和实践上经历了一系列创新与发展，在宗旨上从重竞争向重合作、重部门向重整体、重效率向重公平转变。网络治理理论应用到公共服务领域是建立在对新公共管理与新公共服务理论的批判继承基础上，表现在弥合碎片政府组织，职能与修复政府与市场、社会关系上，通过协调政府内部机构职能，拓展公共服务供给方式，促进政府、市场、社会合作共赢等途径提升公共服务质量、满足公众公共服务诉求。因此，公共服务网络治理是未来公共服务的发展趋势。

2. 国内研究背景

首先是政府从管理到治理的转变。当前，从"管理"走向"治理"是中国特色社会主义的必然选择。改变传统的以自上而下管控为特点的"管理"理念，摒弃单一的行政管控手段，转变为一种强调国家与社会合作共治的"治理"理念，着眼于健全国家治理体系、提高治理能力。中央明确指出："全面深化改革的总目标是完善和发展中国特色社会主义制度，推进国家治理体系和治理能力现代化②。"在国家治理理论创新的背景下，网络治理理论在公共服务领域的应用是顺应国家发展的形势和需要。

---

① 本书中的整体性治理是指狭义的治理范畴，侧重于大部门式治理和逆部门化，解决碎片化公共服务问题。

② 来源于党的十八届三中全会通过的《中共中央关于全面深化改革若干重大问题的决定》。

　　其次是市场与第三部门的参与。当前创新社会管理体制的重点是，健全"党委领导、政府负责、社会协同、公众参与的社会管理格局[①]"，在服务中实施管理，在管理中体现服务。公共服务外包发展迅猛，利用市场和第三部门竞争优势降低成本，利用其专业优势提高质量，使监管和服务分离。当前公共服务外包涉及范围主要包括街道清洁、垃圾处理、居家养老、电子政务、公共治安、法规规章等文件的起草、专业技术鉴定、检验、检测等。而未来更广阔的公共服务领域更需要市场与社会的参与。

　　最后是公共服务水平亟待提升。当前社会公众关注的基本公共服务问题主要集中在就业、教育、医疗、文化、环境、安全等领域，基本公共服务均等化是缩小城乡差距和贫富差距以及改变地区间不均衡发展的重要途径。当前户籍制度改革使破解城乡二元体制进入实质阶段，城乡统筹发展进一步推进，这为均衡区域间、城乡间、阶层间公共服务水平和质量奠定了基础，并提出了更高要求。而当前公共服务存在供给不足、供给失衡、供给低效等问题，解决的关键在于创新治理方式与方法，促进政府与其他主体的互动与合作。

　　总之，我国政府近年来尤为重视公共服务建设，在治理理念上逐步向公平化、均等化转变。以往单一的政府供给公共服务模式容易出现效率不高、水平较低、供需失衡等问题，滋生官僚作风、形式主义、腐败问题等弊病，导致政府形象受损、公众满意度降低。而多元主体的公共服务供给模式，能够在资源、能力上弥补政府不足，在效率、效果上优化治理产出。政府角色由服务供给向服务协调、服务监管转变，根据服务内容、领域的不同选择由市场化手段供给或者非营利性手段供给，保障公共服务的网络治理模式稳步推进。

（二）公共服务网络治理研究的意义

　　本书从理论价值和实践价值两个维度，认为网络治理理论在公共服务领域的运用有利于理论的完善和实践的优化。

---

　　① 来源于 2007 年 10 月中国共产党第十七次全国代表大会上的报告。

1. 理论价值

首先是完善网络治理理论在公共服务领域的应用。与传统的公共行政不同，网络治理理论将关注点从管理技能和对官僚机构的控制转移到了协调技巧，它需要横向合理安排网络中的各方参与者，整合利益相关者，使其在相互依赖中实现共同目标。采用网络治理的模式，构建有效的社会合作伙伴，是政府实现有效治理的重要策略。本书旨在进一步完善网络治理理论在公共服务领域的应用。

其次是拓展公共服务治理的选择和优化空间。近年来，公共服务的多元治理方式已经历经理论共识和实证检验，涵盖跨界合作、公私合营、服务外包、自治管理等多种方式。网络治理理论的兴起和应用，代表着治理主体、治理结构、治理工具和治理机制的深刻变迁，为公共服务供给提供了一个具有启发性的理论视野和一个可操作性的实践框架。

最后是探索公共服务网络治理的机制和模式。本书力求进一步夯实公共服务网络治理的理论基础、价值前提、运行条件等，结合我国国情提出针对性方案，构建公共服务网络治理的参与主体、网络类型、评价标准等，应对公共服务网络治理的现实困境与部分质疑，并通过国内外案例分析深入挖掘公共服务网络治理模式的应对策略和未来路径。

2. 实践价值

首先是有助于应对不确定性、回应公共需求。社会治理的现实基础具有很大的不确定性和风险性，单一治理主体无法有效应对和及时解决，需要网络化治理协调和整合；而公众的公共服务需求与其经济收入呈正相关，公共服务的多样性和复杂性需求是传统、单一、僵化的"官僚制"难以满足的，这为网络化制度安排和网络化工具组合的应用提供了依据。

其次是有利于整合多方资本、促进多元参与。社会各行为主体拥有不同的优势资源，任何行为主体都没有能力完全单独有效实施公共项目，公共决策与公共服务的实行依赖于多主体间的有效协作，依赖于多主体间形成协作性网络。网络治理能够促进多方资源的优化整合和合理配置，形成公共服务的互补和规模优势，避免公共服务中的"搭便车"行为或"公有地悲剧"。

最后是有利于规避政府失灵、提升服务质量。网络治理能够有效解决政府内部人力、物力、财力等资源的有限性，以及政府在某些领域的专业性和知识性欠缺等问题，能够规避官僚制所带来的组织、制度和管理问题，避免公共利益受到个人或机构团体利益影响，拓展公共服务的覆盖领域、扩大公共服务的收益区间、提升公共服务的质量和水平。

二　公共服务网络治理研究的主旨与概要

本部分阐释了我国公共服务网络治理的研究主旨和研究概要，研究主旨是本书致力于达成的最终方向和愿景，研究概要是围绕目标展开的具体研究步骤和实施方案。

（一）研究主旨

本书首先通过整理提炼国内外文献资料，分析公共服务与网络治理的契合性，佐证网络治理在公共服务领域应用的必要性和重要性。其次从理论基础与实际案例角度剖析公共服务网络治理的合理性与可行性。最后结合我国现实基础，探索性提出未来公共服务网络治理改革的对策和建议。具体而言，分为以下三大主旨。

1. 构建公共服务网络治理理论框架

本书在确定公共服务网络治理的理论基础和现实条件的基础上，构建我国公共服务网络治理的理论框架，确定理论框架的基础是治理工具、核心是治理模型以及前提是影响因素、保障是评估机制。结合我国公共服务的实践，构建我国公共服务网络治理的基础理论模型，为后续的案例分析奠定基础。建立公共服务网络治理的评估机制，涵盖治理过程评估和治理结果评估，构建指标体系，既能测量公共服务网络的有效性和合理性，也能测量公共服务与公共产品的供给效率与质量。

2. 比较国内外公共服务网络治理案例

本书将选取国内外公共服务网络治理的典型案例，涉及某一地区或某一服务领域，分析各案例中公共服务网络治理过程的经验与教训，对比分析国内外公共服务网络化的优势和差距。在国内外案例的选取中，注重案例的相似性和可比较性，如选取相同或相似公共服务领域的网络治理案例。通过案例进一步检验和修正之前提出的公共服务网络治理模型，按照公共服务网络治理评估机制评价国内外典型案例的有效性与存在的问题，为后续提出针对性策略和方法奠定基础。

3. 探讨我国公共服务网络治理路径

本书在借鉴国内外理论和经验的基础上，在分析我国现实困境与产生原因的前提下，探索性提出未来公共服务网络治理改革的对策和建议，以期对公共服务政策与实践有一定的指导意义，为政府决策提供一定的政策参考。我国公共服务网络治理需要充分考虑当前存在的风险与挑战，既有理论方面的不成熟也有实践方面的不完善。在未来治理路径的思考上，需要结合我国理论与实践的现实状况，在社会治理创新的背景下探索具有中国特色的治理路径。

（二）研究概要

本书基于网络治理理论探讨公共服务优化的方法与路径，在参阅国内外相关文献后，按照"构建理论——实践检验——完善理论"的思路设计框架，即首先构建公共服务网络治理的理论框架，涵盖理论基础、现实条件、工具、模型、影响因素、评价机制与效率分析；然后引入国内外公共服务网络治理案例，分析案例中的成功与经验、探讨国外案例的启示与借鉴、总结国内治理的困境与难题；最后在实践中完善和提高理论，探索未来公共服务网络治理的对策与路径，以期能够应对我国公共服务网络治理的风险与挑战，优化公共服务网络治理路径。

本书的研究思路遵循理论源于实践、高于实践、指导实践，并在实践中不断发展完善的原则。在"构建理论"过程中，遵循一切从实际出发，将国外研究的理论成果与我国国情、社情、民情相融合，做好国外理论中国化的研究工作。构筑全方位理论框架，涵盖设定理论前提与基础、确立理论核心与关键、搭建理论评价体系；在"实践检验"过程中，选取国内外的典型案例，在比较中寻找差距、查找问题；在"完善理论"过程中，结合我国实际，坚持从多角度、全方位、多层面思考问题、解决问题。

1. 国内外公共服务网络治理理论与实践研究梳理

本书对国内外公共服务网络治理的理论与实践研究进行梳理。涵盖：核心概念界定，及对公共服务网络化的契合研究；公共服务网络治理的影响因素、评价机制研究及工具和模型研究；治理困境及治理实践研究。最后对国内外文献研究进行客观评述，从而引出本书研究的空间和意义。

2. 公共服务网络治理的核心概念与理论基础分析

本书基于系统梳理和回顾国内外文献的概念研究，根据本书的研究特色和研究对象界定两大核心概念，即公共服务和网络治理。本书对网络治理的理论基础和现实条件进行分析，奠定研究的前提和基础。理论基础包括多中心治理理论、协商民主理论、社会资本理论、政策网络理论和新公共服务理论，现实条件包括政府"元治理"、合作机制、信任机制、责任机制和监督机制。

3. 我国公共服务网络治理的模型与评价机制构建

本书对公共服务网络治理的治理工具进行分类研究，按照政府介入程度的不同分为强制性工具、市场化工具、社会化工具和混合性工具；并按照公共服务参与主体（分为政府部门、市场组织、社会组织、公民个人等）划分治理网络，并以此为基础设计公共服务网络治理基础模型。本书对影响公共服务网络治理的网络建构、运行过程、运行结果的内外部因素进行分析，为治理理论奠定前提条件；本书引入全方位、全过程的公共服务网络治理评价机制，涵盖治理过程评估和治理结果评估，既能测量公共服务网络的有效性和合理性，也能测量公共服务与公共产品的供给效率与质量。

4. 国内外公共服务网络治理典型案例的比较研究

本书将选取国内外公共服务网络治理的典型案例，描述性分析各案例的发展脉络和运行过程，概括性分析各案例中公共服务网络治理过程的经验与教训；通过对国内外典型案例的对比分析，找出当前我国公共服务网络治理的现实差距，为提出未来改革举措奠定基础。

5. 我国公共服务网络治理的风险挑战与未来路径

本书通过文献研究和案例分析，结合国内实际，进一步总结我国公共服务网络治理的困境，按照服务网络发展时间顺序，从网络构建、网络运行和网络结果三个阶段进行分析，主要包括责任问题、收益分配问题、沟通问题、监管问题等。并且对问题产生的原因进行深入剖析，以期能针对性提出对策建议。本书在对未来我国公共服务网络治理的路径探索与展望上，逐步从目标层次、组织层次、执行层次、保障层次提出对应性政策建议，以期对社会实践有一定的指导意义，为政府决策提供一定的政策参考。最后，得出本书的结论，评述本书的创新点和不足之处。

三 公共服务网络治理研究的框架与方法

本部分阐释了公共服务网络治理研究的框架与方法。

(一) 研究框架

本书分为四大部分，如图 1-1 所示。第一部分确定研究前提与研究基础，涵盖国内外文献述评与理论、现实研究基础；第二部分分析理论工具与评价机制，构建公共服务网络治理理论框架；第三部分探讨案例实践与存在的问题，涵盖国内外案例分析、问题原因剖析；第四部分展望未来发展路径、提出结论与后续研究。

(二) 研究方法

1. 文献研究法

文献研究法是一种通过收集和分析现存的文字、数字和图形等信息形式的文献资料来探讨和分析各种社会行为、社会关系以及其他社会现象的研究方法。本书通过对国内外相关文献的广泛查阅和研读，总结出公共服务网络治理的研究成果及实践经验，为进一步深入研究和探讨夯实基础。

2. 归纳分析法

归纳分析法是由从个别性知识推出一般性结论的方法。本书在总结公共服务网络治理影响因素、评价机制、治理工具、治理模型以及治理困境等方面广泛应用此类方法，从特殊现象总结出普遍规律。

研究框架	研究内容	研究方法

研究前提
与
研究基础

国内外文献综述

国外文献综述 　 国内文献综述

文献法

理论与现实基础

理论基础 　 现实条件

文献法

归纳法

理论模型
与
评价机制

公共服务网络治理理论框架

治理工具 — 基础

治理模型 — 核心

影响因素 — 前提

评价机制 — 保障

文献法

归纳法

演绎法

案例实践
与
问题探讨

国内外案例分析

国外案例分析 　 国内案例分析

案例法

比较法

问题及原因探讨

问题总结 　 原因剖析

文献法

归纳法

未来展望
与
本书结论

公共服务网络治理未来展望

结论与后续研究

文献法

归纳法

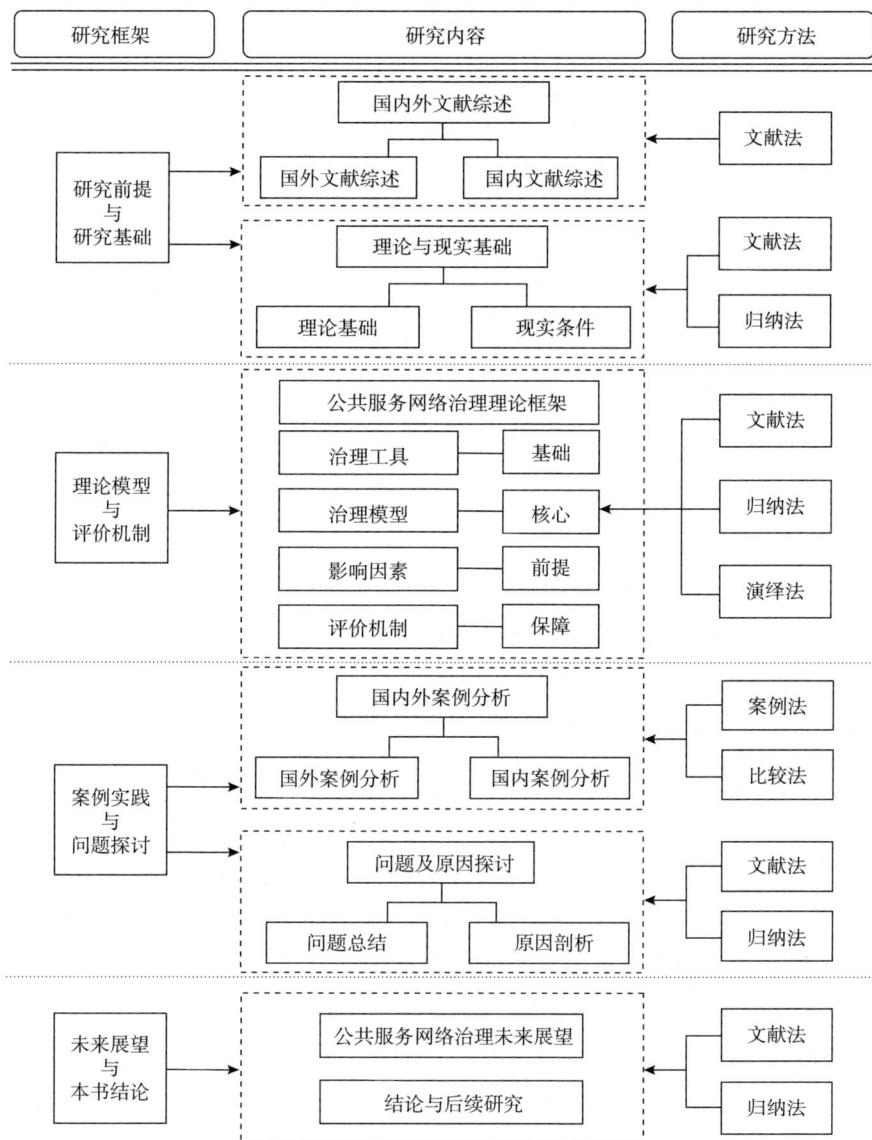

图 1 - 1　研究框架

3. 演绎分析法

演绎分析法是指以一定的反映客观规律的理论认识为依据，从已知部分推知事物的未知部分的思维方法，是由一般到特殊的分析方法。本书在基本网络治理理论基础上，对国内外典型案例进行分析，构建更复杂、多变的案例中的公共服务网络模型。

4. 案例分析法

案例分析法是指选取比较有代表性的正面或负面案例作为样本，将案例发展脉络、特征、过程、结果等真实、客观展现，并从中提取有价值的信息和观点。本书选取国内外公共服务网络治理的案例进行分析，考量其服务网络的构建、运行与效率，分析国内外案例中的经验与教训。

5. 比较研究法

比较研究法是对物与物之间或人与人之间的相似性或相异程度进行研究的方法。在同一个层面对事物进行对比，以期找出规律和问题所在，达到借鉴的目的。本书通过对国内外公共服务网络治理的案例进行分析，对比国内外公共服务网络治理的差距与不足，为进一步提出政策建议奠定基础。

四　公共服务网络治理的国内外研究现状

本书通过整理和查阅大量的国内外文献资料，系统梳理了公共服务网络治理领域的国内外相关研究现状，涵盖核心概念和相关理论研究，形成了以下的文献研究综述。

（一）国外研究现状

1. 国外关于公共服务网络化的契合研究

Stephen Goldsmith 和 William D. Eggers（2004）提出网络化政府与协同政府之间的区别模型，涵盖"公私合作程度"和"网络管理能力"两个衡量维度，每个维度又分为"高"、"低"两个层次。不同维度和层次的组合对应四种政府管理形态（见图 1－2）。他们认为网络治理理论代表四种趋势的合流：数字化革命（电子政务）、协同政府（整体性政府）、第三方政府（公私合营、公民社会）、消费者需求（公共服务诉求）。网络化治理是指将第三方政府高水平的公私合营特性与协同政府较高的网络管理能力结合起来，利用技术将网络连接贯通起来，最终在公共服务供给方案中能够赋予公民更多选择权。

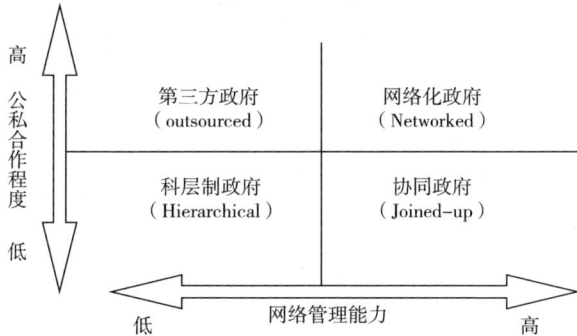

图 1 - 2　四种政府治理形态

资料来源：Stephen Goldsmith & William D. Eggers. *Governing by Networks*：*The New Shape of the Public Sector* ［M］. The Brookings Institution Press，2004，p. 18.

　　Janet V. Denhardt 和 Robert B. Denhardt（2004）提出新公共服务理论，认为新公共服务理论是关于将公共服务、公民参与和民主治理置于核心位置的公共行政治理系统的一系列观点和理论。新公共服务理论明确表示公共行政官员不是其项目和机构的主人，公共行政官员未来的角色并不是服务的直接供给者，而是中介人、调停人甚至裁判员。而新角色需要的不是以往直接管理控制的旧办法，而是成为中介、掮客、协商者以及冲突解决者的新技巧。Elinor Ostrom（1996）提出多中心治理理论，理论中用多元主体的服务供给方式取代政府单一服务供给方式，这种多样化不仅涵盖除政府以外的其他社会主体供给，还包括政府根据公共服务的属性不同而采取多样化的服务供给方式。她认为政府在公共服务供给中需要做以下决策：选定提供公共产品和服务的一组人；明确供给产品和服务的数量和质量；决定与公共产品和服务相关的私人活动被政府管制的程度；决定公共产品和服务的生产方式和供给方式；决定公共产品和服务供给的融资方式；决定公共产品和服务生产者的人事管理方式。

　　2. 国外关于公共服务网络治理的影响因素研究

　　John R. Schermerhorn Jr（1975）认为网络组织制定决策的影响因素包括：组织外部需要（资源数量、期望值与外部压力）；组织内部需要（组织形象、内部资源）；支持能力（内部组织支持能力、外部环境支持能力）。Catherine Alter 等（1993）认为网络组织合作的条件包括网络组织主体的合作意向、专业程度的要求或需求、对财政资源共享和风险共担的依赖程度等。Ann Marie Thomson 等（2006）认为网络合作的基础条件是资源的高度依赖、共担风险的高度需要、合作的必要程度、项目复杂程度较高等。Graddy. Elizabcth A. 研究了家庭保护服务的供给网络，认为服务网络形成的影响因素涵盖组织因素（组织规模、组织合作伙伴数量、资源依赖程度）、项目因素（服务类别、合作经验、客户需求）和环境因素。Wecrasak Krucathep 等（2008）研究了地方政府公共服务项目案例，认为服务网络形成的影响因素包括机构自身因素（组织规模、社区复杂性）、服务项目因素（资源依赖程度、任务复杂程度）、管理能力因素（管理者经验、参与者态度）、政治环境因素与社会环境因素等。Fedrik Lindencrona 等（2009）研究发现网络治理方式依赖于四个关键结构和关系变量：规模（网络成员的数量）、信任密度、目标协同性、任务复杂性（对网络治理能力的需要）。随着组织规模变大、成员间信任度降低、服务目标协同性降低和对网络治理能力要求增加，协调性网络治理方式越来越有效；在实证方面，在人类健康服务网络中，通过对参与者互动程度对网络绩效和顾客满意影响的研究，发现网络治理的协调对改善网络运行和顾客满意至关重要。Kyung Kyu Kima 认为网络组织合作的影响因素包括服务目标一致性、资源依赖性、项目的技术不确定性、信任、交易成本等。

3. 国外关于公共服务网络治理的评价机制研究

国外对公共服务网络治理的评价机制，集中在两个层面，一是对网络治理过程的评估，二是对公共服务结果的评估。Adrian Leftwich（1993）认为良性治理应该包括高效优质的公共服务、保证合约执行的独立健全的司法体系和框架、公共财政的有序管理、公正负责的立法机构、以人权和法律为基础的政府机构、多元复合的制度结构、新闻媒体自由。Laurence J. O'Toole Jr. 等（2004）研究认为网络治理在重点涉及服务供给网络的有效性时，需要涵盖多个维度与视角。供给的服务包括对公众需求的回应性和网络组织的学习，服务供给表现为全面性、可获得性和相容性。Mimicopoulos（2006）认为可以从效率、参与度和透明度三个维度来衡量网络治理。效率是指政府建立可预测性政策和适应政策环境的能力，参与度是将公民社会中社会参与引入网络治理过程，透明度是指向公众提供相关政府行为信息的清晰度、及时性和充分性。Economic and Social Commission，United Nations（2010）报告认为良性治理应该包括八大主要的特征：高效、回应、透明、共识、责任、法治、参与、公平、与不排斥任何团体或个人（见图1－3）。Christopher J. Koliba 等（2011）认为网络治理的有效性需要考虑三方面利益相关者：社区、网络、组织或参与者，不同利益相关者的目标不同，有的甚至冲突，或者将网络有效性转化成集体行动的能力。他们把网络治理效果分为内容结果和过程结果，内容结果主要是治理最终实质性的内容和成果，包括方案整合、成本与收益的比例、结果创新、问题解决能力等；过程结果主要是指网络治理过程的管理、过程中的争议解决、行为者之间的沟通协调程度等。

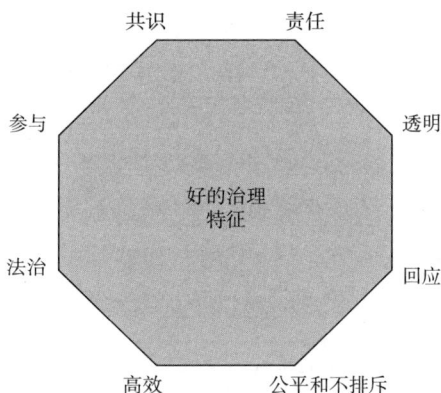

共识　　　责任

参与　　　　　　　　　　　　透明

好的治理
特征

法治　　　　　　　　　　　　回应

高效　　　公平和不排斥

图 1－3　良性治理的评估标准

资料来源：Economic and Social Commission，United Nations. What is Good Governance ［R］. http：//www. unescap. orb/pdd/prs/ProjectActivities/Ongoing/gg/governance. asp，23/10/2010.

在公共服务的结果评估上，Bnyne（2003）认为衡量公共服务绩效以及质量可以从以下七大角度：一是前期投入的数量（如时间长短、机构数量）；二是投入过程的质量（如公共服务供给速度和信度，服务人员的态度和礼貌程度等）；三是成本效率（如公共服务支出占财政支出的比率）；四是公平（不同阶层群体服务投入的公平性，收入分配的合理性等）；五是最终产出，即公共服务可以测量的结果（如结案率、升学率等）；六是物有所值，即纳税人的税收应用的合理性和透明性；七是顾客满意度。Carlson 和Schwarz 认为公共服务的测量应该涵盖如下几个方面：公正（fairness）、便利（convenience）、可靠性（reliability）、保障（security）、公民影响（citizen influence）、个人关注（personal attention）、财政责任（fiscal responsibilities）、解决问题的途径（problem solving approach）、得到服务质量的程度（available service quality）。

4. 国外关于公共服务网络治理的工具和模型研究

在公共服务网络治理工具层面，Howlett. Michael 等（1995）按照政策网络的权变情境和资源依赖度的不同，绘制出政策网络治理工具的光谱结构，在政策执行工具的光谱上显示了由低到高的政府介入层次（见表1－1）。对于政策网络这种治理模式来说，强制性工具即管制类工具，由于强调过多一致性，缺乏弹性灵活而无法在治理环境中发挥功效。因此，政策网络治理更需要具有诱因性、沟通性、契约性和自愿性的政策工具。

表 1－1　政策网络的治理工具

家庭与社区	信息与规劝	管　制
志愿组织	补　助	公共事业
私有市场	征税与使用者付费	直接提供服务

低 ——————（政府介入层次）——————→ 高

自愿性工具	混合性工具	强制性工具

资料来源：Howlett, Michael and Ramesh M. *Studying Public Policy：Policy Cycles and Policy Subsystem*［M］. Oxford：Oxford University Press. 1995：82。

在公共服务网络治理模型层面，Benassi（1995）重点研究由于治理因素的不同会产生不同的治理网络，而构成治理因素的关键方面是网络中的中心组织所应用的网络理论和控制模式。治理因素决定了网络的动态程度以及维护网络状态成本的高低，据此可以将治理网络划分成四种不同类型（见图1－4）。网络Ⅰ：从属型网络。是一种比较极端的网络类型，成本高但动态性低，治理机制大致与层级治理类似。网络Ⅱ：依赖型网络。这种网络也具有较低的动态性，因其变化主要是由中心组织来决定的。但与从属型网络不同的是依赖型网络具有较低的成本。网络Ⅲ：自组织网络与网络Ⅳ：导向型网络与前两种网络完全不同。在这两种网络类型中，中心组织具有较强的网络意识，深知自身的绩效需要依赖于其他网络成员的行为和能力，而且中心组织具有较高的斡旋能力用于构建和维护与网络中其他组织的关系，区别是网络Ⅲ的沟通协调能力强于网络Ⅳ，且成本更低。

动态性

	高	低
成本　低	Ⅲ：自组织网络	Ⅱ：依赖型网络
高	Ⅳ：导向型网络	Ⅰ：从属型网络

图1-4　四种网络模型

资料来源：Benassi，M.，Governance Factors in a Network Process Approach［J］. Scand. J. *Management.* 1995，p. 125。

Stephen Goldsmith 和 William D. Eggers（2004）认为公共服务治理网络包括服务合同、信息传播、供应链、渠道性伙伴关系、专门类型、联结交换台等类型。他们按照集成商①的类型不同，设计了三类基础网络模型。第一类是政府作为集成商的网络模型（见图1-5），第二类是主要承包商作为集成商的网络模型（见图1-6），第三类是第三方供应商作为集成商的网络模型（见图1-7）。

Keith G. Provan 等（2008）通过两个维度区分网络治理结构，这两个维度是：网络成员治理方式是共同治理（互动多）抑或存在一个主要协调者

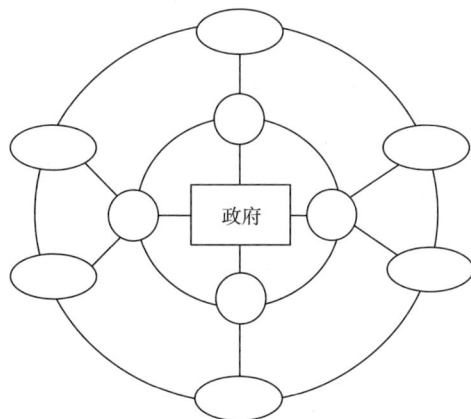

图1-5　政府作为集成商的网络

① 集成商是指能够协调活动、处理问题、保证高质量的服务供应的核心网络成员，是网络的关键组成部分。

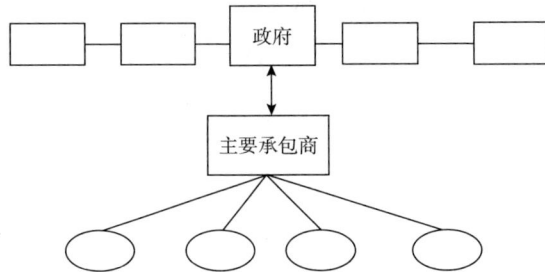

图1-6 主要承包商作为集成商的网络

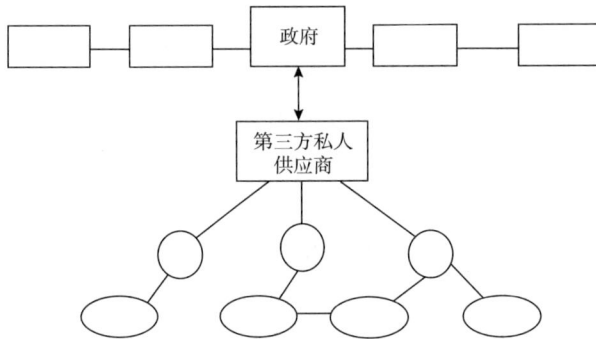

图1-7 第三方供应商作为集成商的网络

资料来源：Stephen Goldsmith & William D. Eggers. *Governing by Networks*：*The New Shape of the Public Sector* ［M］. The Brookings Institution Press，2004，pp. 62 – 80。

（互动少），网络中的主要协调者是网络成员抑或外部组织。按照这一分类，共形成三种方式：共同治理方式（Shared Governance）、网络成员领导方式（Lead Organization）、外部组织管理方式（Network Administrative Organization）（见表1-2）。

表1-2 网络治理模型及其指标

变量治理模式	信 任	规 模	目标一致性	任务性质
共同治理模式	高密度	很少	高	低
网络成员领导模式	低密度、高度集中	中等数量	中低	中等
外部组织管理模式	中等密度、外部组织受成员监督	中等到很多	中高	高

资料来源：Keith G. Provan, Patrick Kenis. Modes of Network Governance：Structure, Management, and Effectiveness ［J］. *Journal of Public Administration Research and Theory*. 2008，18（2），pp. 229 – 252。

5. 国外关于公共服务网络化的治理困境研究

Agranoff（2001）通过初步研究提出了网络管理六大基础问题：（1）协作中的集团形成过程问题；（2）网络弹性问题；（3）组织自身责任和公共机构的责任问题；（4）网络的凝聚力问题；（5）权力对网络问题解决的影响程度；（6）网络管理的效果问题。在此基础上，Agranoff（2003）进一步总结了合作网络中管理者需要注意的十个关键问题，即：（1）网络不仅是协作管理工具；（2）管理者在层级内仍需做大量的工作；（3）网络运行为管理者带来利益；（4）网络只是与层级组织有部分差异；（5）并不是所有的政策和议程问题都可以运用网络解决；（6）合作决策或协议是相互借鉴和调整的结果；（7）不同网络的协作行动是有区别的，其根源在于知识管理的不同；（8）除了合作精神外，冲突和权力争议也是网络运行的必不可少因素；（9）网络存在协作成本和收益；（10）网络不是万能的，不能代替公共官僚机构。

6. 国外关于公共服务网络治理实践的研究

Salamon（1987）提到，在美国公共服务制度体系中，联邦政府绝大多数角色是以资金提供者和服务的监管者为主，而不是以服务供给者的角色出现。而在具体提供服务过程中，美国联邦政府会大量求助第三方公立或私立机构（州、市、县、大学、医院和行业协会等）。美国政府与非营利部门频繁与广泛的合作，使美国并未像欧洲福利国家政府一样，出现庞大的政府机构，得以保持较小政府规模的前提下，有效完成政府的服务职能和福利责任。Donald Kettl（1993）认为，"二战"以来，美国联邦政府所提倡的几乎每一个主要服务项目和政策行动，例如医疗与卫生保健、环境整治与修复、岗位培训、扶贫项目、州际高速公路，大多是通过公私伙伴关系进行提供的。Robert Agranoff（2007）在对美国的案例进行研究时发现，供给公共服务的网络除了涵盖联邦、州政府、地方政府及地方政府间的合作外，还有政府与非营利组织、政府与私人部门间的管制和契约等多种形式，且在公共服务的决策与执行中引入多层次的公民参与。如自2001年9·11恐怖袭击发生后，美国将反恐战争定义为：政府各层级的执法机构及私人保安公司、商业和工业、市民协会及其他非营利组织间的协作，最终形成一种网络治理模式来提供国防安全服务。

澳大利亚政府的公共服务改革具体措施包括：一是，加强政府与私人部门、公众的横向联合。在公共服务过程中根据环境情况赋予私人部门更多自主权，同时充分发挥社区和公民的作用，而政府的职责是确立合同条款和实施监控。二是，加强地方政府包括州政府及其他地方政府间的纵向合作。纵向合作可以整合多个政府部门间的雇员团队，通过联合的形式提供公共服务，实现信息和资源共享。三是，开展公民满意度调查，充分了解公众对公共服务的满意度和新的诉求，为公共服务改善提供依据。澳大利亚成立的机构称为"联络中心"（Centre Link），性质是政府出资的非营利性事业机构，承担原由多个联邦政府部门承办的社会服务工作，例如受家庭与社区服务部委托发放养老金。通过澳大利亚各地社区的上千个服务网点和强大的 IT 网络系统，"联络中心"将服务覆盖全国各个区域，从中央到地方、城市到乡村、社区到家庭，在统计养老金申请信息、费用申报和领取信息方面发挥很大作用。"联络中心"的运行机制是半市场化形态，经费的主要来源是政府拨款，但需要受到国会、财政、审计、司法、生产效率委员会等政府部门及非政府团体的严格监督；此外许多政府服务项目的获取是需要采取竞标方式，如果报价高于市场费用，政府会将该服务项目交给其他竞争者。

（二）国内研究现状

1. 国内关于公共服务网络化的契合研究

郁建兴（2009）通过回顾我国公共服务体制与机制创新的历程，发现公共服务的参与主体经历了两次嬗变（见图 1-8）。第一次嬗变是公共服务规划者与生产者的分离与脱离，即"公共服务体制机制首次嬗变"。在首次嬗变过程中，政府改变以往独揽全局的地位，将生产职能单独划分出去，政府职能转变为制定政策、资金拨付和监督管理。而对于一些生产者不能单独有效生产的服务，可通过整合其他服务资源、借助其他主体来进行生产，间接满足公众服务需求，这一过程就是"公共服务体制机制再次嬗变"。公共服务体制机制再次嬗变中，服务生产者既可以是市场中的企业、社会组织、公民，也可以是政府机构。陈振明（2011）认为，公共服务体制机制再次嬗变后的复合型服务供给模式，强调以公民为中心，

| 初步探索阶段 | → | 改革创新阶段 | → | 深化发展阶段 | → |

政府包揽				强化政府责任
分级承担	⇒	公共服务体制机制首次嬗变	放松管制 市场运作	公共服务体制机制再次嬗变	⇒	服务均等化
统一管理				社会网络治理

| → | 职能定位 | → | 体制创新 | → | 流程再造 | → | 方法改进 | → |

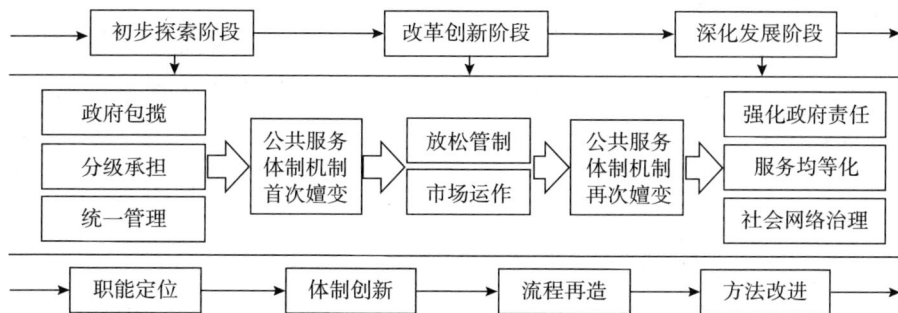

图 1-8　我国创新公共服务体制和机制的推进路径

资料来源：郁建兴、吴玉霞：《公共服务供给机制创新：一个新的分析框架》，《学术月刊》2009 年第 12 期。

注重公共利益和公共需求，强化了政府责任，遵循社会网络治理途径，能够整合社会资源，提升服务质量与效率，改善社会整体福利。王春福（2009）认为，以多中心机制供给公共产品，将公众参与引入公共权力运行，以公平正义为核心培养公共精神，以社会本位为基础发展公共服务领域，构成服务型政府的主要行为与运作方式。以多中心机制供给公共产品与服务，即政府、私人部门和社会组织共同负责公共产品与服务的供给。多中心机制可以覆盖公共产品供给的多个领域，全方位满足公众需求，能够充分体现服务型政府的服务宗旨。通过政策网络治理模式的有效运作，将民主秩序、法定程序、公民意志三者有机结合，建成了服务型政府的内在机制。

谭英俊（2009）认为，网络治理模式是有效供给公共物品和服务的催化剂。网络治理主张采用多元主体、多种方式、多种制度进行服务供给。倡导政府、企业、第三部门共同参与公共产品和服务的供给，使这三种机制或三种力量得以有机整合。网络治理可以充分发挥三大主体的优势以满足公众日益多元、日益分化的公共需求。娄成武等（2014）认为，网络治理理论确立了公共服务体系建设的主体多元性，赋予各参与主体平等与独立的地位，确保公共服务体系治理主体的核心地位，促使其了解彼此的价值、资源以及支持力度，通过系统内部的相互作用最终形成合力。但网络治理理论在实际运行过程中也存在一定的风险性，尤其是主体间如何协调、有效合作进而形成正向动力是最明显的难题。这里引入"三圈理论"分析框架，将网络治理理论与三圈理论密切结合起来，以期降低网络治理理论的内外部风险，促使内外部系统不断交互融合，最终促进平衡协调系数的提升（见图1-9）。

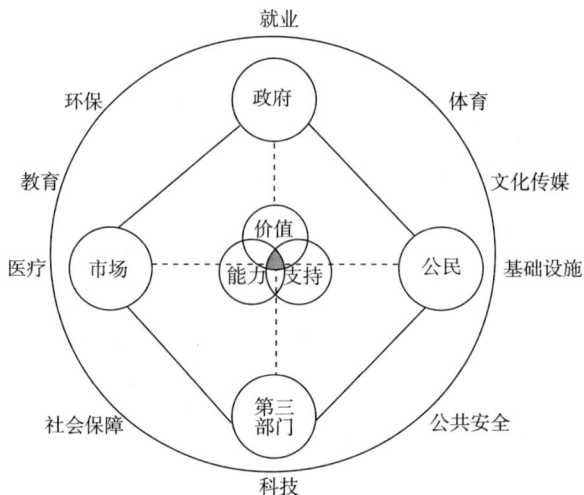

图1-9 公共服务网络治理的"三圈网络"

资料来源：娄成武、谷民崇：《基于"三圈网络治理"模型的公共服务体系复杂性分析》，《行政论坛》2014年第3期。

2. 国内关于公共服务网络治理的影响因素研究

林玉华（2002）认为，在网络治理模式的影响因素中，除信任作为关键要素之一以外，还包括：（1）多元行动者；（2）网络成员间的相互依赖；（3）网络成员间持续不断的互动；（4）基于互信的竞争状态下的互动；（5）行为者互为主体，拥有一定程度的自主性，但不再居于核心主权地位；（6）注重建立伙伴关系；（7）扩大执行与管理幅度；（8）重视社会资本与资源等因素。姚引良等（2010）在以往学者研究的基础上，结合西安、南京和深圳等政府部门实地调研、访谈的资料，提出了地方政府网络治理影响因素的研究框架，将影响治理效果的因素分为主体、关系、环境三大方面，并对其进行数据验证。研究发现，政府的合作态度、合作能力和资源的投入这三方面对网络治理的效果会产生显著影响，具体来看，政府合作态度越积极、合作能力越强、投入的资源越丰富，网络合作效果越好；参与网络合作的主体间关系也会影响效果，即各参与主体间的信任和协同程度越高，合作效果也越好。此外，环境因素中的上级支持和公众积极参与也会对合作效果形成正向促进作用。刘波等（2014）通过对地方政府网络治理影响因素进行抽样研究，选取西安、南京、重庆、深圳四个城市的十多个政府部门作为调研对象，分析地方政府网络治理模式的形成与政府因素、公共服务因素、环境因素之间的关系。运用 SEM 统计方法对前期提出的理论框架和影响因素进行验证。验证结果显示有 7 个假设得到数据验证，4 个假设未得到数据支持，政府因素中的组织信任、合作能力、预期收益，公共服务因素中的资源依赖程度，环境因素中的上级政府支持因素会对网络治理的形成产生直接影响，而公共服务因素中的任务复杂程度以及市场成熟度只是通过政府因素间接影响网络治理的形成。研究证实，组织信任是最重要的政府因素，资源依赖性是最重要的公共服务因素，公民社会成熟度是最重要的环境因素。

3. 国内关于公共服务网络治理的评价机制研究

王欢明、诸大建（2011）认为，我国的网络治理过程，可从决策阶段、执行阶段、评价阶段三个环节来优化改革。在决策阶段，可以吸纳服务接受者，从深度和广度上扩大公众发言权，从而在决策阶段就能考虑公众利益，避免公共价值被忽视或扭曲；在执行阶段，建立治理合作结构即治理实体合作机制，可以吸纳除政府之外的其他社会组织，对合作各方的收益和成本需要有全过程的反馈调整；在评价阶段，其宗旨是提供社会满意的服务。据此可建立绩效评价公式如下：

公共服务绩效 = 社会满意的服务　　　　　　　　　　　　　　（公式 1 - 1）

　　　　　 =（社会满意的服务/产出）×（产出/投入）×投入　（公式 1 - 2）

　　　　　 = 公众满意度 × 技术效率 × 投入　　　　　　　　　（公式 1 - 3）

资料来源：王欢明、诸大建：《国外公共服务网络治理研究述评及启示》，《东北大学学报（社会科学版）》2011 年第 6 期。

从中可看出，公共服务绩效可从公众满意度、运营技术效率和公共投入三方面衡量。我国 20 世纪 80 年代开始的公共服务市场化改革，主要是考虑公共投入和技术效率目标，但当前形势下需要着重考虑公众对公共服务的满意度，准确来看，政府需要实行投入产出效率和公众满意度相结合的新公共服务供给模式。陈振明等（2014）认为，公共服务质量提升的价值目标及衡量标准可以分为不同层次。首先，效率、效益等是基础标准，这是所有公共服务必须保障的基础目标；其次，公平性、回应性是公共服务质量提升中所追求的第二层次目标，即在保证效率的前提下，积极回应公众的需求与需要，按照公民的要求进行服务内容和质量的提升，此外还要注重公共服务的公平性，促进公共服务均等化发展；第三，在公平回应公众需求的基础上，引入多元参与机制和协作机制。根据实际情况，在公共服务质量提升的多个环节中，引入不同主体，促进公民、企业、社会组织等与政府合作，提升公共服务质量提升中的参与性与协作性。

4. 国内关于公共服务网络治理的工具和模型研究

在公共服务网络治理工具方面，周志忍（1995）倡导公共服务中社会力量的利用即公共服务社会化，公共服务社会化在实践中主要采取以下治理工具：（1）政府业务以合同形式出租。（2）以私补公，打破政府垄断。（3）建立政府部门与私营企业的合作伙伴关系。（4）公共服务社会化。公共服务社会化提供了一个在政府维持一定职能和服务水平的条件下实现机构和人员精简的有效途径。另外，提高服务效率、降低财政支出，利用市场对政府机构形成竞争压力，也是西方政府致力于公共服务社会化的重要原因。张成福（2008）认为：通过放权让利、下放行政权力，扩大企业自主权；调整和改变政府与事业单位的关系，逐步改变政事不分的局面；政府对民间组织秉持更加包容开放的态度；支持基层组织民主自治；地方政府拥有更多的自主权和发展空间；地方政府间关系优化调整；区域间以及跨区域的政府协作增强。何精华（2011）从政府间合作网络角度来探讨政策工具，将其分为互动式政策工具组合和结构式政策工具组合，并且涉及具体的政策工具选项。互动式政策工具组合是政府间合作治理工具的基础，通过政策行动者之间的频繁互动，达成对话沟通的共识，以积累协同合作的社会资本，在互动式政策工具组合基础上来启用结构式政策工具组合。结构式政策工具组合比较传统，在运作上多以单一行动者为主，属于一种权力自上而下、趋于集中化的政策工具类型，多用于执行具有特定功能的行政方案与政策计划。

在公共服务网络治理模型方面，于翠平等（2013）认为，公共服务网络中最基础常规的网络成员有四类，分别是政府、企业、非政府组织和用户（公众）。根据网络成员的角色进行基础分类，例如根据政府的不同角色可构建三种网络治理模型：即共同治理模式（见图 1－10）、政府领导模式（见图 1－11）和政府管理模式（见图 1－12）。共同治理模式是指政府、企业、非政府组织与用户之间平等协作，共同参与公共服务的供给过程；政府领导模式是指政府在网络中起到核心指挥作用，负责整个服务网络的组织和运作，并引入其他参与主体，在政府的引导和带领下参与到公共服务供给过程中；政府管理模式是指政府在服务网络中起到监督管理的作用，并不直接参与公共服务的供给过程，而是引入公共服务外部伙伴关系模式，形成政府外部监管的公共服务的多元供给网络模式。

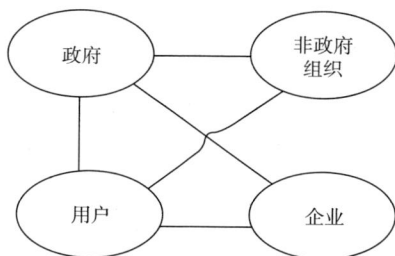

图 1－10　共同治理模式

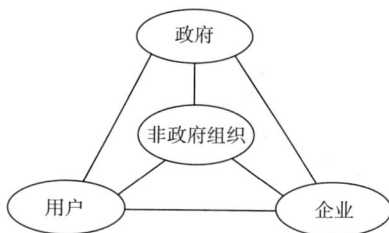

图 1－11　政府领导模式

陈灿（2007）认为，在公共服务供给合作网络模型中，政府居于核心的位置是因为它垄断性的权威，即垄断了公共服务供给的资源配置权（见图 1－13）。在政府机构主导和自上而下的资源配置模式下，可以采用两种不同方式供给公共服务。第一种是政府直接面向公众提供公共服务，具体形式包括政府服务、

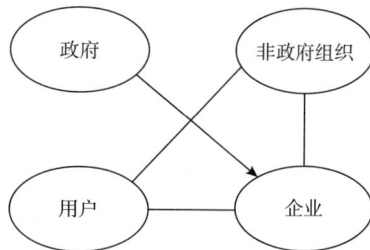

图 1－12　政府管理模式

资料来源：于翠平、曹文杰：《网络治理视角下公共服务供给模式研究》，《理论观察》2013年第 6 期。

政府出售及府际合作供给。第二种是政府通过市场化或志愿服务的方式间接向公众提供公共服务，主要形式包括补助、合同承包、特许经营、凭单制、自由市场、志愿服务、自我服务等。

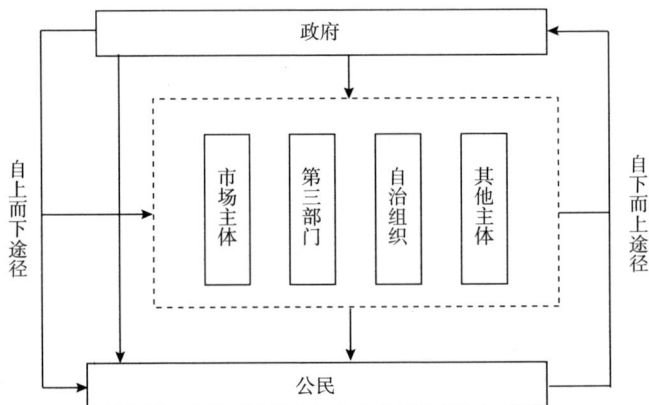

图 1 - 13　公共服务供给的组织间合作网络模型

资料来源：陈灿：《公共服务供给的组织间合作网络研究》；中国行政管理学会《"构建和谐社会与深化行政管理体制改革"研讨会暨中国行政管理学会 2007 年年会论文集》。

5. 国内关于公共服务网络化的治理困境研究

谭英俊（2009）认为，网络治理中如果没有有效的制度约束就会产生多元主体"搭便车"的机会主义倾向，进而使治理陷入哈丁"公有地悲剧"或奥尔森"集体行动逻辑"。姚引良等（2010）认为，决定网络治理有效的关键因素之一是具备综合分析问题、处理问题、解决问题能力，能够管理治理结构的"治理型公共职员"。但是由于接受过高级培训的项目经理缺口较大，这将可能成为网络治理模式在中国运用的瓶颈因素。此外中国第三部门发展不甚成熟，表现在缺乏独立性和自主活动性、政府部门缺乏对第三部门的常态监督机制、公众对第三部门认同度下降等方面。最后，相关法律法规和制度机制并不健全，表现为政府在公共服务供给方面，特别是网络治理的制度和机制不太健全，公民参与机制和利益表达机制不畅通，社会不能提供有效、可靠的法律保障和监督保障。曾凡军（2010）认为，网络治理面临着可行性、有效性、合法性和责任性等多方面问题，一是可行性与有效性问题，二是政府角色定位问题，三是治理责任归属问题，四是协调和整合问题。张成福等（2012）认为跨领域治理的问题有多方面。第一，治理失灵同样存在。网络治理是有限的治理模式，相对于科层制、市场化模式，也可能存在回应缓慢、效率不高和执行力不强等问题。第二，治理也可能失败。跨领域治理是一种以信任为基础的合作治理，合作难以达成共识或者关系破裂将直接导致治理失败。此外，跨领域治理对于多元治理主体特别是政府部门提出了新的更高能力要求，治理能力、经验不足会直接影响治理效果。第三，治理的稳定性问题。如何确保跨领域治理的合作稳定性和永续性运作，也是需要面对的制度难题。

6. 国内关于公共服务网络治理实践的研究

诸大建（2007）认为，网络治理的初步构想是以互联网为基础、以联合协同办公为平台，建立政府协同电子化办公机制。在网上，全面公布各政府部门办事内容、权限、时限和程序，以及明确给出所需要的资料，减少公民因信息咨询而多次到政府部门的时间成本。在网下，政府部门将一些公共服务如法律咨询、资质验证等服务项目外包给社会中介机构，最大限度减少政府具体事务的工作量，使政府能够集中资源用于决策、协调、监督。陈晓剑（2008）从公共危机网络治理角度进行研究，认为如果危机决策人员由于自身知识和能力结构的限制，尚未完全掌握处理危机的有效方法，或无法有效及时处理危机，因此需要广泛调动以政府管理部门为核心，企业、非营利组织、公民、专家以及国际组织等为辅助的内外联动的多元决策主体模式，以有效应对公共危机。

王浦劬等（2010）研究南京市鼓楼区居家养老服务网络后认为，南京鼓楼区政府通过向"心贴心老年服务中心"购买养老服务的方式实现了从生产者向管理者的转变，而政府主要承担资金供给与服务监督的责任。鼓楼区的老年服务享受者作为评价者参与到具体运行过程（见图1-14）。先由老年人向社区委员会提出申请，然后经过街道老龄办初步审核，最终由区老龄办审核，确定申请成功后可以享受由政府为其购买的居家养老服务。鼓楼区政府与"心贴心老年服务中心"在服务数量、内容和要求、经费等方面进行充分协商，双方在居家养老服务上形成了委托代理关系。

丁颖等（2011）研究公共安全服务网络治理后认为，借鉴国际经验，

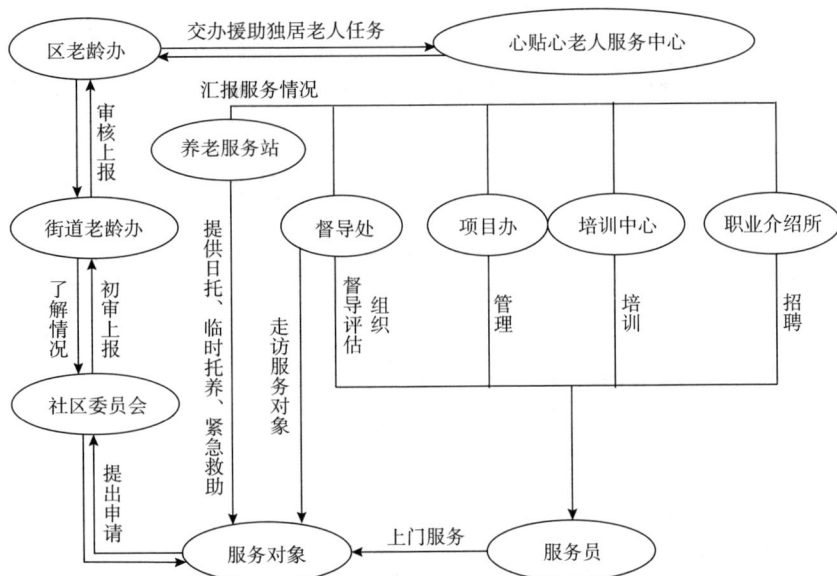

图 1-14 南京市鼓楼区居家养老服务供给网络

资料来源：王浦劬、萨拉蒙等：《政府向社会组织购买公共服务研究——中国与全球经验分析》，北京大学出版社，2010，第 77 页。

基于政府主体功能的分类，在政府内部设立专门的、独立的应急管理委员会与应急管理信息中心。由应急管理委员会负责多元安全网络治理的控制与协调，由应急管理信息中心负责突发性公共安全事件的信息发布及治理过程的全方位监管。两大机构作为治理的中介与桥梁，形成了指挥与监督两个纵轴。而两个纵轴间又能相互沟通，构成适应公共管理与应急治理需求的网络结构模型（见图 1-15）。

（三）国内外研究述评

1. 关注度持续上升，文献数量有待充实

中国知网学术趋势搜索显示，2001~2011 年，有关"网络治理"和"公共服务"的学术关注度呈上升态势（见图 1-16、1-17）。但是研究公共服务与网络治理耦合的文章数量偏少，现有文献大多涉及单项公共服务网络治理如养老、公共安全、教育等领域，涉及整体公共服务网络治理的文章尚不多。

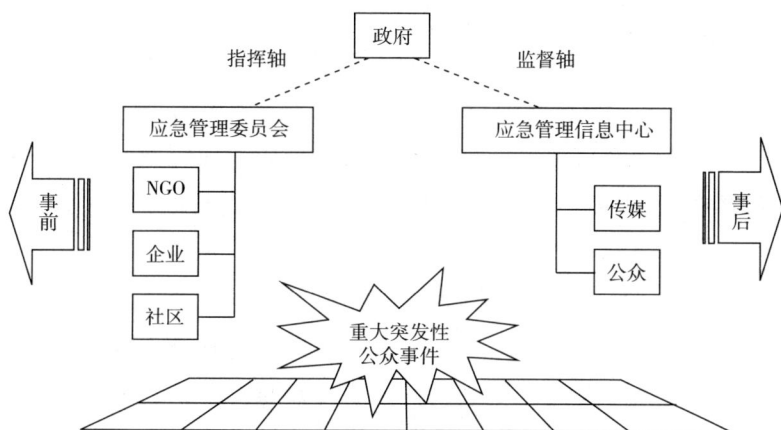

图 1-15 公共安全网络治理结构模型

资料来源：丁颖、王妍：《多中心理论视角下重大突发性公共事件治理网络框架研究》，《南京工业大学学报》（社会科学版）2011 年第 3 期。

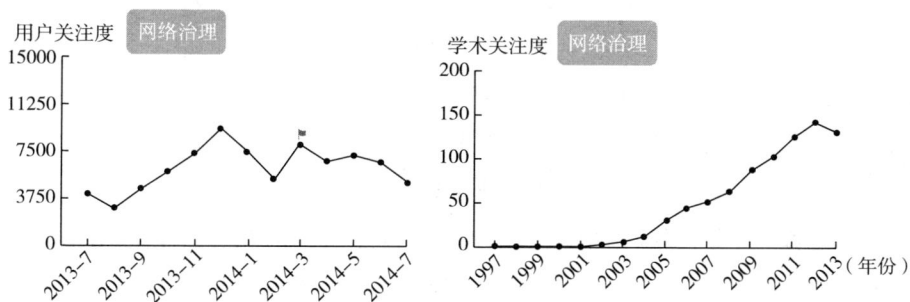

图 1-16 网络治理学术趋势

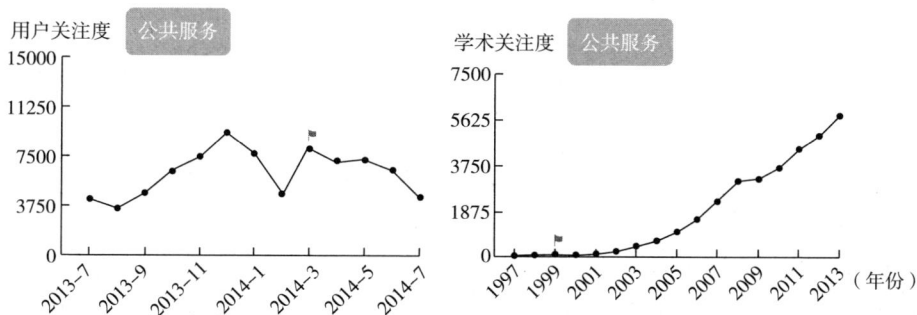

图 1-17 公共服务学术趋势

资料来源：中国知网文献分析结果。

2. 治理情境分析少，未明确基础与前提

现有国内相关研究，多为分析国外网络治理理论及模型，并应用于具体的公共服务实践。在研究前较少界定公共服务网络治理的现实基础和理论前提，较少结合中国经济、政治、文化、社会等现实条件分析，在网络治理理论中国化中略显僵化，因此应当明确界定公共服务网络治理的前提和条件。

3. 研究集中于个案，基础模型研究较少

现有国内研究多集中于某一地区的个案或某一领域的服务网络，对公共服务网络治理的整体研究较少。在基础模型的研究上以国外研究成果居多，国内多为在公共服务网络基础模型上的改进和添加。因此，在复杂公共服务网络治理模型研究前，结合国内实际，构建简单基础模型。

4. 评价机制较片面，只注重过程或结果

现有研究在对公共服务网络治理的评估中，或集中于对网络治理本身的效度和信度的评价，或集中于对公共服务的效率和质量的评估，因此需要结合现有研究成果，对公共服务网络治理的治理过程和治理结果做全方位评估；此外，在评估主体上，应加入第三方评估和公众评估。

5. 政策建议较缺乏，未来治理预测较少

现有公共服务网络治理研究在政策建议方面相对较少，对未来治理改革方向和改进策略介绍较少。尤其在当前国家治理创新大环境下，公共服务的网络治理在实践与理论上亟待丰富，因此需要加强此方面的学术研究和政策建议，并在此方面的未来改革上大胆探索。

本章小结

第一章作为本书的绪论部分，是总领性、概括性、基础性的。第一小节介绍了本书的研究背景和研究意义，包括国内外研究背景和理论与实践意义。第二小节介绍了研究主旨和研究概要，围绕公共服务网络治理的主题，奠定理论基础与现实基础，构建理论框架并进行案例比较分析，揭示风险挑战并探讨治理路径。第三小节介绍了本书的研究框架与研究方法，包括文献研究法、归纳分析法、演绎分析法、案例分析法和比较研究法。第四

小节对国内外文献进行系统梳理，包括理论与实践研究，具体涵盖对公共服务网络治理契合程度、影响因素、评价机制、工具模型、治理困境等方面，此领域的研究空间比较大。本书按照"构建理论——实践检验——完善理论"的思路设计框架，探索未来公共服务网络治理的对策与路径，以期能够应对我国公共服务网络治理的风险与挑战，优化公共服务网络治理路径。

第二章 我国公共服务网络治理的理论基础

一 核心概念的界定

本书的核心概念包括公共服务和网络治理两大概念，通过文献回顾和梳理，界定本书所研究的公共服务和网络治理所属的概念和范畴，着重阐释了与公共服务相结合的网络治理的概念和内容，为后续进一步研究提供了前提条件。

(一) 公共服务

国内外对于公共服务理论与实践的研究数量多且持续时间长，而对公共服务的概念界定由于研究角度、方法与层面的不同，尚未形成统一的观点与解释，本书在此列举具有代表性和实用性的三种主要观点，并对其逐一评价总结、吸收借鉴，形成本书的概念。

一是从公共产品角度界定公共服务。Musgrave（1939）在经典文章《财政学的自由交换理论》中提到私人物品具有竞争性，而公共产品具有非竞争性①。Musgrave（1969）又将非排他性原则引入公共产品界定中，与非竞争性原则共同构成了衡量公共产品的两大标准②。Buchanan（1965）认为现实中很多产品难以严格符合公共产品标准，大多介于私人产品与公共产品

---

① Musgrave. The Voluntary Exchange Theory of Public Economy ［J］. *The Quarterly Journal of Economics*, 1939, （2）, pp. 213 – 237.

② Musgrave. Provision for Social Goods, in J. Margolis and H. Guitton, eds, *Public Economics* ［M］. London: McMillan, 1969, pp. 44 – 124.

之间，可称为"俱乐部产品"①。Ostrom（2000）研究了公共池塘类准公共物品，认为具有竞争性和非排他性，因而存在拥挤效应和过度使用问题。我国部分学者将公共服务的概念等同于公共产品概念。马庆钰（2005）认为"一类是公共产品，也称为公共服务产品"，是每个社会成员能够享受到的产品②。

二是从政府角色角度界定公共服务。Michael Taylor（1987）认为，"如果没有国家和政府，人们就不能卓有成效地工作，实现成员的共同利益"，因而需要以政府为主供给公共服务③。莱昂·狄骥（1999）认为"公共服务是政府有义务履行的行为"，公共服务需要由政府供给④。国内学者结合国情对公共服务的定义有了新的理解。康绍邦等（2000）认为，"公共服务的性质是由供给者所运用权力和资源的性质决定的"，公共服务的供给者与消费者都具有公共性⑤。石国亮等（2011）认为，政府可以是公共服务的供给者，但不一定是公共服务的直接生产者，且公共服务的供给者是多元的，有多种选择方案。对于经济性、收费性的公共服务项目，政府可以间接生产；而公益性公共产品和公共资源，需要政府直接生产以保证其数量和质量⑥。

三是从公共利益角度界定公共服务。乔治·弗雷德里克森（2003）认为公共服务是指政府及其官员为培养公共精神、促进民主发展、维护公共利益而实施的行为，公共服务具有公共性与平等性⑦。登哈特夫妇（2004）认为政府应当对公共利益承担应有的责任，这属于政府职能的范畴⑧。国内学者从相同角度给出论述。李军鹏（2007）认为公共服务是指政府为满

① James. M. Buchanan. An Economic Theory of Clubs ［J］. *America*，1965（32），pp. 1 – 15.
② 马庆钰：《关于公共服务的解读》，《中国行政管理》2005 年第 2 期。
③ Michael Taylor. The Possibility of Cooperation ［M］. London：Cambridge University Press，1987，pp. 1 – 5.
④ 〔法〕莱昂·狄骥：《公法的变迁》，郑戈、冷静等译，春风文艺出版社，1999，第 40 页。
⑤ 康绍邦、赵黎青：《中国社会公共服务体制研究》，经济科学出版社，2000，第 68 ~ 70 页。
⑥ 石国亮、张超、徐子梁：《国外公共服务理论与实践》，中国言实出版社，2011，第 54 页。
⑦ 〔美〕乔治·弗雷德里克森：《公共行政的精神》，张成福等译，中国人民大学出版社，2003，第 4 ~ 7 页。
⑧ 〔美〕珍妮特·V. 登哈特、罗伯特·B. 登哈特：《新公共服务：服务而不是掌舵》，丁煌译，中国人民大学出版社，2004，第 53 ~ 65 页。

足公共需要、维护公共利益而提供的产品和服务的总称，旨在实现社会福利最大化①。柏良泽（2008）认为，公共利益是判定公共服务的内在性质的重要依据，只有具有公共利益的物品才能称为公共服务。公共服务为满足公众生活、生产与发展需要而出现，会随着公共需求和公共利益的变化而动态发展②。

公共服务研究的过程是从外化到内化、现象到本质、单一到复合、理论到实践的过程，国内外学者的大量理论与实证研究为其提供了丰厚的积淀和指导。以公共产品为基础的定义，将非竞争性与非排他性作为衡量标准，强调公共服务经济性和效率性的原则，但是公共服务的有些项目难以严格纳入非竞争性与非排他性的范畴，如教育、就业、医疗等，并且公共服务更多层面的社会性、政治性的原则容易被忽略。以政府角色为基础的定义，认为公共服务是政府的重要职能，有些强调政府对于公共服务的专有性和垄断性，忽略了社会其他参与主体的地位和作用，在公共服务供给领域应更多吸纳市场、社会、公民的参与，政府可以自由、灵活选择供给者、消费者、监督者、协调者等多种公共服务角色。以公共利益为基础的定义，强调公共服务的最终结果与最高目标就是维护公共利益、满足公共需求，这是无可厚非的，但是对公共服务的实现方式与过程涉之甚少，而未来公共服务的供给方式与过程需要负责的社会网络与社会关系通过共同作用来实现。因此，本书探讨的公共服务是指由政府、市场与社会形成的治理网络进行供给与生产，能够满足公众生活、生产与发展需要的公共性产品或服务。

（二）网络治理

网络治理是治理理论的新发展，对"网络治理"的界定与阐释需要梳理"治理"的概念与特征。国外网络治理研究起步较早，国内对网络治理的研究也密切跟进，并在国外研究的基础上结合公共治理领域有了创新和变革。本书首先梳理国内外对"治理"的研究，然后按照国外、国内学者

---

① 李军鹏：《公共服务学——政府公共服务的理论与实践》，国家行政学院出版社，2007，第2~4页。

② 柏良泽：《公共服务研究的逻辑和视角》，《第一资源》2008年第1期。

的观点进行分类，对"网络治理"进行概念性梳理。

一是国外学者对治理概念的研究。Gerry Stoker 对国际广泛使用的治理概念进行梳理后认为，迄今为止，各国学者对治理概念与理论提出五类主要观点：一是治理意味着一系列来源于政府，但又不限于政府的社会公共组织和行为者的复杂体系；二是治理意味着在为社会或经济问题寻找解决方法的过程中，存在着边界和责任等方面的模糊性；三是治理明确指出在涉及集体行为的各社会公共组织间存在着权力联系与依赖；四是治理预示着参与者最终会形成一个自主性网络；五是治理意味着有效完成事情的能力并不限于来自政府的权力、政府发号施令或运用政治权威①。

二是国内学者对治理概念的研究。俞可平认为治理与统治最本质、最基本的区别在于，治理与统治都需要权威，但治理的权威来源并不限于政府机关，而统治的权威则必定来源于政府。统治的主体一定是政府等社会公共组织，而治理的主体既可以是公共组织，也可以是私人机构，还可以是公共组织和私人机构的联合②。俞可平还认为治理是政治国家与市民社会的合作、政府与非政府组织的合作、公共组织与私人机构的合作、强制与自愿的合作③。部分学者认为治理领域有三种代表性观点，一是认为通过发展公民社会、非政府组织以及第三部门来完成对公共事务的治理④~⑤；二是认为通过政府内部改革如层级结构、沟通机制的变革来实现治理⑥~⑦；三是综合前两种观点，认为需要同时进行政府内部与外部两个方面的改革，

---

① Stoker G. Governances Theory：Five Propositions ［J］. *International Social Science Journal*，1998 （155），pp. 17 – 28.

② 俞可平：《治理和善治：一种新的政治分析框架》，《南京社会科学》2001 年第 9 期。

③ 俞可平：《治理与善治》，社会科学文献出版社，2000，第 8～9 页。

④ 陈剩勇、马斌：《温州民间商会：自主治理的制度分析——温州服装商会的典型研究》，《管理世界》2004 年第 12 期。

⑤ 何增科：《政治合法性与中国地方政府创新：一项初步的经验性研究》，《云南行政学院学报》2007 年第 2 期。

⑥ 徐勇：《精乡扩镇、乡派镇治：乡级治理体制的结构性改革》，《江西社会科学》2004 年第 1 期。

⑦ 李文星、郑海明：《论地方治理视野下的政府与公众互动式沟通机制的构建》，《中国行政管理》2007 年第 5 期。

形成具有紧张关系的多元主体互动才能形成治理①~②。

三是国外学者对网络治理概念的研究。R. A. W. Rhodes 认为自组织网络的治理是指政府、市场部门和志愿组织等共同合作提供公共服务，特征是各主体间相互独立，在信任与互利的基础上形成社会协调网络，各主体之间通过资源互换来实现产出最大化。他还认为网络治理结构是介于政府与市场之间的第三类治理结构形式，它是治理变革的重要趋势之一③。拉尔夫·D. 斯泰西详细对比了科层、市场、网络三种治理结构，从中可以分析得出网络治理的特征（见表 2-1），网络治理结构介于市场和科层之间，三者具有互联和互补关系，以信任为基础并具有一定弹性。国外其他学者对网络治理的概念界定集成，通过不同视角界定了网络化治理的概念或内涵，能够从中总结规律和共性（见表 2-2）④。

表 2-1　网络治理结构的类型

区分标准	市　场	科　层	网　络
规范的基础	契约—财产权	雇佣关系	互补的效力
沟通的工具	价格	例行规定	关系
解决冲突的方法	争论议价—诉诸法庭	行政命令—管理监督	互惠的规范—信誉的考量
弹性程度	高度	低度	中度
团体之间约束程度	低度	中度	高度
基调或氛围	精确计算与（或）怀疑	正式的、官僚体制的	开放的、相互有利的
行动者的偏好	独立的	依从的	相互依赖的

资料来源：〔英〕拉尔夫·D. 斯泰西：《组织中的复杂性与创造性》，四川人民出版社，2000，第 85~88 页。

四是国内学者对网络治理概念的理论研究。彭正银最早研究公司网络治理，认为它是依托制造技术、信息技术和网络技术而形成的新的治理模式。研究强调了互动机制、激励机制与整合机制在网络治理理论中的重要

---

① 刘志昌：《草根组织的生长与社区治理结构的转型》，《社会主义研究》2007 年第 4 期。
② 郁建兴：《治理与国家建构的张力》，《马克思主义与现实》2008 年第 1 期。
③ R. A. W. Rhodes. The New Goverance: Governing without Government ［J］. *Political Studies*，1996（XLIV），pp. 652 – 667.
④ 马捷、锁利铭：《区域水资源共享冲突的网络治理模式创新》，《公共管理学报》2010 年第 2 期。

作用；公司治理中常规的治理目标是保护与监督，而网络治理中目标是维护、协调与分享，这对网络治理的发展具有长效的驱动力①。陈振明认为，合作网络治理主张治理是政府与社会力量通过面对面的直接合作方式组成的网状管理系统②。朱德米认为网络治理是形象化的网络状公共管理，在网络治理结构中，最关键的要素表现为处于网络节点上的各方之间是一种合作关系，最重要特征是多方共治③。蔡允栋认为，网络治理能够融合公共行政一直致力追求但不甚相容的两大目标：民主与效率。公共行政组织、市场、非营利组织与社区公民等都是治理的一环，任何一种制度都无法单独完全适用于公共治理领域④。何植民、齐明山认为网络治理是基于政府外部的治理方式。网络治理不是指基于技术网络（internet）的治理，而是基于社会网络（network）的治理，是"一种全新的通过公私合作，涵盖营利组织、非营利组织等多元主体参与提供公共服务的治理模式"⑤。

表 2 - 2　国外学者对网络治理的概念界定

作　者	定　义
Kickert，Koppenjan	网络化治理应该包含三个基本要素：介入现有的关系形态、共识的建立以及问题的解决
Bruijn，Heuvelhof	网络化治理是目标导向之下解决问题的工具
Kettl，Donald F.	网络化治理是政府的横向协调的服务与提供服务的非政府合作伙伴的整合，是在垂直治理中添加横向联系
Agranoff	网络化治理就是对有关集体效率的弹性结构进行治理，治理者必须具备不同于单一组织治理的能力、技术和知识

---

① 彭正银：《网络治理理论探析》，《中国软科学》2002 年第 3 期。

② 陈振明：《公共管理学——一种不同于传统行政学的研究途径》，中国人民大学出版社，2003，第 87 页。

③ 朱德米：《网络状公共治理：合作与共治》，《华中师范大学学报》（人文社会科学版）2004 年第 2 期。

④ 蔡允栋：《民主行政与网络治理："新治理"的理论探讨及类型分析》，《台湾政治学刊》2006 年第 1 期。

⑤ 何植民、齐明山：《网络化治理：公共管理现代发展的新趋势》，《甘肃理论学刊》2009 年第 3 期。

作　者	定　义
Rethemeyer R. K.	将网络化治理的定义归纳为政治治理、合作治理和治理三种模式，认为网络治理就是对"物质—制度"资源和社会结构资源的利用
O'Toole	网络化治理是重新建构网络关系，动员集合行动，达成横向多边的协调
H. Brinton Milward	网络化治理是一种治理机制，网络中两个或两个以上的组织团体，自觉地相互依存地协作和相互合作，更有效地提供了一系列复杂的社会基础

资料来源：马捷、锁利铭：《区域水资源共享冲突的网络治理模式创新》，《公共管理学报》2010 年第 2 期。

五是国内学者对网络治理概念的比较研究。李维安通过对比科层、市场与网络的概念与特征，认为网络是一种平行的、谈判的自我协调；网络是由自主的行动者进行协调和沟通，并依靠单一的正式权威来进行控制和协调；网络具有自我组织、自我调整、自我控制和自我管理等特点①。通过对网络与科层、市场的比较分析可以明确得出网络的概念与特性（见表 2 - 3）。杨冠琼比较网络公共行政与传统公共行政、新公共管理、新公共服务理论的区别，认为网络化公共行政不仅能够继承以往理论范式的优点，而且能够克服这些不足。总之，网络化公共行政既能够体现民主、平等的核心政治价值，又能有效应对现代社会发展的多样性、复杂性和动态性，是知识经济时代或网络信息时代理想的公共治理范式。概括地说，网络化公共行政是指以网络理念、网络组织和网络运行机制作为核心要素而构成的公共行政体系②。刘波等比较整体性治理与网络治理后认为，网络化治理依托伙伴关系、契约、协议与同盟等方式，形成政府、市场与社会组织等多元主体共同管理公共事务的模式。在网络化治理中，政府、市场、社会之间结成网络结构，同时在这一治理网络中，政府并不一定作为传统公共行政中的权力中心与发源地，更受到市场与社会组织有力的约束③。

---

① 李维安：《网络组织：组织发展新趋势》，经济科学出版社，2003，第 115～118 页。
② 杨冠琼：《网络化行政：公共行政的新范式》，《新视野》2008 年第 5 期。
③ 刘波、王力立、姚引良：《整体性治理与网络治理的比较研究》，《经济社会体制比较》2011 年第 5 期。

表 2 - 3　网络与科层、市场的比较

	科层机制	市场机制	网络机制
目标达成	正式组织化和计划出来的结果	自发而成的结果	计划出来的，或是自发而成的结果
主体的行为	正式的制度约束，权力推动	无严格制度约束，私人部门间竞争推动	主体间的合作与寻求共识
运行机制	组织层级、命令控制、监督、干预	市场规律、价格机制、竞争、自发利益推动、自发合作	互惠、合作、信任、联合
协调的主要特征	公开的、有目的、有计划的预先协调	市场规律调节、事后协调	正式组织之间的协调、非正式的自组织协调

资料来源：诸大建、刘淑妍、朱德米等：《政策分析新模式》，同济大学出版社，2007，第 37 ~ 38 页。

　　国内外学者对网络治理的研究经历了从私人领域到公共领域、治理方式到治理范式的过程。在全球化、市场化、信息化等社会背景下，公共治理的方式逐步变革与发展，网络将成为科层、市场外的第三种组织形式，网络治理将成为公共行政领域的最新治理范式。网络治理重构了政府内外部关系框架，将企业、非政府组织、公民等社会主体纳入分析框架，认为网络基于自愿、平等、互利原则构建，在网络各节点的互动博弈中，通过自我协调和逐步平衡，网络形成了相对稳定的状态[①]。本书比较赞同斯蒂芬·戈德史密斯、威廉·D.埃格斯对网络治理的定义，认为网络治理指的是一种全新的通过公私部门合作，非营利组织、营利组织等多主体广泛参与提供公共服务的治理模式[②]。在此基础上，本书认为政府部门和非政府部门，涵盖市场主体、社会主体和公民等参与主体，就一个或多个公共服务项目形成合作共赢的网络关系，在这一治理模式下，可以存在一个治理中心，也可有多个治理中心。这些治理主体在开放、平等、有序的公共环境中分担公共责任、分享公共权力、共同管理公共服务事务，真正实现风险共担、利益共享。

[①]　关音：《网络治理理论分析》，《新乡学院学报（社会科学版）》2012 年第 4 期。
[②]　〔美〕斯蒂芬·戈德史密斯、威廉·D.埃格斯：《网络化治理：公共部门的新形态》，北京大学出版社，2008，第 17 ~ 18 页。

二 相关理论与适用条件

本节阐释了公共服务网络治理的相关理论和适用条件。相关理论的阐释，奠定了本书研究的理论基础；而对理论发挥理想作用所适用条件的阐释，奠定了本书研究的实践基础。

（一）相关理论阐释

1. 参与主体：多中心治理理论

奥斯特罗姆基于丰富的理论分析和实证研究提出多中心治理理论，强调在政府与市场之间还存在多种可能的公共服务供给方式，这为公共服务网络治理提供了重要依据。而多中心治理的运行也需要依赖网络化的结构①，各主体在网络结构中占据一个节点，网络中可以有一个或多个中心点且处于灵活变化中，节点间、节点与中心点间无层级、无障碍沟通与交流。多中心治理理论核心是将相互依赖的委托人组织起来实施自主治理，从而能在搭便车、机会主义、逃避责任的行为驱使下，也能取得共同收益②。多中心治理方式在公共服务领域优于单中心治理方式，即政府集权控制或市场私有化，政府集权控制由于政府失灵的存在难以有效供给，而私有化竞争供给公共产品容易出现分配不均衡、缺乏监管等问题，多中心治理能够有效摆脱共有地悲剧和资源陷阱③。多中心治理意味着公众选择的多样性、供给主体的多元化和供给方式的多样化，既充分结合政府的公共性、集中性、执行性、权威性优势，也能够结合市场的竞争性、效率化、回应性等优点，通过"合作—竞争—合作"的模式充分发挥制度优越性。

多中心治理理论对我国公共服务改革提供有益的启迪，当前我国公共服务面临着公众在质量与数量、水平与层次、广度与深度等方面的较高期望，在服务成本、效率、效果、回应性、满意度、透明度等方面需要较大

---

① 〔美〕迈克尔·麦金尼斯：《多中心体制与地方公共经济》，上海三联书店，2000，第220页。
② 〔美〕埃莉诺·奥斯特罗姆：《制度激励与可持续发展》，上海三联书店，2000，第204页。
③ 〔美〕埃莉诺·奥斯特罗姆：《公共事务的治理之道：集体行动制度的演进》，上海三联书店，2000，第275页。

改善。多中心治理理论倡导规范政府职能，较多吸纳外部资源，运用外包、公私合营、授权等工具，使公共服务的供给结构摆脱单一制、等级制、命令性而呈现多元化、均等化、合作性的特征。多中心治理理论呼吁政府角色转变、职能转型，从以往的生产者、决策者向中介者和监督者转变①，更多地提供运行的总体框架和制定规则，同时运用政治、经济、法律等政策手段为公共服务供给提供支持和便利。公共服务多中心治理的最终受益者是消费者，公众作为消费者和评价者参与公共服务之中，既能够充分表达意愿和诉求，使服务更具针对性、回应性，又能提高服务的资源配置效率，使服务更具竞争性、选择性，一旦难以满足效率性和满意度提升要求，就会被竞争者和顾客淘汰，在反复循环过程中逐步形成稳固的公共服务供给模式。

2. 组织形式：政策网络理论

政策网络理论是与网络治理理论关联度极高、相似性较强的理论，其政策议题中有相当部分也涉及公共服务政策。"政策网络理论是多中心治理理论的应用形式之一②"，而多个主体参与的多中心治理理论为其奠定了前提和基础。Katzenstein 将政策网络从参与主体的角度定义为"政府和其他社会主体共同参与政策程序的网络形态，是公私行动者之间的一种关系模式③"。Rhodes 从政策网络资源角度定义，认为政策网络是"各个参与主体基于权威、合法性、资金、信息、组织等资源依赖关系，形成政策联盟或利益共同体④"，通过政府与其他社会主体的互动与交流关系构成了政策网络，最终助益于政策的形成与发展。Marin 和 Mayntz 从政策制定过程定义政策网络，认为"政策网络是在政策决策、方案规划、执行阶段广泛分散于公共与私营主体背景下的一种政策动员机制⑤"。Klijn Erik – Hans 通过区分

---

① 刘峰、孔新峰：《多中心治理理论的启迪与警示——埃莉诺·奥斯特罗姆获诺贝尔经济学奖的政治学思考》，《行政管理改革》2010 年第 1 期。

② 张建伟、娄成武：《政策网络研究——治理的视角》，《辽宁行政学院学报》2006 年第 11 期。

③ Katzenstein, Peter. *Between Power and Plenty Madison.* University of Wisconsin Press, 1977, pp. 892 – 895.

④ 〔美〕迈克尔·豪利特：《公共政策研究》，三联书店，2006，第 220 ~ 221 页。

⑤ B. Marin and R. Mayntz. *Policy Network; Empirical Evidence and Theoretical Considerations.* Boulder, Colo.: Westview Press, 1991, pp. 156 – 159.

网络治理与传统理论在政策过程、管理者作用和管理者行为三方面的差异，认为政策网络是行动主体因某项议题而聚集，没有明显的权威结构，管理者起到中介作用，力求达到行动与逻辑的一致性（见表2-4）。

表2-4 网络管理与传统管理的区别

类　别	传统管理观点	网络管理观点
政策过程	政策过程按秩序进行，问题是政策过程的基础且具有明显的权威结构特征	政策过程是不同行动者之间的复杂过程，没有明显的权威结构，问题和解决办法随政策过程而变化
管理者的作用	系统控制、保证工作执行和有效组织	中介或过程的组织者，形成或改变行动者成功互动的条件
管理者的行为	计划、组织、领导	追求行动者之间的一致性，选择其他行动者，构造或维持行动者之间的沟通渠道

资料来源：Klijn Erik – Hans. Analyzing and Managing Policy Processes in Complex Networks：A Theoretical Examination of the Concept Policy Network and It's Problems［J］. *Administration and Society*，1996，28（1）：90－119.

政策网络相对于政府单一决策模式有利于其他社会治理主体的参与，政府在公共服务供给上的作用是引导而非控制，是维护公共利益而非争夺部门权益。政策网络相对于传统的科层制更加开放灵活，能够充分吸纳社会其他主体参与政策决策，有利于公共利益的更好实现。政策网络有助于政府更多体现公共价值与公共效率，多元互动的政策网络结构，能够有效避免公共权力的异化，即为少数既得利益集团服务。政策网络的形成基于三方面因素：一是资源互补的依赖性；二是利益相关的一致性；三是政策制定的合法性[①]。在我国政策网络也有广泛的应用，随着决策复杂程度加大和决策范围扩大，政府越来越寻求外部主体的支持和帮助，治理的方式从垂直状态的纵向延伸转为水平状态的横向扩展，出现了决策的部门化与功能化分区[②]。在我国，政策网络中各利益主体涵盖组织和个人，具体包括政

① 石凯、胡伟：《政策网络理论：政策过程的新范式》，《国外社会科学》2006年第3期。
② 陈敬良、匡霞：《西方政策网络理论研究的最新进展及其评价》，《上海行政学院学报》2009年第3期。

党、人民代表大会、各级政府、私人部门、非营利性组织和公民①，政策网络根据具体情境的需要引入不同的参与主体，通过协商互动、表达权益的形式制定政策。

3. 内在机制：协商民主理论

公共服务网络治理涉及多元主体共同参与，通过简单的权威命令或合约制定难以有效实施，这就需要通过协商民主机制内在协调沟通，确立必要的义务和权利的分配。协商民主理论不同于以选举为特征的民主形式②，强调以对话、商谈、沟通为重要渠道，更加重视在选举前的相关意见和建议的收集以及对话商谈的过程。协商民主理论在传统的政党协商的基础上逐步发展为广义的公民、社团参与，强调了公众对公共利益的责任，强调了通过协商共识形成决策的过程。西方政府不断鼓励公民听证、公民会议、大众陪审团等参与形式，将民意充分吸纳到公共政策与公共服务中。协商民主的过程不再由一些精英群体主导，还可以引入边缘群体、弱势群体的建议，通过寻求代言人和话语权，在政策制定和利益表达的过程中增强认同感、提升支持度。协商民主的过程具有程序性和合法性③，各参与主体具备一定理性，能够充分表达自身诉求也能倾听和包容其他观点，在博弈妥协的过程中形成一致性建议，这一过程和结果是正当合法的。

公共服务网络治理的协商过程中，参与主体需要的是平等、自由和理性的状态，不存在凌驾于其上的特殊成员或超越公共利益的其他利益④，参与主体根据协商制定的规则与合约做出反应与采取行动。我国的协商民主制度在理论层面具有其广泛性，其主体涵盖各党派、各民族、各阶层、各团体等社会各界人士，使社会各群体中个别、分散的意见、建议和诉求通过民主协商渠道得到系统性、综合性反映。但在实践层面上，党派与团体的民主协商发展进程快于公民或私营部门的民主参与协商。应当创造条件

---

①　王文礼：《政策网络理论应用于我国公共治理的适用性分析》，《行政论坛》2010 年第 1 期。

②　Jon Elster. *Deliberative Democracy*. Cambridge University Press，1998，p. 1.

③　Christian Hunold. Corporatism，Pluralism and Democracy：Toward a Deliberative Theory of Bureaucratic Accountability. *Governance：An International Journal of Policy and Administration*. 2001（14），pp. 125 – 127.

④　陈家刚：《协商民主：概念、要素与价值》，《中共天津市委党校学报》2005 年第 3 期。

和机会扩大公众的民主参与，鼓励公众参与到民主建议的征集、转化、实施等互动机制中；在私营部门方面，我国以所有制分类，存在国有、集体、私营、外资等多种市场主体竞争发展，协商民主应当充分吸纳市场主体的参与和协商。协商民主理论在我国有广阔的发展和应用前景，尤其是基层推出的群众路线活动，如民主听证会、民主恳谈会、民主评议会、民主议事会等基层民主形式已经蓬勃开展并取得成效①。

4. 运行基础：社会资本理论

公共服务网络治理以社会资本在社会关系网络中的流动与交互为基础，能够充分利用社会资源进行服务的供给，促进社会民主化和资源整合。关于社会资本的定义有多种代表性观点②（见表 2-5），Putnam 认为社会资本的核心包含三个方面，即网络资源、信任与合作，信任指社会成员间广义的信任而非人与人之间狭义的信任，社会资本在一定条件下可以转化为经济资本。社会资本代表了在网络组织中个人或团体能够占有和运用的社会资源和社会权利③，通过相互信任、理解、共同价值观和行为形成特定的社会网络，为社会成员间合作提供了物质基础。社会资本提供了在组织中的沟通渠道和信息来源，能够有效规避信息不对称带来的误解与投机，增强社会凝聚力，建立成员间的信任并使之不断强化，形成持续稳定的合作关系，极大减少了因缺乏信任而产生的交易成本。社会资本作为网络关系当中的黏合剂和润滑油，能够在公共服务供给中起到对话沟通、信息传递、意愿表达、目标趋同、资源共享的作用，有助于形成稳定和谐的公共服务网络供给关系。

表 2-5　社会资本的定义

作　者	定　义
布厄迪尔 （Bourdieu）	"……与群体成员相联系的实际的或潜在的资源的总和，它们可以为群体的每一个成员提供集体共有资本支持……"（1986）

① 王春福：《政策网络与公共政策效力的实现机制》，《管理世界》2006 年第 9 期。
② 邹宜斌：《社会资本：理论与实证研究文献综述》，《经济评论》2005 年第 6 期。
③ Coleman, J. S. Social Capital in the Creation of Human Capital [J]. *American Journal of Sociology*, 1988 (94), pp. 95 - 120.

续表

作　者	定　义
科尔曼 （Coleman）	"……一种责任与期望、信息渠道以及一套规范与有效的约束，它们能限制或者鼓励某些行为……"（1988） "……社会组织构成社会资本，它们有助于目标的实现，如果社会资本缺失，那么目标可能会无法实现，或者实现的代价会比较高昂……"（1990）
普特南 （Putnam）	"……指社会组织的特征，例如网络、规范和信任，它们有助于人们为了共同的利益进行协调与合作……"（1993） "……指个体之间的联系——社会网络以及在此基础上形成的互惠和信赖的价值规范……"
福山 （Fukuyama）	"……群体成员之间共享的非正式的价值观念、规范，能够促进他们之间的相互合作。如果全体的成员与其他人将会采取可靠和诚实的行动，那么他们就会逐渐相互信任。信任就像是润滑剂，可以使人和群体或组织更高效地运作……"（1999）
林南 （Lin）	"……内嵌于社会网络中的资源，行为人在采取行动时能够获取和使用这些资源。因而，这个概念包含两个重要的方面：一是它代表的是内嵌于社会关系中而非个人所有的资源；二是获取和使用这种资源的权利属于网络中的个人……"（2001）
OECD	"……网络以及共享的规范、价值观念和理解，它们有助于促进群体内部或群体之间的合作……"（2001）
世界银行 （World Bank）	"……一个社会的社会资本包括组织机构、关系、态度与价值观念，它们支配人们之间的行为，并有利于经济和社会的发展……"（1998）

资料来源：邹宜斌：《社会资本：理论与实证研究文献综述》，《经济评论》2005 年第 6 期。

　　我国公共服务网络治理也非常依赖社会资本，但当前我国社会资本机制相对不完善，信用体系尚未建立，社会组织的资源相对有限，难以充分交换，因此需要充分了解并强化社会资本内在机制。在社会资本领域可以按照宏观和微观、结构与认知两个维度进行分类（见图 2-1）①。一般来看，宏观层面指国家体制、制度法律等方面内容，具体包括政治体

---

　　①　邹宜斌：《社会资本：理论与实证研究文献综述》，《经济评论》2005 年第 6 期。

制、法律法规、政策制定过程的分权参与①；微观层面指地方政府或社会组织层面的社会网络，具体包括地方政府、社区的社群网络，以及信任与价值观等。结构层次的社会资本是外在的显性的组织与网络，从中央到地方、从政府到社区；认知层次的社会资本是主观的隐性的因素，如价值理念、意识形态、制度规范等。社会资本的充分运作依赖民主和法治的政策环境，在中国应当从"关系社会"向"契约社会"和"法治社会"转变，将社会资本置于与物质资本、人力资本同等重要的位置，重视道德体系和信用体系建设，既要促进社会资本的增量扩大，又要注重社会资本的平衡发展。

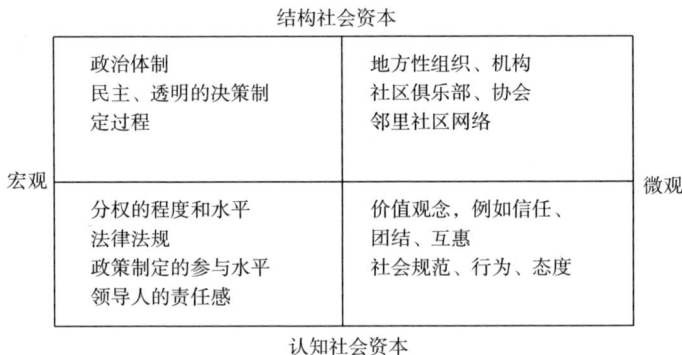

结构社会资本

政治体制 民主、透明的决策制定过程	地方性组织、机构 社区俱乐部、协会 邻里社区网络
分权的程度和水平 法律法规 政策制定的参与水平 领导人的责任感	价值观念，例如信任、团结、互惠 社会规范、行为、态度

宏观 —— 微观

认知社会资本

图 2 - 1　社会资本的分类

资料来源：邹宜斌：《社会资本：理论与实证研究文献综述》，《经济评论》2005 年第 6 期。

5. 重要内容：新公共服务理论

公共服务网络治理的最终目标是通过网络治理方式为公众提供优质高效的服务，而新公共服务的内容是强调政府重心是公共服务，通过放权和分权，突出公民权利、公共利益在公共服务中的作用和地位，为我国构建服务型政府和实现均等化服务提供重要理论依据。新公共服务中强调公民身份而非单纯顾客身份②，公民应当充分行使公民权利，可根据自身需要选

---

① Krishna, Anirudh & Shrader, Elizabeth. Social Capital Assessment Tool. Paper Prepared for the Conference on Social Capital and Poverty Reduction, The World Bank, Washington D. C. 1999 (7), pp. 22 ~ 24.

② 罗伯特·B. 丹哈特、珍妮特·V. 丹哈特、刘俊生：《新公共服务：服务而非掌舵》，《中国行政管理》2002 年第 10 期。

择公共服务的具体项目和供应商，并且能够与公共部门通过对话和讨论的形式参与到公共服务整体过程中。新公共服务重新定义了政府的角色，认为政府不是居于核心控制地位的掌舵者，而是重要的公共服务参与者，高度重视公民权和公共利益，更加重视公平与公正。随着越来越多的社会主体直接参与到公共服务中，政府公职人员的角色应当是"公共资源的管家、公民权和民主对话的促进者、社区参与的催化剂、街道层次的领导者"，起到调解、协调甚至裁决的作用。新公共服务理论秉承服务理念，在批判继承新公共管理理论的基础上，突出公民身份、公民权利、公民价值和公民意识①，促使政府重新定位角色与转变职能。

我国服务型政府从提出到逐步建立已有十年之久，在新公共服务理论的指导下，应当着力从公民参与、服务效率性、服务公平性等方面进行改进。公民和社会组织应当充分参与到公共服务的目标制定、项目实施和绩效评估过程，公共利益的增进与公众满意度是重要的衡量标准，不盲目追求效率而一刀切实行私有化和公私合营，忽略了社会成员间的公平性。政府应当明确"民本位、权利本位、社会本位"的宗旨，坚决摈弃"官本位、权力本位、政府本位"的错误导向②。新公共服务下的公共利益是公民与政府共同协商就价值观达成一致的结果，因此维护公共利益必须要培育公民的公共理性和公共精神，建立畅通的利益表达和对话平台，拓宽公民参与范围和渠道、提高公民参与能力和影响力、提升公共服务的回应性与满意度。新公共服务理论在公共服务的改进上也支持多中心治理体制，即由政府、私营部门与公民组成的志愿组织共同构成社会的治理体系③。

（二）适用条件分析

1. 前提条件：政府元治理

网络治理在运行过程中容易出现一些问题，如信任缺失、责任不清、

---

① 刘熙瑞、段龙飞：《服务型政府：本质及其理论基础》，《国家行政学院学报》2004 年第5 期。

② 顾丽梅：《新公共服务理论及其对我国公共服务改革之启示》，《南京社会科学》2005 年第1 期。

③ 马纯红、张治忠：《论当代中国行政价值观规范体系的构建——基于新公共服务理论的视角》，《湖南省社会主义学院学报》2009 年第 2 期。

监督不力、效率不高等，"元治理"尤其是政府主导的"元治理"一定程度上能够规避问题，为网络治理的有效运行提供保障。"元治理"最早由英国学者提出，认为能够协调市场、层级、网络治理三种不同治理方式，使其通过"共振"①作用达到理想治理状态②。在这一宏观协调过程中，Bob Jessop指出："虽然治理机制可能得到了特定的经济、政治、意识形态和技术职能，但国家（政府）还是要保留对治理机制开启、调整、关闭以及另行建制的权力③。"网络治理与市场失灵、政府失灵一样也会面临治理失灵或治理失败问题，公共服务网络治理失效很大程度归因于在谈判和协商过程中，因代表利益不同、思考角度不同、资源配置失效等而难以达成一致目标和方案，因此，需要政府主导的"元治理"承担协调网络关系、调和多方利益、优化资源配置的职能。需要着重注意的是，政府作用的归位和重要绝不是回归到最高权威和绝对控制的角色，而是政府承担远景规划、方案设计的责任④，通过协调和监管等制度安排促进社会网络的自组织有序运行。

我国公共服务网络治理的过程需要充分考虑当前的形势与条件，政府在公共服务中的作用不能像西方政府完全地放权和分权于市场或社会组织，我国政府在公共服务网络治理中应当适度调节和干预，作为权威和仲裁的角色应当能够提供公正、合理的建议和决策，对公共服务的效率和效果负有最终责任。在公共服务网络治理中，政府作用因公共服务的公共属性尤为重要，政府需要一系列的制度与政策安排设计"共振"，促进各网络主体沟通、交流。第一是作为公共服务网络治理的运行规则与方法的主导者与倡议者，确保不同治理机制间规则的相容性和适应性；第二，促进和推动对话平台和信息平台的建立，确保公共服务过程信息的自由流通和观点互换，有助于及早形成一致目标与期望；第三，平衡和协调多方权益，突出重点也保障公平，适度向弱势主体倾斜，主导协商进程并权威决策；第

① 这里的共振（collaboration）是指，三种治理方式的有机结合和相互调和的过程。
② Jessop Bob. Governance, Governance Failure, Meta – Governance ［R］. Universita della Calabria, Arcavacata di Rende. 2003, pp. 6 – 15.
③ 王诗宗：《治理理论的内在矛盾及其出路》，《哲学研究》2008年第2期。
④ 张国庆：《公共行政学》，北京大学出版社，2007，第599页。

四，信任与授权，与网络主体建立伙伴关系，赋予重要伙伴自由裁量权并有效监管。

2. 基础条件：合作机制

公共服务网络治理的合作机制是公共服务有序运行、有效供给的基础条件，通过网络主体间的频繁互动、资源整合和密切合作，有效应对多元的公众需求、复杂的公共环境。公共服务的合作机制是整合政府、市场、社会的资源，实现优势互补、资源互通，在服务供给过程中，更多依赖市场和民间组织，较少依赖政府来满足公众需求[①]，构建公私合作伙伴关系。合作机制强调三点：首先，这一合作机制是公共权力的共享过程，也是政府向社会、市场分权与放权的过程，分权是手段而增进公共利益是目标，任何公共服务网络治理的手段与方法都不能与之背离；其次，合作机制是多个主体或组织间的交流互动，既包括公共部门间业务整合，也包括公共部门与私营部门、公益组织、基层组织，甚至公民个人的合作；最后，合作机制是有机整合、相互关联的动态系统，网络主体因某一共同目标或某一服务群体而相互关联和依赖，围绕共同中心进行业务分工和角色分配。合作机制可以综合运用权威、契约、道德等治理手段，形成政府向私营部门或社会组织购买服务或者政府放权给社会主体供给服务的模式，有效节约行政成本、提高行政效率。

我国公共服务网络治理还处于探索初步阶段，合作机制的构建是首要步骤，在当前的社会现实和社会条件下，构建公共服务合作机制的基础已经具备，学术界对合作机制的构建也已达成共识。当前我国公共服务呈现"总体水平不高、效率较低、发展不均衡、项目单一趋同"的状态，公民日益增长的公共服务需求与当前公共服务供给现状的差距逐步加大，要缩小这一服务鸿沟，需要政府引入公共服务网络治理机制。公共服务的供给是一个开放的系统，需要多方参与互动才能有效实现。当前，我国社会组织蓬勃发展，在社会治理和公共服务领域作用凸显，在一些试点地区和服务领域，已有较多成功案例。相对于政府的高高在上与私营部门的逐利性，社会组织以其深入基层、面对面交流的回应性强的优势为公众所欢迎。我

---

① 〔美〕萨瓦斯：《民营化与公司部门的伙伴关系》，中国人民大学出版社，2002，第70页。

国在社会组织尤其是公益组织的注册、融资、运行及监管方面进行了制度层面的规范，培育发展一批有品牌、有口碑、有影响力的社会组织，完全可以吸纳到公共服务供给网络中来。而作为个体的公民随着参政议政能力和意愿的不断增强，志愿者身份的公民在多个服务领域涌现，为合作机制的实现提供了人力资本和人才储备。

3. 核心条件：信任机制

公共服务网络治理能够正常运行的关键是在治理主体合作中具备信任机制，这是公共服务网络治理顺利开展的核心条件。我国古人云：人无信不立，业无信不兴。信任是任何一个合作网络能够相互协作、全力实现目标的重要因素。而信任的建立、培养与持续是信任机制的核心，也是难点。与市场的价格竞争机制和等级制度的行政命令机制不同，信任合作机制是网络治理的特色。信任机制能够促使参与主体间坦诚相待、诚信合作，避免合作中责任逃避或者"搭便车"现象。J. Edelenbos 和 E－H. Klijin 通过研究复杂网络治理发现，信任机制的三个特征分别是自愿性、期望性和风险性[1]。自愿性是指参与主体地位平等，自主参与合作的过程和项目，不需要强力和权威约束也能够自主实现网络目标；期望性是指参与成员间充分信任对方能够克服自利主义、机会主义，从而降低合作中的模糊性和不可预测性；风险性是指在网络治理中存在诸多风险和不确定性，而信任使成员间无间隙合作，从而使风险性降低、合作关系巩固。

我国公共服务网络治理中需要着力构建参与主体间的信任机制，因为信任机制的形成能够增加参与主体关系的黏合度和持久性，而我国信任机制的重点是从"关系信任"向"理性信任"转变。公共服务网络治理信任机制的形成首先来源于治理的透明和信息的畅通，在合作中需要掌握内外部形势，需要了解各成员隐性的合作态度、合作意向与显性的行动方案、任务进程，信息不对称的消除可以增加信任的筹码；其次来源于成员间的沟通和交互，持续的对话与协商，能够增进了解和信任，巩固合作成果；最后来源于奖惩性保障机制，对于诚信守约的参与者给予荣誉激励，签订

---

① Edelenbos J, Klijin E－H. Trust in Complex Decision－making Networks：A Theoretical and Empirical Exploration. *Administration & Society*, 2007（01），pp. 25－49.

长期合同，建立长期合作关系，对于失信违约参与者给予严厉惩处与打击，及时清退出合作网络，并形成违约"黑名单"。公共服务网络治理的信任机制另一深层含义是督促我国信用体系及早形成与完善，通过道德培养与法律约束等多项举措加以完成。这一信任机制既包含合作机制中成员间的信任，也包含外部顾客对公共服务供给网络的信任，通过不断兑现承诺、满足期望，提升公众的满意度。

4. 重要条件：责任机制

公共服务网络治理中责任机制的形成是一种由外而内的压力机制和由内而外的动力机制，能够促进合作中责任共担、利益共享，同时有效合理分工、提升服务效率和质量，因此责任机制是公共服务供给网络的重要条件。这里的责任机制不同于市场责任或政治责任，而是更为宏观的社会责任，是关系公众利益和社会福祉的重要内容。传统的公共行政缺乏一套完整的责任机制，无法有效约束上下级之间的意向与行动，政府政策的制定者与执行者之间形成责任交互机制，呈现单一的"对上负责"、"对领导负责"，而容易忽视公共利益和公众权益，难以实现公共服务的理想状态——"对下负责"、"对老百姓负责"。而公共服务网络治理的责任机制是以公共利益为导向而设计的约束机制，确保从公众角度思考和解决问题，将公众权益作为法定责任，建立责任政府和责任网络。公共服务网络治理的责任机制与服务型政府的宗旨不谋而合，是服务导向、公众导向和结果导向型，将责任落实到具体的部门和参与主体，避免责任重合与相互推诿。

我国公共服务网络治理的责任机制需要规定参与主体的权利和义务，以合约或法律的形式强化和细化责任义务方面的规定，界定各主体的责任和权限，不能越权行事也不能缺位服务；同时建立责任追究制度，对公共服务的享受者公众反映的问题与缺陷及时纠正、快速反应，在需要的情况下建立提前赔付制以安抚和稳定公众情绪。许多地方政府为完善服务建立"首问负责制"，真正以公众顾客为导向，而不是按部门职责划分，在公众当面、电话、邮件等方式咨询、建议、举报或投诉的情况下，负责人员全面细致记录、详细回复解答、及时解决问题，尤其对于涉及面广、影响性大的问题启动应急小组和预案，尽快予以答复和解决。责任机制的另一重要部分是"问责制"，属于一种事后责任追究制度，本质在于公民遵循法定程序行使质询权，向公共服务的供给网络和公共权力的代理行使者，直接或间接提出针对性建议和质疑，并要求其在规定时间给予明确答复或具体解释。如果问题解决得不及时或答复得不满意，公众有权向法律部门提起诉讼，追究其法律责任，小到警告处分、撤销职务，大到追究刑事责任。

5. 保障条件：监督机制

公共服务网络治理的监督机制是公共服务高效优质供给的重要防线，是公众满意和公共利益的重要保障。在公共服务网络供给中，多元主体的行为和结果需要受到多方制约和监管，政府在整个监督体系中处于核心领导作用，具有权威性和威慑力，推动专门机构即独立的第三方建立行会监管与行业自律制度，发挥媒体与公众监督作用，最终实现以政府为主，企业、事业、社区、公民等广泛参与的全方位公共服务监管体系①。公共服务网络治理具有兼容性，参与供给主体涵盖私人企业、行业协会类的民间组织、中介组织、志愿服务等，对其实行规范、有序的监督，不偏离公共利益属性和宗旨非常必要。许多公共服务项目涉及人群数量多、社会影响深远、金额与资源投入巨大，公共服务监督机制必须到位和落实，否则容易出现大的腐败问题和社会不稳定因素，总体来讲，监督体制应当与公共服务并行发展，随着公共服务投入的增加，监督力度应当加大。埃利诺·奥斯特罗姆在研究多地案例中发现形成网络治理的八项原则之一就有"有效监督"，成员间或外部监督机制是信任的来源和动力，可以有效节约交易成本②。

我国公共服务网络治理监督机制处于起步阶段，我国已经认识到监督的重要意义，监督的配套制度和体系正在逐步完善，但仍存在一定问题。在公共服务监督机制上以内部监督、自上而下为主，而外部监督、自下而上力度不大，内部监督包括上下级的垂直监督和同级监督部门的平行监督，上下级监督往往属于事后监督或结果监督，缺乏回应性和主动性，同级监督如财务审计或绩效审计，由于监督部门受到同级职能部门约束而缺乏独

---

① 姜异康等：《国外公共服务体系建设与我国建设服务型政府》，《中国行政管理》2011年第2期。

② 〔美〕埃利诺·奥斯特罗姆：《公共事务的治理之道：集体行动制度的演进》，上海三联书店，2000，第223~225页。

立性和客观性，直接影响监督结果和效率。而类似于"巡视组"、"审计组"、"检查组"的监督形式由于缺乏长效性和连贯性，容易出现问题反弹和监督失真，监督成本较大。外部监督体系包括政协、人大、司法、媒体、社会组织和公众，监督缺乏强制性和信息不对称，直接影响监督成效，外部监督主体无法了解公共服务供给网络内部的运作体系，对其人事、财政、绩效等方面信息了解得不够深入和全面。此外，在监督方式上比较单一，信息化手段如电话、网络交流应用率不高，容易出现官僚主义和形式主义。

本章小结

第 2 章通过对核心概念的界定和相关理论及其适用条件的阐释，奠定了本书的理论基础。第 1 节对公共服务和网络治理这两大核心概念进行界定。本书探讨的公共服务是指由政府、市场与社会形成的治理网络进行供给与生产，能够满足公众生活、生产与发展需要的公共性产品或服务。本书探讨的网络治理是指一种全新的通过公私部门合作，非营利组织、营利组织等多主体广泛参与提供公共服务的治理模式。在此基础上，本书认为政府部门和非政府部门，涵盖市场主体、社会主体和公民等参与主体就一个或多个公共服务项目形成了合作共赢的网络关系。这些治理主体在开放、平等、有序的公共环境中分担公共责任、分享公共权力、共同管理公共服务事务，真正实现风险共担、利益共享。第 2 节探讨了相关理论基础和适用条件。公共服务网络治理的相关理论基础包括多中心治理理论、政策网络理论、协商民主理论、社会资本理论和新公共服务理论；公共服务网络治理的现实条件包括合作机制、信任机制、责任机制和监督机制。

第三章　我国公共服务网络治理的
模型构建与效率评价

一　我国公共服务网络治理的模型构建

本节构建了我国公共服务网络治理的理论模型，是公共服务网络治理理论框架的核心内容。一是，分析了我国公共服务网络治理模型工具的发展和分类，可分为强制性工具、市场化工具、社会化工具和混合性工具；二是，回顾了我国公共服务网络治理模型结构的整体发展过程和内部演变过程；三是，阐释了我国公共服务网络治理模型要素即参与主体及其相互竞争与博弈关系；四是，依据公共服务三种特性划分了不同类型的公共服务网络治理模型，用我国公共服务实证案例分析了政府主导、市场主导和社会主导的三类公共服务网络治理理论模型。

（一）我国公共服务网络治理模型的工具

1. 我国公共服务网络治理工具概述

我国经历三十多年的转型发展后，政府职能转变取得显著成效，政府报告中从片面强调经济增长和经济建设，转向物质文明、精神文明建设两手抓、两手都要硬，再转到当前加强社会管理创新和公共服务职能，从单纯强调速度发展到科学发展、均衡发展，以实现构建经济建设、政治建设、文化建设、社会建设、生态文明建设"五位一体"的国家治理框架（见图 3 - 1）①。我国

---

① 吕志奎：《改革开放以来中国政府转型之路：一个综合框架》，《中国人民大学学报》2013年第 3 期。

的治理工具从传统的政治指令性工具向市场、社会、行政等混合性工具转变，通过政策工具的创新带动我国政府机构改革和财政转型。在治理工具创新上，广泛运用现代化信息手段和管理方法，从以往的直接管理、行政命令、强制决策为主转向运用合同、法律、信息化、公共参与等综合性手段，以推动我国公共行政体制改革的创新。

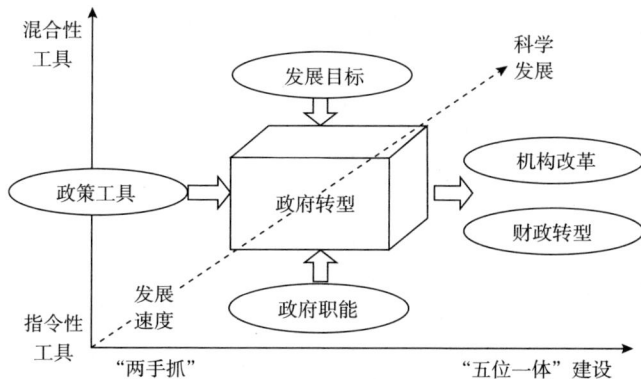

图 3 - 1　政策工具推动下的政府转型

资料来源：吕志奎：《改革开放以来中国政府转型之路：一个综合框架》，《中国人民大学学报》2013 年第 3 期。

公共服务网络化的治理工具属于政策工具的研究范畴，相关研究最早兴起于 20 世纪 50 年代，在 20 世纪 80 年代和 90 年代得到较快发展。Hood 在著作《政府工具》中提到政府工具如同木匠或园艺师的工具，政府所做的是尽力用各种治理工具来塑造我们的生活，以实现各种目的[1]。Salamon 认为政府治理工具，又称为公共行动的工具（A Tool of Public Action），是一种明确的方法，这种方法能够使集体行动得以组织，公共问题得以解决[2]。张成福认为政策工具是政府将其实质目标转化为具体行动的路径和机制[3]。政策工具可以被简单界定为政府用来实现政治目的或政策目标的方法或手段。而公共服务网络治理的工具，特指在公共服务供给网络中为推动

---

① Christopher C. Hood. *The Tools of Government*［M］. The Macmillan Press Ltd, 1983, p. 2.

② Lester M. Salamon. *The Tools of Government：An Introduction to the New Governance*, Oxford University Press. 2002, p. 15.

③ 张成福：《论政府治理工具及其选择》，《人大复印报刊资料——公共行政》2003 年第 4 期。

网络治理、完善公共服务而采取的方法或手段。公共服务网络治理工具受到公共服务类型和网络行动者制度安排的影响，处于相互作用的循环阶段，可以促进治理工具的创新（见图 3 - 2）。

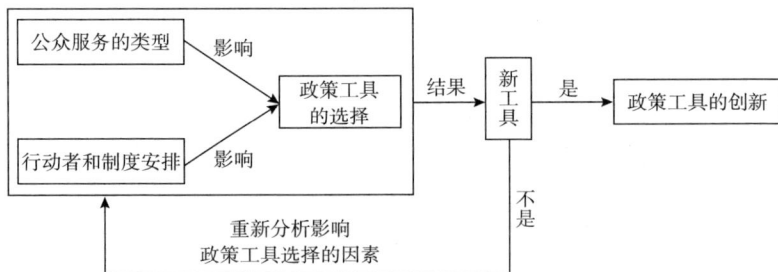

图 3 - 2　公共服务网络治理工具选择

资料来源：张成福：《论政府治理工具及其选择》，《人大复印报刊资料—公共行政》2003 年第 4 期。

　　公共服务网络化的治理工具分类方式多样化，没有统一的界定或规则。Osborne 和 Gaeble 在《改革政府——企业家精神如何改革着公营部门》一书中提到，政策工具按照出现和发展的先后顺序可分为三大类即传统类、创新类和先锋派类工具，以及 36 种具体工具，并且工具自由组合后又能产生不同的效果和可能。具体工具包括制定规制、拨款、补助、订立合同、技术支持、促成非政府的努力等（见表 3 - 1）[1]。我国比较有代表性的观点是张成福等根据政府运用权威的程度和介入社会公共事务治理的程度，对治理工具进行分类，包括：以市场为核心的治理工具和机制、经济性工具与诱因机制、管制性工具与权威机制、政府直接生产或者提供公共产品与非市场机制等[2]。因此本书借鉴国内外代表性观点，按照政府强制性的程度和政策系统的复杂程度进行分类[3]，将公共服务网络治理工具分为强制性工具、市场化工具、社会化工具和混合性工具（见表 3 -2）。强制性工具适用

---

[1] 〔美〕戴维·奥斯本、特德·盖布勒：《改革政府——企业家精神如何改革着公营部门》，上海译文出版社，2006，第 7 页。

[2] 张成福、马子博：《宏观视域下的政府职能转变：界域、路径与工具》，《行政管理改革》2013 年第 12 期。

[3] 〔加〕迈克尔豪利特·M. 拉米什：《公共政策研究——政策循环与政策子系统》，北京三联书店，2006，第 281 页。

于政策系统复杂程度较低的环境，混合性工具也是如此，只是政府强制性程度相对较低。市场化工具适用于政策系统复杂程度较高的环境，社会化工具也是如此，只是政府强制性程度相对较低。

表3-1　奥斯本和盖伯勒政策工具分类

传统类	创新类	先锋派类
<ul><li>建立规章制度和制裁手段</li><li>管制或者放松管制</li><li>进行监督和调查</li><li>颁发许可证</li><li>税收政策</li><li>拨款</li><li>补助</li><li>贷款</li><li>贷款担保</li><li>合同承包</li></ul>	<ul><li>特许经营</li><li>公私伙伴关系</li><li>公共部门之间的伙伴关系</li><li>半公半私的公司</li><li>公营企业</li><li>采购</li><li>保险</li><li>奖励</li><li>改变公共投资政策</li><li>技术支持</li><li>信息</li><li>介绍推荐</li><li>志愿者服务</li><li>有价证券</li><li>后果费</li><li>催化非政府行为</li><li>召集非政府领导人开会</li><li>政府</li></ul>	<ul><li>种子资金</li><li>股权投资</li><li>志愿者协会</li><li>共同生产或自力更生</li><li>回报性安排</li><li>需求管理</li><li>财产的出售、交换和使用</li><li>重新构造市场</li></ul>

资料来源：〔美〕戴维·奥斯本、特德·盖布勒：《改革政府——企业家精神如何改革着公营部门》，上海译文出版社，2006，第7页。

表3-2　公共服务政策工具分类

		政策系统的复杂程度	
		高	低
政府强制性的程度	强	市场化工具	强制性工具
	弱	社会化工具	混合性工具

资料来源：〔加〕迈克尔·豪利特、M.拉米什：《公共政策研究——政策循环与政策子系统》，北京三联书店，2006，第281页。

2. 强制性工具

公共服务网络治理的强制性工具是指在公共服务供给中政府强制程度

和介入程度较大，通常采取法律、指令、规则、标准、指导、要求等形式对公共服务供给过程进行干预，使公共服务供给网络主体在政治权威和法律权威下遵循和执行相关规定。强制性工具产生时间早、应用范围广，是公共服务供给初期较多采用的工具和方式。具体表现为经济或社会规制、税收调节和法律机制。

公共服务领域的经济或社会规制是指政府规定公共服务需要达到的质量、数量和时限等标准，需要公共服务供给者履行和遵循，并通过强制力保障实施过程。规制行为通过限制或规范供给主体行为的过程和结果，达到政府政策目标。在某些公共服务领域，明确规定了准入的条件和要求，某些社会主体很难进入或有效运作。对某些公共服务进行了价格规制，规定最低售价或最高限价，往往在执行一段时期后出现反弹或反噬作用，不利于整体福利和效率改进。

公共服务网络治理领域的税收调节是指政府通过加税或减免税、增加或减少贷款优惠等举措对公共服务网络供给主体的行为进行调节和改善，相对产生正向或负向的激励机制。税收调节是政府运用财政工具，与对应主体形成的权利义务关系，从收入层面对参与主体产生较大的诱因。如政府对公共服务领域愈加活跃的公益团体与慈善相关的捐赠进行减免税优惠，以鼓励公益团体更好发挥积极作用，完善公共服务。

公共服务网络治理领域的法律机制属于政府强制性工具中最有力、最有效的工具，对公共服务供给者的震慑性和影响性较大，是强制性指令得以实施的重要保障。通过制定法律和规则约束和规范公共服务供给主体的行为，尤其是对违约或失职的供给主体进行法律追责，同时建立公共服务供给网络内部的约束和监督机制，各主体间相互监督和约束，最终寻求中立的仲裁者或公证人进行是非与对错的判断。

随着我国公共服务网络治理的深入发展，强制性工具与网络治理的特性出现了不一致、不协调的情况，网络治理要求政府在公共服务领域减少直接供给和直接参与，在形成供给网络中，更多下放权力和有选择性地减少规制。政府直接供给公共服务，由于缺乏竞争性和成本意识，可能导致效率的损失和资源的浪费。在经济规制方面，对公共服务中的企业等市场主体行为进行一定约束，但更多应当减少公共服务领域的准入规制，发挥价格的杠杆作用；社会规制方面，对于保护公众权益和公共利益有重要作用，在必要时候需要加大规制力度。因此对放松规制、减少强制性工具的使用不能一概而论，而应当在具体的公共服务情境中进行具体分析。

3. 市场化工具

公共服务网络治理的市场化工具是指在公共服务供给过程中引入市场竞争和价格机制，并运用经济性激励手段促进公共服务的有效供给。市场化工具的使用能够释放政府在公共服务领域的资源和权力，但政府仍然有义不容辞的责任，因此政府介入程度仍然较高，适用于比较复杂和多元的公共服务供给环境。经济性激励手段通常情况下是政府为促进公共服务网络主体的参与和保障公共服务的质量而给予参与主体获取物质收益的方式，以补贴、基金为形式。但由于缺乏强制性，可能出现部分参与主体放弃物质收益而不合法、违规获利的情况。市场化工具的实质是构建了政府与市场在公共服务领域的契约关系，允许更多的网络主体参与到公共服务供给之中，能够在公平、公正、竞争的环境下供给公共服务并实现资源配置最优。公共服务网络治理的市场化工具目前运用较多的是合同外包、特许经营和消费券。

公共服务合同外包是指政府就某项公共服务实行公开竞争招标，以合同形式外包或出租给市场主体或非营利组织，这一方式在英美等西方已经非常普及且取得较大成功，在我国处于探索和试行阶段。公共服务的合同将民事领域工具引入公共领域，双方主体地位平等，合同明确规定了双方的责任和义务，对时限、标准、质量、资金等具体问题给出详细说明与解释。政府通过一次性或分阶段财政拨款履行合同约定，对公共服务的生产、供给实行全方位监督，并且验收和评估网络主体供给服务的结果和质量。而合同另一方即公共服务网络供给者在竞标阶段公平参与，按照合同规定的具体要求供给服务，与公众顾客进行直接、面对面的交流和接触。

公共服务特许经营是与合同外包相对立的市场化工具之一，由公共部门授权给企业或非营利组织经营或供给某项公共服务，通过特许协议形式明确规定双方的权利与义务，实现公共服务的有效供给。特许经营中政府主要通过价格机制、监控和调节发挥作用，既体现公共服务的公益性，也考虑到特许经营者的生产积极性，大多数情况下政府需要提供资金补贴和政策支持，如公共交通服务中，政府一方面为鼓励公共交通出行在价格上给予公众优惠，另一方面针对服务供给企业资金缺口大的难题提供资金支持或适当调价。

消费券是我国近些年逐渐兴起的公共服务供给工具，也称为代金券或凭单，是政府针对特定公共服务消费者即某些公众而实施的补贴，目的是促进和保障此部分公众的消费能力和享受服务权利。消费券的使用能够使消费者自主选择产品服务，能够满足其多样化需求，消费者偏好在供给者中形成一种竞争机制和评价机制，有助于公共服务质量和效率提高。消费券在我国一些城市的使用范围较广，以北京为例，市民居家养老（助残）券自2009年底开始实行，获得了较大的好评和成功。北京市居家养老（助残）券是由政府买单的服务券，持券居民可以在指定的家政、商品专柜、老年餐桌等使用，切实保证政府购买服务能落实到符合条件的老年人和残疾人身上，切实提升他们的生活质量和福利水平。

4. 社会化工具

公共服务网络治理的社会化工具是以志愿机制和自我服务机制为基础的，鼓励非营利组织或社会自治组织的参与及其与政府间的广泛合作，能够充分调动公众的参与积极性和参与主动性，有助于市民社会的形成与完善。社会化工具能够充分发挥社会参与主体的活力和广泛性，改善政府与公众关系，从以往管理与被管理向服务与被服务、服务与被监督转变。社会化工具的使用使公共服务的供给与消费间关系更加密切，减少中间环节和中间过程，实现供给者与消费者之间的无障碍沟通，能够充分体现公众意愿和公众诉求。公共服务网络治理的社会化工具目前应用得比较多的是非营利性组织供给、社区供给和志愿行动。

非营利性组织供给是社会管理创新的重要方面，也是公共服务网络治理的重要环节，能够充分利用和整合社会资本，发挥社会组织的重要力量，解决更多的社会问题。非营利性组织作为重要的公共服务网络主体力量，与政府和市场主体并称为三大主体，具有政府和市场不可比拟的优势，有助于克服"市场失灵"和"政府失灵"。非营利性组织供给充分发挥社会组织的公共服务职能、社会参与职能和监督政府与市场职能，从以往政府公共职能的有益补充到成为公共服务的重要合作伙伴，实现了重大飞跃和突破。政府通过提供资金援助和财政补贴，在政策上给予优惠，大力鼓励和支持非营利性组织参与公共服务过程。

社区供给是在公共服务领域对社会自治组织的充分调动和利用，将社区以往的管理职能向现在的保障和服务职能转变，能够完善社区联系上级政府与基层群众的重要纽带和桥梁作用。社区供给公共服务有助于公众参与到公共服务的生产和建设过程，在社区中获得基本的养老、医疗、教育等公共服务，为社会弱势群体如老人、儿童、残疾人等提供极大的便利和福祉。在具体运作中，既能充分调动基层群众的参与积极性，又能节约政府成本、减少政府投入，满足基层群众的多样化需求。以公共安全社区服务为例，充分调动社区资源共同预防危害公共安全事件的发生，从以往公共服务的消费者向参与者和维护者转变，能够有效改变警民关系、实现警民互动，改进社区公共安全服务。

志愿行动是公共服务的供给依托公众无偿利他的志愿劳动，以个人或家庭为单位，向其他个体或组织提供帮助和支持。这种志愿活动一般表现为物质性或非物质性，就物质性而言，是个体自愿将收入或劳务再分配给他人即以捐赠的形式；而非物质性是指个体通过无偿劳动来使他人受益即以义工的形式。志愿行动参与的广泛性和频繁性是市民社会成熟的标志，是一个社会进步的表现。当前志愿行动在多个公共服务领域发挥重要作用，尤其是在贫弱人群救助、受灾人群帮扶、养老服务、教育服务等方面有突出贡献。但在慈善捐赠和服务方面，与发达国家比还有一定差距，当前应当在规范管理、有效监督、合理配置等方面下功夫。

5. 混合性工具

公共服务网络治理的混合性工具是在应对并不复杂的政策环境时，在政府介入程度较低的情境下适用，通常采用非强制性、协商性的手段。混合性工具兼有强制性工具和市场化工具的部分特征，政府既赋予了公共服务供给主体自主性和自发性权限，也能有效监控公共服务网络的运行和治理状况。混合性工具在公共服务网络治理中应用得比较广泛，尤其是在网络主体合作机制的构建阶段、协调阶段和执行阶段，需要综合运用大量的混合性工具。常用的混合型工具主要有沟通、信息服务以及激励机制。

沟通工具在公共服务网络治理中非常重要，在整合多方利益和价值体系、统一思想和行动路线、化解矛盾与协调纠纷等方面有积极意义。政府通过采用指导、建议、咨询等非强制性沟通方式与公共服务网络主体进行对话协商，明确告知公共服务供给中的注意事项和权限范围，不能在公共服务中越权或侵权，如政府参与或主导公共服务协调促进会议，建立常态化公共服务沟通协商机制，消除信息不对称或网络不透明带来的负面影响。沟通工具的广泛应用有助于推动公共服务网络治理的发展和成熟，能够强化网络中非强制权威的力度和效度，尤其是增强公共服务网络主体自我协商、自我组织、自我管理的能力。

信息服务工具是信息时代和网络时代的产物，随着互联网应用的普及，信息占有的数量与质量更高是组织提升竞争力的重要筹码。信息服务工具以信息获取、信息发布、信息交互、信息评价等为主要内容，信息的时效性、准确性和共享性是公共服务网络信息畅通的关键。越来越多的公共服务依托信息化技术和网络平台，通过网络平台进行资讯发布、资质公开、资源互通，在信息网络中能够快速匹配适合公众多样化需求的服务项目。信息工具的应用是无纸化办公的关键，在公共服务中能够节约公众的时间成本和精力，减少公众与政府雇员之间的直接冲突，极大提升了服务水平和工作效率。

激励机制是与强制性工具中的法律惩罚机制相对应的正向促进机制，通过积极引导和鼓励、对先进和榜样的奖励与支持，引导公共服务网络主体选择正确的价值导向和行为导向。激励机制的应用是放松规制、下放权力的重要方式，是柔性管理的重要方面，通常采用教育引导、奖励表彰、批评劝诫等形式。激励机制不一定依托物质奖励和经济奖励，也可以是精神鼓励和荣誉激励，通过颁发证书、确定等级对公共服务主体进行正向引导。在公共服务网络治理中，激励机制的应用有：从治理主体中选取先进模范和典型案例，通过公开表彰、媒体报道、巡回经验介绍等形式在更广泛公共服务领域推广经验。

（二）我国公共服务网络治理模型的结构

公共服务网络治理模型经历了由简单到复杂、由单一到多元、由双向到全方位的变化，具体来看，整体结构经历了层级管理模式—复杂管理模式—网络管理模式的演变过程（见图 3 - 3）①。公共服务网络治理模型的衍变反映了从"一对一模式"向"一对多模式"再到"多对多模式"转变的过程，是供给主体关系复杂性和合作性的升级，也是公共服务供给趋于科学化和有效化的转变。从以往的垂直架构向金字塔架构进而到平行架构，网络中各参与主体间的地位趋向平等与独立，关系趋向竞争与合作。从以往处理单边关系、多边关系，到全方位的内外部关系，与外部的互动与交流愈加频繁，对外部资源的依赖愈加明显。这一过程伴随着公共服务的多样化和复杂化加深，伴随着公众要求的提升和诉求的增加，因此为提供更好的服务，政府内部、政府外部公共服务供给网络越来越依赖政府、市场、社会多方主体的合作。西方国家已有的公共服务供给实践证明公共服务供给主体的多元化、供给模型的网络化以及供给方式的多样化能够有效满足公众需求。

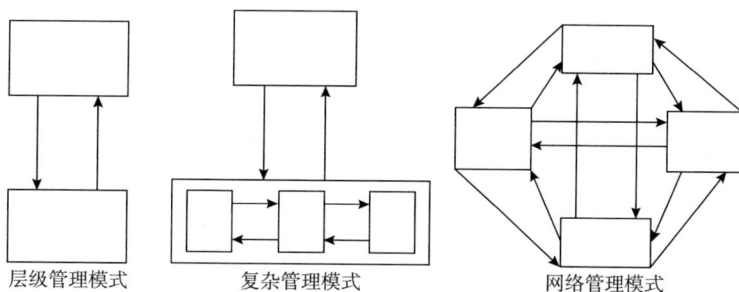

图 3 - 3　公共服务网络治理模型演变图

资料来源：陈钦春：《社区主义在当代治理模式中的定位与展望》，《中国行政评论》2000 年第 1 期。

层级管理模式是公共服务中，政府与某单一参与主体形成的上下层次互动关系，这一单一参与主体有可能是政府的下属部门、附属单位、下级机构，也有可能是私营企业、社区组织等。层级管理模式是单一的网络模型，结构和关系相对简单，以权威性的命令与服从关系为主，双边关系更易于管理和协调，可以形成直接的对话与沟通机制。一对一的供给结构通

---

① 陈钦春：《社区主义在当代治理模式中的定位与展望》，《中国行政评论》2000 年第 10 期。

常用于早期服务项目较少、服务模式较为固定、外部需求不高的情况，但随着公众需求的提升和政策环境的复杂性加强，层级管理模式逐渐被更高级的模式取代。复杂管理模式是在公共服务中，政府部门与多个参与主体形成上下层次互动关系，多个参与主体间通过双向互动形成一个小的服务网络，独立于政府部门。多个参与主体可能是政府部门间的互动合作、地方政府间的互动合作，也可能是公共部门、私营部门和社会组织间的互动合作。复杂管理模式是多元化的供给模式，除了层级管理中的以权威命令为基础的管理与被管理关系外，还包含了较小服务网络中多个参与主体的以平等沟通为基础的合作关系。复杂管理模式适应了政府分权、放权的形势与要求，能够应对更为复杂的公共服务环境。网络管理模式是公共服务中，各参与主体间形成的多对多的合作关系，各参与主体间能够实现无障碍沟通，无须经历其他中介和过程。网络管理模式的参与主体间关系是平等和竞争的，既需要在网络中互动交流、协商合作，又需要在服务中相互竞争、关注质量和有效监督。网络密度较高且复杂程度较大，多边合作关系在具体运作中需要更有技巧的治理方法，也需要更加频繁的互动交流。

我国公共服务网络治理结构的内部演变，经历了从中心集聚向分散集聚的锥形治理结构演变的过程①。这种锥形治理结构不同于科层制下的金字塔结构，从依赖权威命令向依赖合同契约转变，契约合作关系的形成更能调动参与主体的积极性和创造性，参与主体内部行为更为透明和直观，更加便于监督和宏观调控。中心集聚的锥形结构虽然也是多元网络治理，但是政府介入程度较大，需要与各参与主体间进行一对多互动与交流，需要对供给网络中的职责和效能负有直接责任，政府作为治理中心需要用权威性契约约束主体行为，在缔约、履约和监管的过程中需要耗费大量的人、财、物资源，整体特征依旧表现为单边治理，而多边治理、多中心治理的需求已经非常迫切。这一契机促进了更为复杂和高效的内部结构创新的发生，也就是分散聚集的锥形结构。这一结构旨在解放政府和减少交易成本，创新的基点在于在政府与参与主体间的关系中增加多个中间层次即

---

① 刘骏：《政府外部治理结构及其优化研究》，武汉大学博士学位论文，2011，第110~115页。

代理层，代理层的出现能够将原有政府的微观职能承接下来，政府面对较少的代理层，便于管理和监控，而代理层面对分散的基层供给主体，能够提供专业化和高效化的内部协调成果。从中心集聚向分散集聚的锥形治理结构演变过程（见图 3-4）是网络治理趋于成熟的过程，也是政府职能与权限优化的过程，更是体现了政府与市场、社会主体互动合作的过程。

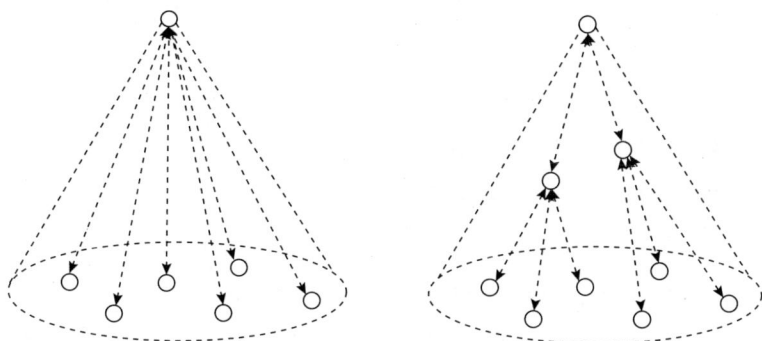

图 3-4　中心集聚与分散集聚的锥形治理结构

资料来源：刘骏：《政府外部治理结构及其优化研究》，武汉大学博士学位论文，2011，第 110～115 页。

（三）我国公共服务网络治理模型的要素

1. 我国公共服务网络治理的参与主体

第一类参与主体是政府部门。政府部门作为公共服务和公共治理的主导者，在公共服务网络构建的初期起到了核心和关键作用。政府部门包括中央政府、地方各级政府以及政府内部的各个职能部门，政府部门围绕公共服务职能形成了权威性的公共服务政府网络，按照公共服务的项目和内容不同组织生产和供给活动，满足公众需要。政府部门为公众提供全方位、基础性的公共服务，如教育、医疗、交通、环保、养老、公共安全等方面，同时要保障公共服务在地域间、城乡间、阶层间的公平性。

第二类参与主体是市场组织。市场主体属于公共服务供给的良好合作伙伴，这在中西方公共服务供给中得到了很好的实践和证明。市场组织包括公有制企业、国内私营企业和国外私营企业，在公共服务供给中不能因为所有制的不同而给予不同待遇，只要在公共服务招投标中能够在价格、质量和时效上达到一定资质和水平就可以参与进来。公共服务由市场组织供给，能够有效运用其竞争性和成本意识，加强对财政资金有效性的关注，加强对产出和结果的重视。但不能忽视企业天然的逐利性，应当对其进行有效监控。

第三类参与主体是社会组织。社会组织参与公共服务是伴随着公民社会的形成与发展而实现的，从对公共服务的有益补充到对公共服务的有效参与，实现质的飞跃和突破。社会组织参与旨在解决政府部门和市场组织难以涉足或解决起来不够高效的社会服务问题，因其数量庞大、力量较大、分布广泛在公共服务领域，作用日益凸显。社会组织在公益活动、慈善捐赠等方面发挥重要作用，如帮扶弱势群体、受灾群众、贫困阶层等。我国的社会组织既包括社会基层自治组织，也包括事业单位、中介组织和行业协会等，社会基层自治组织又包括社区居委会、农村村委会和组织中的工会，遍布基层的多个领域，在供给服务、与民沟通方面有其天然优势。

第四类参与主体是公民个人。公民个人在公共服务中也起到至关重要的作用，虽然在服务供给上发挥有限作用即自服务，但是在公共服务的评价与考核、控制与监督等方面作用十分突出。在一些公共服务领域，完全依赖公民个人的自服务较少，大多基于公民与其他供给主体的合作机制，如在养老服务中，政府负责、企业参与、社区保障以及公民个人介入的家庭照料与护理。公民个人在公共服务供给网络中是重要的一环，需要在供给初期提供需求建议、在供给中期有效监控、在供给末期评价考核。

2. 我国公共服务网络参与主体的竞争

公共服务网络治理各参与主体间形成了竞争与协作关系，通过跨界合作和跨领域协同治理，形成了公共服务多元主体竞争网络（见图 3 - 5）①。

一是政府内部的竞争。政府内部引入竞争机制也就是公与公之间的竞争，或者可以称为强化内部市场。政府内部竞争机制打破了原有的官僚制下的权威命令体制，在服务职能相同和相似的政府机构和部门之间展开竞

---

① 邓朴、石正义：《公共服务市场化的主体多元性探析》，《四川大学学报（哲学社会科学版）》2006 年第 2 期。

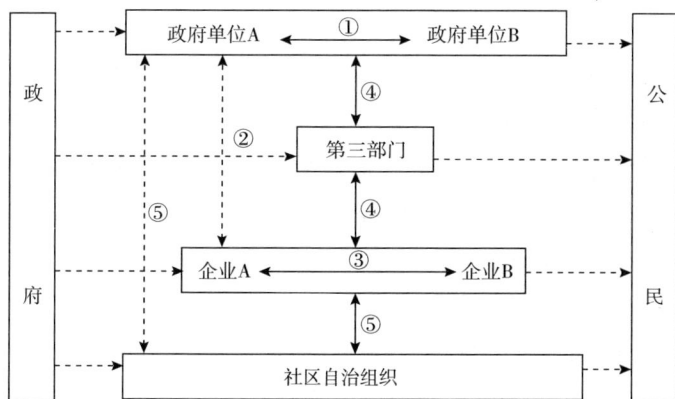

图 3 - 5　公共服务多元主体竞争网络

资料来源：邓朴、石正义：《公共服务市场化的主体多元性探析》，《四川大学学报（哲学社会科学版）》2006 年第 2 期。

争，公民可以自由选择服务机构和服务项目，采取"用脚投票"的形式决定公共部门服务的有效性和存续性。在政府内部供给中采取了绩效考核体系，制定绩效标准和奖惩标准，对不达标或者不合格的公共服务供给部门实行"问责制"，实行优胜劣汰。

二是政府部门与企业之间的竞争。让企业参与到公共服务供给过程，打破政府部门原有的垄断地位，在公共服务领域实现民营化或公私合营。在民营化的过程中，政府部门与企业之间签订绩效合同，强化对公共服务的价格竞争和质量竞争，吸引更多的顾客和资源。这一竞争能够促使政府部门职能转型、促进企业开辟新的市场，对政府部门形成外在压力和动力，既能利用政府部门的权威性和执行力，也能利用市场部门的竞争性和高效性。

三是同业务领域企业之间的竞争。在公共服务外包过程中，进行公开的招投标竞争，达标企业间形成价格、质量、方案等环节的竞争机制，最后公开竞标结果并接受全程监督。中标企业是在竞争中脱颖而出、优中选优的，并且中标企业并非一劳永逸，需要接受绩效考核，不达标者退出竞争机制并被依法追责。企业间的竞争也通过市场化运作，在吸引客源、提升顾客满意度上下功夫，公民则在市场上自由选择和付费，形成较为稳定的消费习惯和消费路径。

四是第三部门（社会组织）和政府部门、市场部门的竞争。这种情况在西方公共服务领域尤为突出。随着社会管理创新和公民社会的成熟，第三部门在公共服务领域越来越多地介入和参与，挤占了原属于政府部门和市场部门的操作空间，并且能够更加有效和公平。这些公共服务领域可以是环境保护、救灾扶贫、中介咨询等多个领域。第三部门有其天然的优势，克服了政府失灵和市场失灵的一些弊端，能够建立和维系更和谐的公民关系，树立良好的外部形象。

五是社区自治组织和政府部门、企业部门的竞争。这一竞争原属于第三部门竞争的一种，鉴于其特殊性和重要地位而单独列出。社区自治组织在公民需求和满意度调查方面能够更为有效和贴近实际，能够根据公众需求进行适度调整和及时改进，可在公众面对面交流中拉近彼此关系、缩短彼此距离，获得良好的信誉和口碑。在基层公共服务中，社区自治组织以其灵活性、公益性、有效性，而优于政府部门和企业部门，与公众关系更为紧密。

3. 我国公共服务网络参与主体的博弈

在研究公共服务网络治理的内部机制中，基于公共服务内部参与主体的相似性或差异性，形成了不同的内部关系机制。西方学者 Najam 将政府与其他参与主体之间的内部关系，依据偏好的策略和目标的差异性大小，分为四种组合模式（见图 3 - 6），即合作（Cooperation）、冲突（Confrontation）、互补（Complementarity）、协作（Co - opration）①。四种内部博弈机制也可称为 4C 机制，当公共服务内部参与主体策略与目标都相似时，参与主体间激励相容性越大，契合程度越高，合作的意向就越强，因而建立了牢固而稳定的合作伙伴关系；当公共服务内部参与主体间策略相似但是目标不同时，存在协作关系，在技术、资源、经验上相互交流沟通，也能实现一定程度的整体效应和集聚效应；当公共服务内部参与主体策略不相似，但目标一致时，呈现一种优势互补、互通有无的关系，虽然实现目标的手段、方法、工具和机制不同，但是目标的一致性将其捆绑在一起，能够共同为实现公共服务的最终目标服务；最后一种情况，当策略与目标都不一

---

① Najam A. The Four - C's of Third Sector - Government Relations: Coopration, Confrontation, Complementarity, and Co - opration [J]. *Nonprofit Management & Leadership*, 2000, 10, 04, pp. 375 - 396.

致，则会出现最坏的结果：合作机制失效、合作关系破裂，各参与主体间冲突与斗争不断，内部交易成本陡增，公共服务供给网络难以维系。

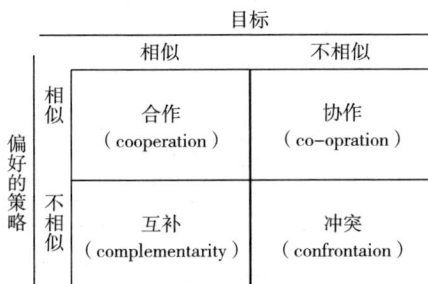

图 3-6 公共服务网络治理内部博弈机制

资料来源：Najam A. The Four - C's of Third Sector - Government Relations：Cooperation, Confrontation, Complementarity, and Co - opration [J]. *Nonprofit Management & Leadership*, 2000, 10, 04, pp. 375 - 396。

公共服务供给网络中各参与主体间关系是竞争与合作的，虽然原则上地位平等、自由决策，但是在公共服务网络具体运行中也存在一定的强弱关系。根据各参与主体在地域上、组织上、认知上的相近程度不同，可划分为不同的网络关系模式。部分参与主体在地理位置上相邻或相近，便于近距离沟通与交流，对彼此信息了解得更为充分，容易产生一定的信任和共鸣；部分参与主体在组织结构和组织模式上存在相似性，如都是股份制，在内部运作和制度安排上存在相似性，更易促进彼此间的结盟与互动；部分参与主体在组织文化、组织心理和价值观上存在一定相似性，如具有公益性质，因而在思想和行动上有一致性。各参与主体间在地域上、组织上、认知上的相似程度越高，越容易形成公共服务网络，而在网络中声誉高、权威性大、能力强的组织容易成为公共服务网络的中心角色。处于中心角色的公共服务网络主体与邻近性、相似性强的组织间形成密切协作关系、长期协作关系和战略性市场关系，而与邻近性、相似性低的组织间形成了一般协作关系、竞争关系或监督关系（见图 3-7）①。越处于网络中心位置决策权和影响力越大，越处于网络边缘位置，话语权和影响力越小，极有可能受到中心组织的命令指挥、管理和约束。

---

① 范从林：《流域涉水网络中的中心角色治理研究》，《科技管理研究》2013 年第 9 期。

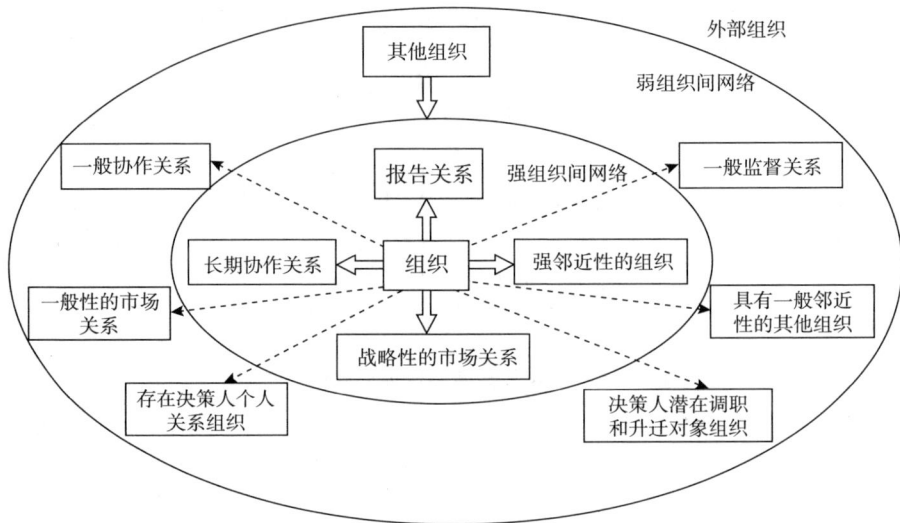

图 3 - 7　公共服务供给网络的强弱关系

资料来源：范从林：《流域涉水网络中的中心角色治理研究》，《科技管理研究》2013 年第 9 期。

（四）我国公共服务网络治理模型的分类

1. 我国公共服务网络治理模型的划分依据

公共服务网络模型的类别与公共服务的特性密切相关，即需要分清公共服务的特性，再据此选择公共服务的网络类型。公共服务的基本特性包括非竞争性和非排他性，非竞争性指公民对公共服务的享用不会影响或减少其他公民的公共服务数量或质量；非排他性指无法将不愿付费的公民排除在公共服务范围之外。非排他性是因为当公共服务具有正外部性时，难以阻止"搭便车"行为，需求增加会使非竞争性弱化，从而使公共服务产生一定费用，形成不同的供给网络。公共服务的特性包括外部性、异质性和可测量性，按照这些特性来划分公共服务的网络模型，可分为政府、市场和社会三大类网络类型（见图 3 - 8）①。当政府主导公共服务供给网络

---

① 吴玉霞：《公共服务分工与合作网络的理论与实证研究》，浙江大学博士学位论文，2012，第 70~80 页。

时，政府是服务的规划者以及生产者，既可由中央或地方政府直接供给，也可通过服务外包的形式间接供给，这种网络类型在当前我国实践应用上相对较多；而以社会和市场为主导的公共服务供给网络在未来实践应用上会逐步增加。

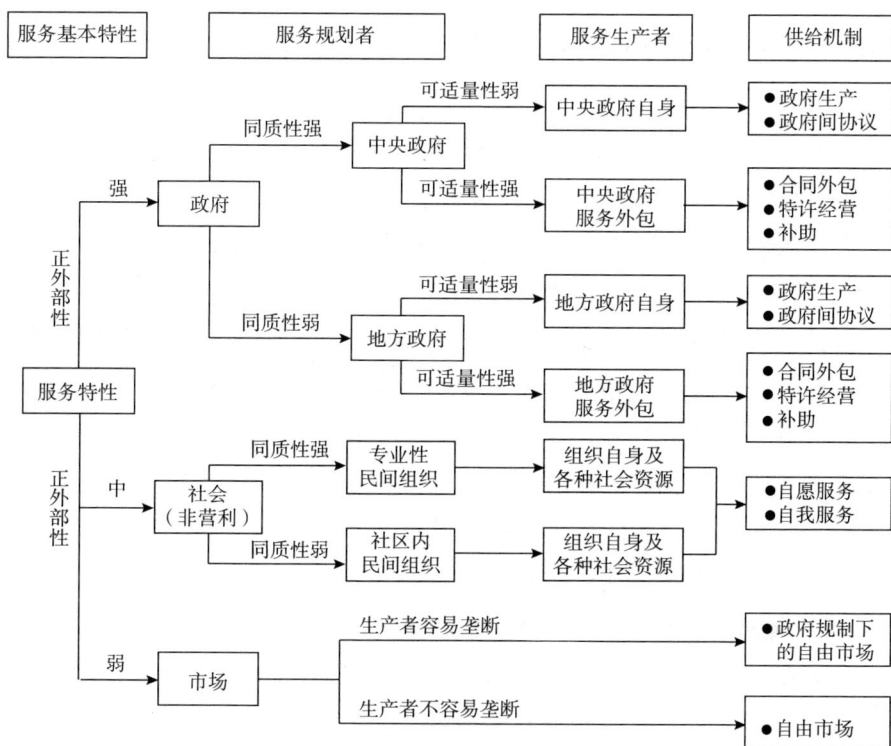

图 3-8 公共服务网络模型的分类

资料来源：吴玉霞：《公共服务分工与合作网络的理论与实证研究》，浙江大学博士学位论文，2012，第 70~80 页。

公共服务外部性是公共服务的某一主体对其他主体产生的无法用价格机制衡量的影响，会导致了市场的效率低。公共服务的有效性在于其正外部性，区别是正外部性的大小、多少、强弱。公共服务的正外部性较强时，公共服务一般由政府主导的供给网络供给，政府承担主要责任，需要总体规划和实施；公共服务的正外部性较弱时，公共服务一般由市场主导的供给网络供给，能够充分发挥市场优势和开展竞争；公共服务的正外部性处于中等水平时，公共服务一般由社会（非营利组织）主导的供给网络供给，其效果和水平优于政府与市场主导型。

公共服务的异质性是公共服务对象的不同情况与特征，会引发公共服务需求的多样性和复杂性。随着公民意识的觉醒，公民对公共服务的要求也有所提升，要求的多样性和个性化也随之生成。即使是同一服务人群，由于性别、年龄、职业、地域等的不同对公共服务的诉求也不同，甚至完全一致的服务人群在不同的时间也会产生不一致的服务诉求。当公共服务异质性较弱、同质性较强时，可以由政府部门供给，而当公共服务异质性较强、同质性较弱时，则需要更能适应公众需求的市场来供给，处于中间层次的则由社会组织供给服务效果更佳。

公共服务的可测量性是政府对公共服务绩效和结果的监控能力和协调能力，正外部性和异质性的强弱确定了公共服务的规划者，而对于具体公共服务的供给者则需要可测量性来进一步确认。当可测量性较小时，对公共服务绩效结果测量与监管的交易成本较大，政府难以对公共服务形成有效测量和监管，因此更为有效的方法是政府供给或政府间协议供给；当可测量性较大时，对公共服务的合同协议达成、绩效质量控制和监督管理能够有较大的主动权和有效性，因此公共服务可以采取外包的形式，形成政府、市场、社会的公共服务合作伙伴关系。

2. 我国公共服务网络治理模型的分类

公共服务网络治理模型中多元主体合作已经具有普遍意义，政府、市场与社会主体在公共服务领域竞争合作、供给服务、满足公众需求。随着跨界合作、公私合营、服务外包、公民社会等的兴起，公共服务由较少的单一主体供给，越来越趋向于多元主体供给。在此用实证形式分析公共服务网络治理三种基础理论模型。一是以政府为主导的公共服务网络模型，二是以市场为主导的公共服务网络模型，三是以社会为主导的公共服务网络模型。政府、市场或社会主体为主导的公共服务网络模型并不是单一由某一类参与主体供给或内部合作，而是整个公共服务网络是以某一类参与主体为主导，内部网络仍然是多元合作伙伴关系。

政府主导的公共服务网络模型中政府具有较强的影响和控制能力，其他参与主体共同承担公共服务供给任务。政府的主导作用体现在政府对公共服务资源的有效监控、对参与主体的权威影响上。公共服务资源包括人力、资金、政策、技术、信息等多个方面，公共服务资源占有的不对称直接影响了在公共服务供给网络中的地位和作用。当政府在公共服务供给网络中资源和权力不对称性较强时，政府主导作用就明显，反之，政府主导作用较弱或对服务网络难以有效监控。政府主导的公共服务网络模型在前期构建和运作中需要政府发挥重要引导、沟通和管理作用，整合多方资源和协调多元主体，在网络中牵线搭桥、增强信任、强化责任、重塑机制。以政府主导的企业技术共享服务网络中，政府服务机构位于供给网络的核心地位，其他参与主体为企业、中介组织、金融和研究机构，作为服务的接受者和互动者在网络中有机互动、各司其职。在外部网络中，政府通过协调服务、资金支持、信息服务和政策规范对整个供给网络产生外部影响，这需要多个政府部门和多区域地方政府间的跨界合作和有机整合。而在内部网络中，政策资源从政府服务机构向金融机构和中介机构转化，资金资源通过金融机构、政府机构流转到企业和研究机构进行生产转化，技术资源通过企业、研究机构汇聚到中介机构进行共享和转移，从而形成整个服务网络间的资源互通和关系互动（见图 3 – 9）[①]。整个技术共享服务网络形成了一个有机整合、良性互动、有序循环的状态。

　　社会主导的公共服务网络模型是指由社区社会组织或其他民间社会组织为主导的公共服务网络，根据公共服务同质性的强弱来区分是由社区组织供给还是由民间组织供给。而在现实中没有严格的区分，社会主导的公共服务网络模型中，社区组织也需要引入其他民间组织和市场组织的力量和参与；而民间组织也需要依托社区组织的资源和场地开展公共服务活动。在这里列举我国的社区主导的公共服务网络模型，社区主导的公共服务网络模型是指在基层公共服务的供给中，社区自治组织占据整个网络的核心，掌握公共服务资源并在上下级、政府与公众之间起到连接和贯通作用（见图 3 – 10）[②]。随着我国城市利益主体的分化，市民对公共服务的诉求逐渐增加，要求更加具有回应性和多样化，同时公民要求在公共服务中越来越具有

[①] 司尚奇、冯锋：《我国技术转移机构服务项目与比较研究——基于国家首批 76 家技术转移示范机构的分析》，《中国科技论坛》2009 年第 8 期。

[②] 胡祥：《城市社区治理模式的理想型构：合作网络治理》，《中南民族大学学报（人文社会科学版）》2010 年第 5 期。

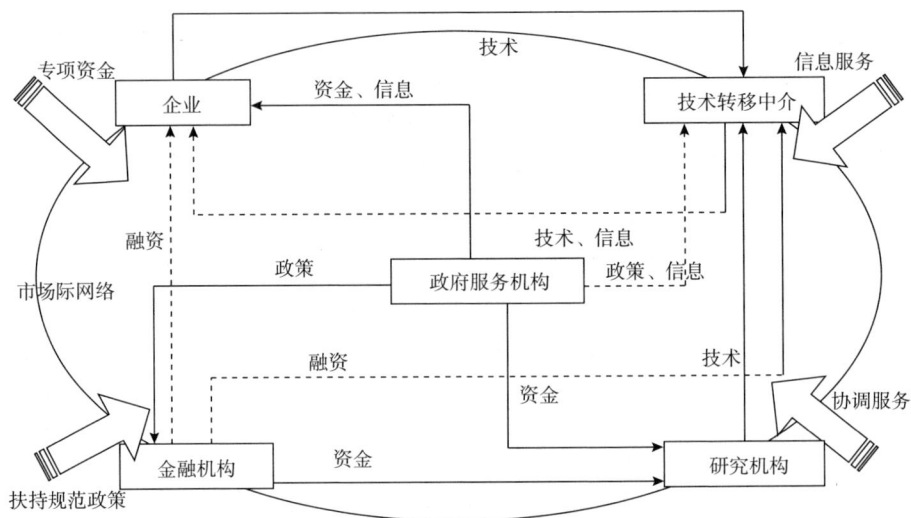

图 3-9 政府主导的公共服务网络模型

资料来源：司尚奇、冯锋：《我国技术转移机构服务项目与比较研究——基于国家首批 76 家技术转移示范机构的分析》，《中国科技论坛》2009 年第 8 期。

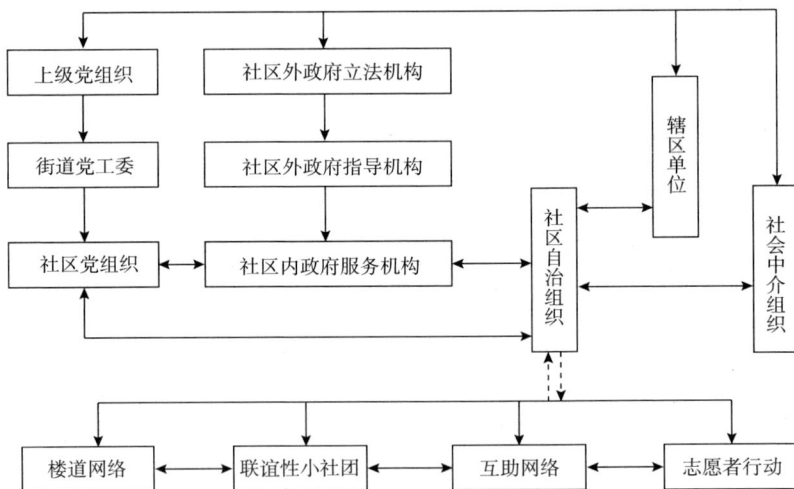

图 3-10 社区主导的公共服务网络模型

资料来源：胡祥：《城市社区治理模式的理想型构：合作网络治理》，《中南民族大学学报（人文社会科学版）》2010 年第 5 期。

决策权和话语权，因而成立了多种形式的微型社团和组织，如楼道网络、联谊社团、互助网络和志愿者行动等。这些微型社团起到汇聚居民诉求和建议、调动居民参与和奉献的作用，受到社区组织的监督和领导，在服务供给、参与服务等方面互动协调，可以组织公众参与社区活动和志愿活动，形成与居民的面对面交流、心贴心服务。社区自治组织与社区单位和中介机构产生互动，在公共服务供给方面形成多元合作机制，社区中的安全、医疗、养老、交通、休闲等服务可以由多元主体承担，包括企业和社会组织，为社区公众提供便捷性、多样性和优质化的公共服务。社区自治组织还需要接受上级党委、政府部门、法律部门、服务机构的监督和管理，需要定期进行工作汇报和接受视察，在上级的监管中对公共服务进行持续改进。

市场主导的公共服务网络模型一般是在政府授权、政府委托或与政府签订协议合同的情况下，由市场主体投资、建设、运营公共服务项目，有效缓解了政府财政和效率的有限性问题。在公共租赁住房服务项目的运作过程中，采取 BOT① 等模式，政府与项目公司签订特许权协议，授权一个或多个项目公司进行公共服务项目的融资、设计、建造、经营和维护。在 10 ～ 30 年的特许期内项目公司可以通过向使用者收费的形式回收前期的投资、经营和维护等成本，获得相应合理回报，特许期满后将服务项目无偿移交给政府部门。以我国公众住房租赁项目为例，2010 年中央提出"大力发展公共租赁住房，解决群众在居住方面遇到的困难"②，并提出"支持和引导民间资本投资建设公共租赁住房等政策性住房，享受相应的政策性住房建设政策"③，为民间资本与市场主体参与公共租赁住房服务网络奠定基础。在公共租赁住房服务项目网络中，具体的运作过程见图 3 - 11。在服务网络构建初期，政府委托公租房管理部门作为项目的发起人，对项目进行前期规划和竞争性招标，以特许权协议的合同形式与投资项目公司进行权责分配，整个招投标过程是竞争和透明的。在服务网络运营期间，签订特许权协议的项目公司通过向贷款方和股东方融资等形式，政府和股东也可提供信用担保，确保项目公司公租房建设资金到位；在公租房项目的建设和运

---

① BOT 模式是英文 Build - Operate - Transfer 的缩写，即"建设—经营—转让"，是一种新型的项目融资和建设管理模式。

② 来源于 2010 年 11 月中央经济工作会议报告。

③ 来源于国务院 2010 年 5 月《关于鼓励和引导民间投资健康发展的若干意见》。

营过程中，项目公司可与有良好资质的承包商和运营公司合作，确保公租房项目如期保质完成；对于公租房项目的租户即使用者资质的审核、准入与退出，则由公租房管理部门负责完成，其租金的额度和标准也按照合同商议的结果收取。在服务网络的末期，项目公司按照特许权协议中规定的日期和方式将公租房项目移交给政府。

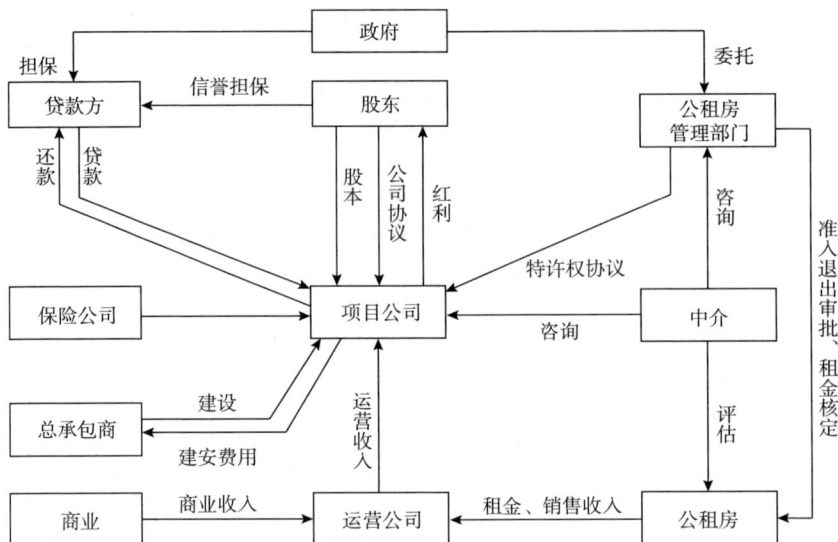

图 3 – 11　市场主导的公共服务网络模型

资料来源：曹小琳、侯应侠：《BOT 模式在我国公租房建设中的应用研究》，《工程管理学报》2011 年第 5 期。

3. 公共服务网络治理模型中的公民角色

公共服务网络模型中公民虽然较少进行直接的公共服务供给，但是在公共服务网络中有重要的角色和作用。公民角色按照参与公共服务的程度和积极性不同，可分为"积极参与者"、"看门人"和"搭便车者"（见图 3 – 12）。"积极参与者"的概念，在公共服务网络中可以认定为公民非常热心社区公共服务，在公共服务中积极参与，从服务项目的规划、服务项目的实施、服务项目的评估、服务项目的监管等多方面全方位实现公民权利和公民责任。"积极参与者"强化了公民在公共服务中的积极性和主动性，能够自发形成有利于公共利益的言语和行为，能够在议价过程、监督过程等谈判考核过程中成为社区居民的代言人，具有"主人翁"意识和"开拓者"思想。"搭便车者"恰恰相反，他们较少关注或不关注社区公共服务的供给与实施情况，借助积极公民的努力无偿享用社区公共服务资源，对公共服务价格和质量变动不敏感或不关心。而介于中间的公民角色是"看门人"，他们会选择性参与公共服务，着重关心与自身利益直接或间接相关的公共服务项目，对触及个人权益的公共服务较为敏感和关注。

图 3 - 12 公共服务网络中的公民参与

资料来源：〔美〕萨瓦斯：《民营化与公司部门的伙伴关系》，中国人民大学出版社，2002，第90页。

在公共服务供给网络中，不同的公共服务网络类型对应不同的公民角色，具体来看，政府主导网络对应当事人、市场主导网络对应消费者、社会主导网络对应共同生产者（见表3-3）。公共部门供给作为较为传统的公共服务供给机制，强调政府工作人员的专业精神，供给专业化的公共服务。但是政府主导的供给机制以政府工作人员了解公民的需求偏好为基础，公民只能作为公共服务当事人，服从政府安排，被动接受公共服务，公民精神在这一服务网络中难以完全发挥作用。市场主体供给公共服务机制是比较激进的供给方式，以市场竞争和价格机制为基础，供给者具有理性人和自利人特征，公民有权利反映自身的服务需求偏好。政府通过多种政策工具委托私营机构提供公共服务，公民需要通过价格机制和市场选择机制表达需求以获得所需的公共服务，不需要承担其他义务，公民作为公共服务网络的消费者，促进公共服务资源的优化配置。社会主体供给公共服务机制是应用日益广泛的供给方式，可以通过社区供给、公民互助、公私组织合作解决社区公共服务问题。社区公共服务供给实质上是一种共同生产供给机制，政府将服务责任权力在公民及社区中进行分配，为公民介入公共服务供给过程提供了可行性和便利性。公民作为共同生产者，公民精神能够得到充分发挥，公民与公职人员共同承担相应的服务责任与决策权，有助于改善政民关系，提升政府公信力和合法性。

表 3 - 3   公共服务网络中的公民角色

公共服务供给主体	公共服务供给方式	公民角色
政府部门	• 专业化服务	当事人
市场主体	• 签订合约 • 特许经营 • 凭单制、消费券 • 用户付费 • 多主体分担责任	消费者
社会主体	• 社区供给服务 • 公民自助 • 共同生产 • 公私合作	共同生产者

资料来源：作者自绘。

二　我国公共服务网络治理的影响因素

本节阐释了我国公共服务网络治理效果和效能的影响因素，是公共服务网络治理效率评价的前提条件，为进一步分析我国公共服务网络治理的实际运行和实证案例奠定基础。我国公共服务网络治理的影响因素分为服务项目影响因素、网络内部影响因素和网络外部影响因素。本书所列举的三方面影响因素中的具体因子是在充分借鉴国内外文献资料的基础上，结合我国的实证经验总结和归纳得出的。这些因素都会对我国公共服务网络治理的效果产生或大或小的影响，需要在公共服务网络治理的实践领域充分考量和充分重视，有针对性、有目的性地就某些重要因素进行行动调整和方案优化。

（一）我国公共服务网络的项目影响因素

1. 公共服务项目的复杂程度

前文已经提到，公共服务网络治理中，对公共服务网络供给方式和供给工具的选择与公共服务项目密切相关，不同外部性、异质性和可测量性的公共服务项目对应不同的供给方式和网络类型，如具有一定正外部性、异质性较强且可测量性较强的公共服务项目适用于市场主体供给；而具有一定正外部性、异质性中等、可测量性较强的公共服务项目适用于社会主体供给。公共服务项目复杂程度越强、所需参与主体越多，公共服务项目的效果实现难度越大；反之，公共服务项目复杂性越低，可以通过以往经验直接应用，公共服务项目的效果实现难度越低。公共服务项目的复杂性表现为公共服务项目的多样性、公共服务项目的多变性、公共服务项目高要求。公共服务项目的多样性是指随着服务型政府建立和公民诉求的提升，公共服务的项目和种类越来越丰富，公众要求政府提供越来越完善的公共服务体系，对于一些公共服务的缺位领域及时增加或弥补。公共服务项目的多变性是指在不同历史时期、历史条件下，公民个体差异、地域间差异、民族间差异形成了对同一公共服务的不同诉求。公共服务项目的高要求表现为公共服务不同于私人产品与服务，涉及范围广、影响大，需要在供给中严把质量关、标准关。

2. 公共服务项目的收益情况

公共服务项目的多元供给除了纯公共物品的无偿供给外，多数公共服务需要有偿购买或有偿供给，因而在价格机制和竞争机制的驱使下，公共服务项目的成本与收益情况对公共服务供给网络也形成一定的影响，公共服务项目成本和收益状况良好，参与主体在供给中能够实现自身发展和收益，付出与回报成正比，那么公共服务网络参与的积极性和主动性就更强、效果就更好；反之公共服务项目成本和收益差距过大，参与主体在供给中入不敷出或收支持平，很难形成对足量供给、高质量供给的有效激励，影响公共服务网络治理效果。公共服务项目的成本和收益情况表现在参与主体在网络供给中的先期投入如人员、资金、信息、技术等多方面的成本项目上与参与主体在网络供给中所收获的利益分成、信誉认可、服务认同等显性或隐性收益项目上。公共服务项目的收益情况与成员间资源依赖性密切相关，在网络合作关系缔结之初，参与主体因为资源的相互依赖而形成供给网络，在合作中将自身资源和优势有效发挥和先期投入，便于资源共享与流通；随着合作关系的深入，流通资源形成集约效应，产生较大的收益和良性结果，对公共服务收益情况有较大改善，形成了先期投入、后期获益的良性循环与理性预期。

3. 公共服务项目的整合程度

公共服务项目的整合程度是指公共服务网络组织成员对公共项目目标认同程度和资源利用程度，公共服务项目的整合程度与公共服务网络治理效果成正比，公共服务成员对网络组织的目标与规则认同度越高，公共服务项目资源利用效率越高，公共服务网络治理效果越明显；当公共服务成员对网络组织的目标认识不清或认同度较低，公共服务项目资源浪费严重、出现违规或违法侵占行为时，公共服务网络治理效果则变差。公共服务项目的整合程度关系着整个网络组织内部目标的一致性与行动的一致性，公共服务整体目标是公共利益与公众需求，各参与成员涵盖政府公共部门、私人部门和社会部门，将这三类不同利益出发点与行为方式的参与主体有机整合，统一到公共服务的整体目标中需要沟通机制和考核机制。公共服务项目内部资源的整合是对公共权威和法律资源、私人竞争和效率资源、社会参与和民主资源的有效运用，能够从外部对公共服务供给形成震慑和监督机制，内部对公共服务供给形成成本意识和效率意识，在对外交流上形成民主参与和民主决策机制。公共服务网络项目的整合是内部参与主体对目标和方案的认同，对合作和竞争的遵循，共同应对公共服务挑战和困境，形成内部良性互动和良性循环机制。

(二) 我国公共服务网络的内部影响因素

1. 组织规模与参与者数量

公共服务网络组织内部的规模、成员数量是服务网络中较为显著和外化的内部特征，便于影响结果的计算和测量。公共服务网络的组织规模指公共服务供给网络的大小和复杂程度，关系着网络间联系的纵横交错和组织关系的复杂程度；公共服务网络的参与主体数量是能够直观展现和统计出来的，包括中心参与者、主要参与者和外围参与者，在公共服务中出现了业务的外包和转包，因而统计公告服务参与主体时都应当囊括。公共服务网络的组织规模与参与者数量也存在内部必要联系，公共服务网络参与主体数量与网络组织规模成正比，具体来看，当参与者数量较多时，组织间互动交流更加频繁，组织关系更加复杂多变，组织规模则越大，而当参与者数量较少时，组织内部更容易协调和控制，组织关系趋向单一固化，组织规模较小。公共服务组织内部规模和参与者数量对公共服务网络治理效应有一定影响作用，公共服务网络组织规模和数量与公共服务网络治理难度成正比，当网络组织规模和数量较大时，公共服务网络整合和协调成本增加，交易成本和信息成本增加，公共服务网络治理难度加大；当网络组织规模和数量较小时，公共服务网络内部交易成本较低，信息不对称减少，公共服务网络治理难度较小。

2. 参与主体的知识和经验

公共服务网络治理中参与主体的知识、能力、经验都对公共服务网络治理效果产生较大影响，参与主体的知识、能力与经验与公共服务网络治理效果成正比，当知识、能力与经验较为丰富，对公共服务网络治理有成熟的运作方案与体系，公共服务网络治理效果较好；而当参与主体知识能力较低、经验不足时，对公共服务治理网络的控制和协调能力较弱，不利于实现公共服务网络治理的有效性。公共服务网络治理参与主体的关键能力包括制定战略目标、协调成员关系、加强组织学习等能力。制定战略目标考验着参与主体的全局性和整体性，考验着参与主体能否通观全局、关注长远，制定既符合最高宗旨又不违背成员意愿的共同目标；协调成员关系考验着参与主体的号召力与影响力，是处于核心地位的参与主体的重要能力和素质；组织学习能力是在变动的环境和条件下赖以生存的关键，具备较强的学习能力和应变能力才能适应公共服务网络的多变性和差异性。公共服务网络治理参与主体的必要经验包括处理重大问题和突发事件的经验、构建网络内部管理机制的经验以及监督网络组织运行与绩效的经验。这些经验是通过多次参与公共服务供给总结和积累下来的，是在多次试错机制下吸收和借鉴的结果，有丰富经验可以避免少走弯路，提高内部准确度和绩效。

3. 参与主体间的信任程度

公共服务网络参与主体间的相互沟通与信任直接影响公共服务网络的初始形成、稳定运行和最终效果，公共服务网络主体间的信任与沟通程度与公共服务网络治理效果成正比，参与主体间沟通越频繁、信任程度越高，公共服务的协同性和整体性越强，公共服务网络治理的绩效越高；反之，参与主体间相互猜疑、摩擦升级、冲突不断，公共服务整体效果严重打折、协同性受损，公共服务网络治理绩效越低。公共服务网络参与主体间的信任机制是与有效的沟通密切相关的，参与主体间沟通越频繁，相互间猜疑和信息不对称减少，关系越密切，合作关系越牢固；反之，由于沟通不畅或者沟通次数较少，参与主体间相互不了解、对彼此目标行动不知情，导致合作关系松散甚至最终破裂。公共服务网络合作主体间的信任机制可以通过以下方式体现，各成员对对方在外部形象上有良好的印象和评价，诚实守信、恪尽职守，能够严格按照合同履行承诺和义务；各成员对对方合作伙伴的能力和经验充满信心，相信通过整体协作、强强联合，可以有效完成公共服务项目；各成员对组织透明性和组织合约持积极肯定态度，认为组织内部透明性和公平性较强，组织合约在没有严密监督和控制的条件下也能够比较有效地得到自觉履行。

4. 参与主体间的合作意向

公共服务网络参与主体的合作态度与合作效果对公共服务网络治理效果有重要影响意义，主要参与主体态度越积极、合作意向越明显，产生的行为和方案越有利于成员间合作交流，公共服务网络治理的效果越好；反之主要参与主体态度消极懈怠、合作意向不明，制定方案和履行方案不积极主动，直接导致公共服务网络治理效果低下甚至面临解体和破裂的危险。公共服务参与主体间的合作意向表现为对公共服务多元供给的支持程度、对公共服务网络供给合约的重视程度以及由此产生的合作责任与义务。公共服务多元供给是公共服务创新的重要表现，改变了以往单一主体的供给模式，形成了公共资源和公共权益的重新组合和分配，势必触碰一些既得利益团体的利益，会在公共服务网络合作中出现消极怠慢、破坏合作的行为，严重影响公共服务网络供给的效果。公共服务的多元供给的有效展开，需要首先在观念上打消参与主体的疑惑和不信任，通过沟通展现多元供给的优势和效率，促进参与主体对多元合作形成良性预期，从而在后续的资源投入、贡献程度和履行合约等方面做出努力。对公共服务供给合约的重视程度，尤其表现在对合约中义务和责任的严格执行与实施，对合约的权威性和法定性的认同，对公共利益和公共精神的尊重。

（三）我国公共服务网络的外部影响因素

1. 市场机制成熟程度

公共服务网络治理的外部经济因素表现为市场机制的成熟与应用，在公共服务外包和合作网络中，公共服务中市场主体应用日益广泛，公共服务市场机制成熟程度与公共服务网络治理绩效成正比，即公共服务外部市场机制中透明性越高、进入门槛越低、规则越公平，则市场机制越成熟，应用到公共服务网络治理领域效率越高；反之，公共服务外部市场机制内部交易越频发、进入门槛越高、行业垄断和行业歧视越严重、政府介入越多，则市场机制越不成熟和完善，应用到公共服务网络治理领域效率越低。我国市场机制相对于西方起步更晚，但发展迅速，虽然当前处于转型和完善期，但不影响公共服务网络治理中引入市场机制。市场机制成熟程度涵盖市场准入、市场竞争和消费选择等多方面衡量标准。在公共服务市场准入中，应当在坚持"严进严出"原则的同时，适度放宽对私营企业、个体经营者的限制和条件，只要组织符合相关资质规定、所供给服务符合相关标准，就可以参与到公共服务的招投标和合约当中。在公共服务市场竞争中，打破原有单一垄断或寡头垄断，引入同一服务项目多家供给的机制，便于公众自由选择。在公共服务消费者选择方面，充分尊重公众的意愿和偏好，尽可能满足其多样化和个性化需求，通过市场机制优胜劣汰、自由竞争。

2. 公民社会的成熟度

公共服务网络治理的外部社会因素表现为公民社会的成熟程度，涵盖两方面内容，一是社会组织在公共服务中的参与程度和参与范围，二是公民在公共服务中的地位和作用。公民社会的成熟程度与公共服务网络治理的效率和效果成正比，社会组织中第三部门在公共服务供给中参与度越高、与其他主体互动合作越多，公民参与公共服务广度、深度与效度越大，则公共服务网络供给效率越高；反之，社会组织在公共服务中参与度越低、参与范围越窄，公民在公共服务中越缺乏话语权和监督权，则公共服务网络供给效率越低。第三部门在公共服务多元供给中的参与有其独特优势和作用，能够缓解政府部门在公共服务领域的低效和低信度，能够缓解市场主体在公共服务领域的逐利性和机会主义，在整合社会个体资源、发挥公民志愿精神和服务精神方面有重要意义。公民参与是公民社会成熟的重要标志之一，公民通过投票机制、民主调查、听证会、访谈会等多种方式参与公共服务过程，在服务需求调查、服务过程实行和服务结果评估阶段发挥重要作用。公民以志愿者身份参与公共服务供给，无偿提供志愿劳动，如某些社区的基层安全志愿者。公民的参与度的高低与公民的参与能力和参与意愿密切相关，当公民知识素质较高、身体素质较好、参与志愿服务意愿较强时，公民参与公共服务更为积极和主动。

3. 政府部门的包容性

公共服务网络治理的外部政治因素表现为政府部门的包容性，表现为政府部门对待公共服务网络治理的态度和行动，政府部门对公共服务网络治理的包容性与公共服务网络治理的效率成正比，即政府部门对公共服务网络治理包容性强、支持力度大、投入资源和精力多，公共服务网络治理的效率更高；反之，政府部门对公共服务网络治理包容性弱，持谨慎和保留态度，支持力度小、投入资源少，那么公共服务网络治理的效率较低。政府部门的包容性代表着政府的智慧和气度，代表着对创新的态度和想法，代表着对外部资源的应用和重视程度。我国公共服务网络治理以"政府元治理"为基础，政府部门在网络治理中实现了角色转变、职能转变和方法转变，公共服务网络治理中政府部门起到了决定性和支配性作用，各级政府部门对公共服务网络应用的态度决定了公共服务供给网络能否实现正常运转。一些学者通过实践定量研究证明"上级政府支持对于网络治理的形成有直接效应"[1]，能够对公共服务供给形成有效的指导和扶助，能够通过资源投入、技术保障和政策支持对公共服务网络治理形成强大外部支持，并且在公共服务各参与主体间形成牵线搭桥、仲裁决策、协调纠纷的作用，为公共服务网络治理保驾护航。

三 我国公共服务网络治理的评价机制

本节阐释了我国公共服务网络治理的评价机制，旨在衡量公共服务网

---

[1] 刘波、王少军、王华光：《地方政府网络治理稳定性影响因素研究》，《公共管理学报》2011 年第 1 期。

络的治理过程和治理结果，是我国公共服务网络治理效率评价的保障性内容。涵盖我国公共服务网络治理的评价意义、评估标准和评估流程等内容。

（一）我国公共服务网络的评价意义

公共服务网络评价机制能够引发对公共服务网络治理绩效的重视。公共服务网络治理将私营部门经过有效性检验的绩效管理引入公共服务等公共事务中，通过进行评价目标确认、评估标准制定和评估过程的实施等措施来对公共服务进行评估，将公共服务网络治理的绩效纳入公众视野和公共平台。公共服务网络的评估将原有政府部门内部工作汇报和绩效评估进行较大改进和创新，采取定量评估和定性评估相结合的方法，对公共服务网络治理绩效进行科学、有效的评估。公共服务作为特殊的社会产品，其评估过程关系和维系着广大公众的切身权益，公众对于公共服务质量和效率的关注热度持续不减，因此，在评估过程中应当遵循公开评估、公正评估和民主评估的原则，打破公共部门与外部主体间的信息壁垒，将评估过程置于阳光和透明的机制下。

公共服务网络评价机制能够促进公共服务网络治理绩效的持续改进。公共服务网络评价机制与其他绩效评估机制的终极目标一致，重在结果而不是过程，重在改进而不是评估，即更加关注评估后的绩效结果和改进举措，而不是更加关注评估过程中的技术和方法。公共服务网络的评价机制能够促进形成一个公共服务质量持续改进的闭合正循环状态（见图 3 - 13）[①]，公共服务网络治理的评价机制开始于制定该服务评估标准，在公共服务的供给过程和供给阶段性结束后，对公共服务质量和效率进行评估。为了巩固和促进绩效评估，在对公共服务评估后，针对评估阶段性结果实行奖惩制度，对公共服务评估结果较好、信誉较好、公众满意度较高的参与主体实行促进性激励措施，对公共服务评估结果较差、不合格、有负面影响的参与主体实行问责机制和惩罚机制。在这种评价机制和奖惩机制的

---

① 陈振明、耿旭：《公共服务质量管理的本土经验——漳州行政服务标准化的创新实践评析》，《中国行政管理》2014 年第 3 期。

双重作用下，能够奖勤罚懒、有效激励，对公共服务质量能够采取改进举措和方法，进而反馈到下一阶段的公共服务评估过程中。

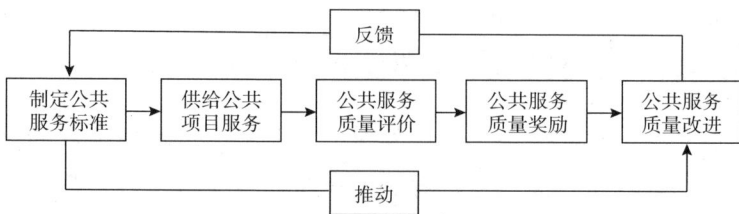

图 3 - 13　公共服务质量评价机制作用

资料来源：陈振明、耿旭：《公共服务质量管理的本土经验——漳州行政服务标准化的创新实践评析研究》，《中国行政管理》2014 年第 3 期。

公共服务网络评价机制能够提升公共服务参与主体的外部形象和信誉。公共服务网络评价机制能够对公共服务的质量进行定期的总结和判定，引发公众对公共服务质量的关注和重视，促进公共服务网络治理绩效的持续改进，这能够有效地改变公众对公共服务参与主体的负面印象和不满情绪，在社会上树立正面形象和良好信誉。绩效评估机制是公共服务参与主体公信力、公共形象提升的重要工具，能够对公共服务参与主体形成有效的行为约束和标准控制机制，引导公共服务参与主体形成正确的态度导向与行为导向，将公共服务参与主体的行为方案与公共服务网络的组织目标和组织规则密切联系。公共服务网络评价机制强化了公共服务的责任机制，将公共服务监督的端口前移，从事后补救向事前预防转变，有利于改善公共服务参与主体的公共形象。

（二）我国公共服务网络的评价标准

1. 公共服务网络过程评估的标准

公共服务网络治理的过程评估是对公共服务网络运行过程中组织效率情况进行的评估，可以从四个维度进行衡量，即沟通程度、信任程度、透明度、权变能力。

沟通程度是指公共服务网络中各参与主体的交流与互动情况。沟通程度可以衡量整个公共服务网络的资源流、信息流的流动性和畅通性程度，是衡量网络组织合作关系能否达成和有效实行的关键指标。沟通程度可以细化分为以下几个关键指标进行定量和定性分析，一是召开通气会、交流会议的次数和频率，可以用定量分析的方法统计，在时间上、间隔上直观体现交流和沟通的情况，会议内容能否解决关键问题和确定关键议程，会议召开后能否真正起到作用或落到实处也是考量的重点；二是有无统一联网和交流的信息平台及其运行状况如何，可以用定量和定性相结合的方法，常态化实时交流的情况，考察对信息网络技术的应用和普及，对用户信息和需求的登记与信息化管理，考察公共服务供给效率的提升情况；三是公共服务各参与主体间资源的交流与互补情况，采取定量与定性相结合的方法，了解各参与主体的内部资源投入与外部资源的利用情况，考察资源在各参与主体间的流通和转化情况。

信任程度是指公共服务各参与主体间的关系情况以及对对方的态度和评价情况。信任程度可以衡量公共服务网络合作关系和谐程度及牢固程度，是衡量公共服务网络组织合作关系形成和维持的重要指标。信任程度可以细化分为以下几个关键指标进行定量和定性分析，一是调查公共服务参与主体对其他参与主体的态度和看法，对其他参与主体关键时间和关键行为的评价和分析，可以通过访谈、问卷的形式调查研究，提取出有价值的信息和观点；二是公共服务网络内部授权和分权的情况，也可以是内部委托代理的情况，即在公共服务多元供给中能否将公共服务的核心任务和关键事件交于其他主体完成，放权和委托的领域和服务范围体现了参与主体间的信任程度；三是公共服务网络合作关系的持久程度，公共服务参与主体能否将对方视为良好的合作伙伴并进行长期合作，能否放心将人力、物力、财力、信息等资源交于其他主体管理和维护，这些都体现了公共服务网络合作关系的健康程度与持久程度。

透明度是指公共服务网络内部运作和各参与主体行动信息的可掌握、可了解程度，也可理解为外部顾客对公共服务网络内部运作信息了解的准确性、充分性、及时性。透明度可以衡量公共服务网络治理的内部运作效率和内部合作关系，一定的透明度是监督和管理公共服务网络组织的重要前提。透明度可以细化分为以下几个关键指标进行定量和定性分析，一是公共服务网络治理参与主体对网络中相关信息的了解和掌握情况，采取360

度评估的方法，考察对多重利益相关者的了解情况，包括对竞争对手和合作伙伴的信息了解、对合作进程中其他参与主体的行动了解、对公共服务对象的需求了解等；二是公共服务网络治理外部顾客对网络内部运作和发展过程的了解，采取随机抽取调查对象访谈的方式，询问包括服务供给过程、服务所需成本、服务的质量等内容；三是公共服务网络的信息披露情况，可以用定性分析的方法测量，如人事、财务信息披露的次数、范围和时间，信息接受者对信息的理解和掌握程度等。

权变能力是指公共服务网络参与主体对外部环境和外部条件变化的回应能力和适应能力，以及应对和处理突发事件的能力。权变能力反映了公共服务网络治理应对风险和挑战、在不确定环境下治理的能力，可以衡量公共服务网络的回应能力、学习能力、危机管理能力。权变能力可以细化为以下几个关键指标，以便进行定量和定性分析，一是对待公共服务外部顾客需求变化的回应力，通过对外部顾客的访问调查，定量分析考察公共服务网络对外部顾客的需求变化或新的需求能否有效、及时满足，能否及时有效处理和解决新的问题；二是应对和处理突发事件、问题案例的能力，通过采取关键事件分析法，定性分析考察在重大公共服务问题发生后的解决、处理和善后能力，也可通过情景模拟考察对突发事件的应对能力；三是处理日常投诉、纠纷、建议等情况的能力，通过采访当事人来考察公共服务网络处理细节问题的方法、速度和效率，尤其要关注当事人的满意度，可以测量公共服务网络治理的服务效率。

2. 公共服务网络结果评估的标准

公共服务网络治理的结果评估是对公共服务网络运行结果所产生的外部效应和效率进行的考核，可以从四个维度进行衡量，即公共服务的效率性、公共服务的公平性、公共服务供给的收支情况和公共服务的公众满意度。

公共服务的效率性是指通过公共服务网络所供给服务的数量和质量情况，可以用于直观衡量公共服务网络治理的绩效。公共服务的效率性体现为公共服务供给数量的充足性和适量性，既能满足需求又不造成过度浪费；还体现在公共服务的供给质量上，严格按照公共服务的标准生产，既能体现标准化也能满足个性化。公共服务网络治理的有效性可以细化为以下几个关键指标进行定量和定性分析，一是公共服务的供给数量情况，可以采取定量分析的方法，对于一些不便于量化统计的公共服务也可采取定性分析。这一指标可以衡量公共服务供给的充足与否，便于将这一数据和公共服务需求数量进行比较，考察是否公共服务供给过量或供给短缺。二是公共服务的供给质量情况，可以采取比较分析的方法，对比公共服务实际产出与合同要求标准的差距或对比我国公共服务与同期国外公共服务的质量标准差距。三是公共服务供给的时效性问题，能否实现"无缝隙"公共服务供给，采取定量分析的方法，统计公共服务供给的时间成本消耗。

公共服务的公平性是指不同的公共服务对象所享有公共服务的机会均等性、内容无差性和选择自由化，是衡量公共服务供给结果的重要指标，能够体现公共服务的公共性原则和公共利益宗旨。公共服务的公平性不仅指服务对象可获得服务数量和质量的平等性，也指服务对象获得公共服务机会的均等性，尤其要注意地域间、城乡间、性别间、行业间等不同公共服务对象的差距。公共服务的公平性可以细化为以下几个关键指标进行定量和定性分析：一是公共服务获得的机会公平，公民享有获得平等的公共服务转移支出或补贴的能力，在公共服务网络中，能否使公民不分城乡、地区都有机会接触基本公共服务设施和项目。二是公共服务享有的结果平等，在公共服务资源的配置中应当注重结果公平性，能否使服务对象享有到标准一致、质量相同的公共服务是衡量的关键。三是相对弱势群体享有公共服务的优先性，某些公民基于个体差异或制度差异而在社会阶层中处于弱势地位，公共服务应当能够平衡差异、缩小差距，衡量的关键是公共服务向弱势群体倾斜的程度，如补贴数额、服务增量等。

公共服务供给的收支情况是指公共服务网络治理中投入的成本与产出的比例、公共产品和服务的生产效率，公共服务供给的成本既要考虑显性成本如运营成本，也要考虑隐性成本如客户等候时间成本。公共服务供给的收支情况是从树立成本意识、节约意识的视角来衡量公共服务整体运行的经济效率。公共服务供给的收支情况可以细化为以下几个关键指标进行定量和定性分析：一是公共服务网络运行的成本分析，对显性成本实行定量统计，对隐性成本转化后进行定量分析，包括在公共服务供给网络中所需的人力投入、物质投入、资金投入等方面，也包括网络运行过程和公共服务获取过程的交易成本如皮鞋成本、缔约成本、协调成本、监督成本等。二是公共服务网络的收益情况，由于公共服务的特性，其所产生的正向效应远大于私人产品，但是难以用价格直观体现，因此在衡量过程中也需要采取定性和定量相结合的方法。将公共服务的收益和支出进行比例核算，通过比较分析的方法，与国外发达国家的公共服务收支水平对比。

公共服务的公众满意度是指公共服务网络治理的对象对公共服务的接受程度和受益程度，也可以认为是公共服务对公众需求的满足程度和实现程度。公共服务的高公众满意度是衡量公共服务网络治理结果的最高指标和最高宗旨。公共服务的公众满意度测量是一个巨大且复杂的工程，有可能统计出完全不一致或相反的结果，因此需要在样本选择上扩大数量、增加正确结论产出的概率。公共服务的公众满意度衡量除了之前提到的公共服务质量和数量等指标外，还可以细化为以下几个关键指标进行定量和定性分析：一是公共服务的多样性，可以直观地采取定量分析方法统计，这一指标既能衡量不同公共服务项目的多样化，还可以衡量同一公共服务项目的多元供给，公民自由选择公共服务的供给商和供给种类，类似市场机制中的自由竞争机制；二是公共服务的便利性，指公共服务获得的便利程度和公民耗费的隐性成本，如公民获取公共服务的距离远近、等候时长等；三是公共服务的经济性，指公民获取公共服务所需要支出的物质成本，公共服务的性价比能否物有所值。

（三）我国公共服务网络的评价流程

1. 公共服务网络治理的评价者

一是公共服务网络治理的内部评估者。内部评估者指公共服务内部参与主体或内部绩效评估机构，这些内部主体参与公共服务网络治理的绩效评估，能够更为清晰和直接地了解公共服务网络内部运行情况，能够更为全面和系统地对公共服务内部效率进行评估。公共服务网络治理的内部评估涵盖绩效审计和财务审计，由专门的绩效考核部门和财务审计部门进行，定期对公共服务网络治理内部各主体进行绩效考核，并负责监督公共服务合同的执行。公共服务网络参与主体也可以成为绩效评估参与者，对其他参与主体和整体绩效给出客观、真实评价。

二是公共服务网络治理的外部评估者。外部评估者指公共服务网络外部独立的第三方评估机构,以及作为公共服务对象的公众。独立的第三方评估机构能够提供专业、权威、中立的评估结果和服务,其评估结果更容易被社会认可和让公众信服,并且独立的第三方评估能够对公共服务网络参与主体形成一定的外在压力,进而在改进绩效和提高效率上形成改革动力。公共服务最重要的外部评估者是公共服务的服务对象即公众,公众既是公共服务的直接受益者,也是公共服务的重要付费者,公众对于公共服务供给的态度与评价应当作为评价公共服务是否有效的重要指标,将公众的话语权、参与权、决策权落实到公共服务网络治理的评估过程。

2. 公共服务网络治理的评估策略

一是定量与定性方法相结合。在公共服务网络治理的评估当中,需要理性、科学的定量方法,也需要定性方法,不能一概而论,针对不同的公共服务网络治理评估指标选择适合的方法,也可以将定性与定量相结合就某一指标进行评估。当公共服务网络治理评估指标容易量化,能够以直观的数字和数据体现时,则选取定量分析方法;当公共服务网络治理评估指标不易量化,需要文字记录并提炼总结时,需选取定性分析方法。

二是过程评估与结果评估相结合。公共服务网络治理的评估是一项系统工程,不仅包括对治理结果的测量与考核,还应当对治理的过程有效性进行测量与考核,虽然结果性评估相对于过程性评估所占比重较大,但是由于过程的准确与科学更能增加结果的有效性概率,所以需要在考核过程中结合过程评估与结果评估。公共服务网络治理过程和公共服务结果的考核没有明显的界线,因此绩效考核贯穿于整个公共服务网络治理阶段。

三是构建多维度评估指标体系。前文已经列举公共服务网络治理的评估指标,共分为三级指标:一级指标、二级指标和三级指标,基于此可构建多维评估指标体系(见图3-14)①。在示意图中,通过对评估内容的划分确定一级指标,对一级指标进行分解以确定二级指标即基本指标,再根据不同考核方法对二级指标进一步细化考核,以对基本指标起到重要的辅助和修正作用。

---

① 卓越:《公共部门绩效评估》,中国人民大学出版社,2004,第243页。

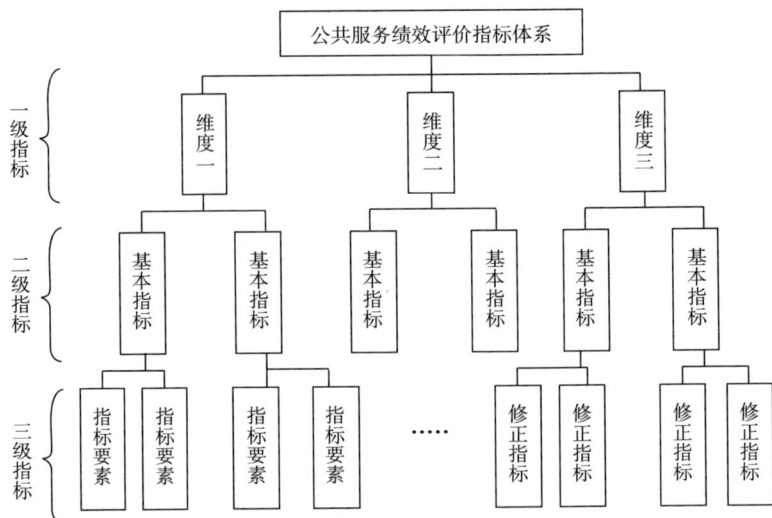

图 3-14　公共服务网络治理绩效考核指标体系示意

资料来源：卓越：《公共部门绩效评估》，中国人民大学出版社，2004，第 243 页。

3. 公共服务网络治理的评估反馈

公共服务网络治理的绩效评估是一个常态化、科学化、民主化的过程，经过定期的绩效考核产生书面绩效考核报告，是对上一阶段有效性与合理性的总结和评价。但公共服务网络治理的绩效评估重在改进而不是评估，因而应当将评估结果用于指导下一阶段的工作和行动，吸取经验和改正错误，将评估的结果反馈到公共服务的质量改进过程中。

在这里引入 Manilla 和 Jamen 的 ISA 模型（见图 3-15）[①]，这一模型用于公共服务网络治理绩效评估后的行动改进与完善过程。公共服务网络治理的评估结果可分为两大维度、四个象限：一是公共服务的重要程度即公众对公共服务的需求紧迫性和重视程度，按照程度不同分为低重要性和高重要性；二是公共服务的满意度即公众对公共服务供给的态度和评价，按照程度不同可细分为高满意度和低满意度。在第一象限中，公共服务处于被公民重视程度较低而公众满意度较高状态，说明公共服务供给超出公民预期数量和质量，但其重要性并不被公众认可，公共资源浪费明显，因此

[①] 陈振明、李德国：《公共服务质量持续改进的亚洲实践》，《东南学术》2012 年第 1 期。

需要适度减少对该服务的继续投入和供给；在第二象限中，公共服务处于被公民重视程度较高、公众满意度也较高的状态，说明公共服务的供给与需求相匹配，是公共服务供给非常成功的典型，需要继承前期的成功经验和延续之前的路径；在第三象限，公共服务处于被公民重视程度较低、公共满意度也较低的状态，这一评估结果符合低重视程度、低优先性的原则，对此类公共服务的处理时间可适度延缓；在第四象限中，公共服务处于被公民重视程度较高，但是公共满意度较低的状态，是公共服务供给失效的案例，是需要公共服务参与主体着力改进的领域，应当根据评估结果反映的问题进行逐一筛查、重点解决。

	低重要性	高重要性
高满意度	1 服务供给过度，需要减缓	2 继续保持已有的较好状态
低满意度	3 低优先性	4 关键问题领域，需要优先解决

图 3 - 15　公共服务绩效评估反馈的 ISA 模型

资料来源：陈振明、李德国：《公共服务质量持续改进的亚洲实践》，《东南学术》2012 年第 1 期。

四　我国公共服务网络治理的效率分析

本节分析了我国公共服务网络治理的效率，是效率评价的具体应用部分。效率分析从理论有效性、模型有效性、工具有效性和产出有效性四个维度进行阐释，揭示公共服务网络治理理论的经济效率与理论质疑，分析我国公共服务网络模型工具的有效性与局限性，分析我国公共服务网络治理成本与产出的效率问题。

（一）我国公共服务网络治理的理论有效性问题

在治理领域，任何理论和方法都不是完美无瑕的，公共服务网络治理理论也存在一定的理论缺陷和"网络失灵"问题，因而受到了学术界的一些质疑。当前公共服务领域的议题越来越复杂化、多变化，存在一定的治理风险和治理困难，其严重程度可能会超越网络治理的管理能力和范畴，难以实现有效治理的结果。治理环境的不确定性和不利影响会制约公共服务网络治理的成效。网络治理理论不可能解决一切公共领域问题，而网络化的组织结构尚不能完全替代政府内部的官僚制和科层制，会出现理论应用的偏差和初期的不适应状况。网络治理理论是继新公共管理理论后形成的创新理论，克服了新公共管理理论中片面强调效率的缺陷，通过加强互动、信任和承诺而非控制和科层化来实现公共服务供给，但是还存在一定的"网络失灵"问题。"网络失灵"是因为政府弱化了科层控制和行政规制，导致参与主体不受约束、行为偏离规范，违背网络治理的初衷和目标，使网络合作关系难以为继。

公共服务网络治理由于操作失误和执行偏差有可能会在尚未解决原有问题的情况下产生新的问题和挑战。在网络治理中需要充分把握好尺度问题，若网络秩序过于规范、严谨，则不利于参与主体间的互动与交流，而网络秩序过于松散、自由，则不利于政府监管和自我组织，难以形成有效的约束和管理机制。公共服务网络治理在具体实施中，由于存在参与主体的进入门槛和参与壁垒，容易滋生新的寻租问题和腐败问题，如：已有的服务供给组织与政府部门负责人员形成内部交易和内部行为，维持其公共服务供给的垄断地位，从而以较小的代价获取更大的公共利益。在招投标阶段实行半公开或不公开，仅对内部候选参与主体实行内部竞标，招标过程随意化、非程序化，侵犯了其他竞争主体公平竞争的权利，不利于公共服务供给外包的规范和合法。公共服务内部网络主体由于资源、能力、职能、影响力等方面的力量不同，势必形成不同的网络地位和作用，其中主要参与主体独立性和自主性不断增强，有可能较易脱离网络治理所制定的行动框架与规则。

（二）我国公共服务网络治理的模型有效性问题

我国公共服务网络治理的政府主导、市场主导、社会主导的三类模型，区别在于网络中核心成员的角色不同，本质上都表现为多元主体合作的复合模型，都需要多元主体的相互协作才能实现经济正效应和有效性。公共服务的供给是将投入转化为产出的过程，而在公共服务投入来源上可分为政府部门投入和私部门投入（市场和社会部门），这些部门在公共服务供给过程中存在两种关系类型：替代关系和互补关系，进而产生两种公共服务投入经济效应，即替代效应（见图 3 - 16）和互补效应（见图 3 - 17）[①]。图 3 - 16 中显示的是公私部门在公共服务投入上的替代效应，在这种关系模式下，公私部门很难发展合作网络关系。具体来看，Q_1、Q_2、Q_3 分别代表公共服务的产出，公共服务供给是由生产成本更低的部门提供，在 B_2（代表公共服务中政府部门投入成本小于私部门投入成本）情况下实现公共服务 Q_2 产量，政府部门供给的成本低于投入的机会成本，则由政府部门供给；而在 B_1（代表公共服务中政府部门投入成本大于私部门投入成本）情况下实现公共服务 Q_2 产量，政府部门供给的成本高于投入的机会成本，则由私部门供给。图 3 - 17 中显示的是公私部门在公共服务投入上的互补效应，在公私部门供给成本都最低的情况下实现额外收益和效用最大化，公私部门在公共服务网络供给中是合作关系模式。具体来看，在 B_1 情况下，政府部门能以最低成本 A_1 而私部门能以最低成本 C_1 合作生产公共服务 Q_1 产量；在 B_2 情况下，政府部门能以最低成本 A_2 而私部门能以最低成本 C_2 合作生产公共服务 Q_1 产量。

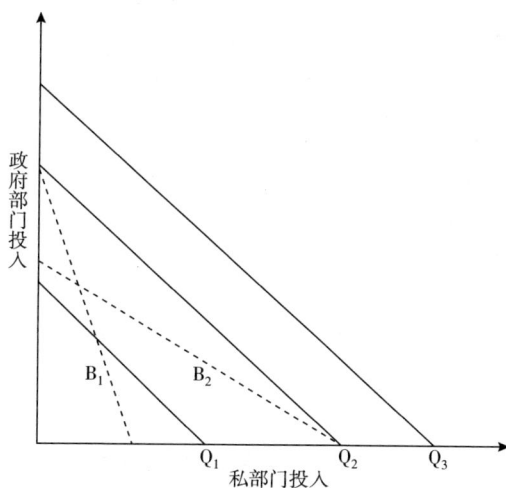

图 3 - 16　公私部门投入的替代效应

① Elinor Ostrorm. Crossing the Great Divide：Coproduction，Synergy，and Development. *World Development*，1996（6），pp. 1073 - 1087.

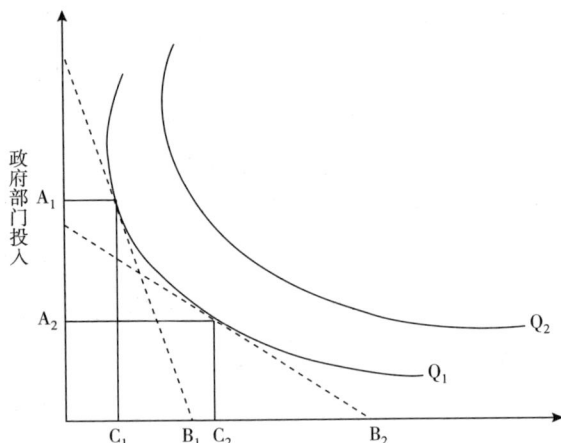

图 3 - 17 公私部门投入的互补效应

资料来源：Elinor Ostrorm. Crossing the Great Divide：Coproduction, Synergy, and Development [J] . *World Development*, 1996（6）, pp. 1073 - 1087。

根据上述替代效应和互补效应模型，可以得出结论，只有在政府部门和私部门公共服务投入上是互补关系的情况下，才能构建有效的公共服务网络治理模型，而公共服务网络主体间的互补关系是模型构建的前提和条件。公共服务网络参与主体能够通过合作获得更多收益和正效应，能够不断巩固和促进公共服务合作网络的构建与发展。政府部门最直接的收益是减轻财政压力和节约行政成本，通过多元主体合作网络供给公共服务能够整合社会资源、满足公众需求、提高公共服务效率①。私部门最直接的收益是：开辟了公共服务供给新市场，构建了公私良性合作关系，获得了资源、促进了发展；在公共服务网络供给中，通过政府部门和公众的逐步认可，建立了良好信誉和形象，获得了合法性和公信力；在公共服务供给网络互动过程中，不断地学习和借鉴，吸收先进经验、提升组织绩效，在网络内部形成"学习实验室"和"标杆学习"的正向循环模式；在公共服务网络供给中，私部门能够获得大量的政府支持，不仅包括政府购买服务的资金支持，还包括信息资源、技术资源、政策资源等方面。

---

① 唐任伍、赵国钦：《公共服务跨界合作：碎片化服务的整合》，《中国行政管理》2012 年第 8 期。

（三）我国公共服务网络治理的工具有效性问题

公共服务网络治理中的强制性工具在具体应用上出现了运用程度缺陷，或者管制过于强化、行政色彩较浓，或者管制缺位，缺乏震慑性和威慑力。行政化管制工具应用过程中出现权力过于膨胀，挤占和侵犯了市场运作的自由和空间，不利于市场参与主体的积极性和主动性。过多运用管制工具增加了政府的行政成本，也造成了公共服务网络交易成本的增加，政府以并不专业的身份管制经济领域的事务会导致经济效率的降低、市场活力的丧失。而管制性工具也是滋生腐败和内部交易的温床，在行政领域设置了进入公共服务市场的壁垒和门槛，不利于公共服务网络内部的公平性和自由竞争。此外，政府管制性工具如法律管制在公共服务网络中存在缺位现象，对公共服务的网络合作未从法律上加以确认和保护，没有明确规定和明确权责义务和问责机制。对公共服务网络中的违规行为和投机行为惩处力度不够，对公共服务质量问题的善后机制不健全，没有建立专项的赔付补偿基金，公民在面临公共服务问题时缺乏必要的申诉机制和沟通机制。

公共服务网络治理中的市场化工具由于缺乏必要的合同制定、监管等专业人才，降低了公共服务网络的有效性和可控性。在公共服务外包的过程中，通过签订合同确立双方的权利和义务，但是一些非营利组织或私营企业会以获取政府补助或补贴为目标，而不是以服务对象满意为最终目的。此外，在公共服务外包过程中政府部门无法做到时时监管、处处监管，尤其对于参与主体的变通式、隐蔽性违背合同行为难以监管。以国外就业服务公益项目为例，一些社会组织偏离其非营利性、志愿性的组织宗旨，在签订政府承包合同和社会捐赠以后，将更多获利作为其运作目标，在选择救助对象时采取"人为萃取"的方式，将更容易就业的青年作为服务对象，而将真正需要就业援助的弱势青年排除，使之享受不到公共就业救助[①]。这种道德风险行为的产生是由于社会组织将提高其业绩水平作为主要目标，而在合同绩效评估上只是将服务的人数作为重要考核点，对其具体服务的

---

① 陈振海、杨恺杰：《美国公共服务的市场化改革》，《党政论坛》2004 年第 3 期。

过程或服务的质量未做全面衡量。由于缺乏监管人才，在公共服务网络中容易出现道德风险。

（四）我国公共服务网络治理的产出有效性问题

公共服务网络的产出有效性问题表现为公共服务的供给成本过高，内部人员和物资消耗成本过大，实际产出和产量较少。公共服务网络承担公共职能和维护公共利益，有可能会沿袭公共部门的支出较大、效率不高的弊端，行政成本占总体支出的比例较大，出现机构臃肿、人浮于事且效率低下的情况[1]。在公共服务网络中，少数或单一的参与主体容易产生服务供给垄断，公众在就近原则的基础上选择范围较小，对服务的选择限于供给网络中的参与主体，随着垄断地位的巩固，参与主体会失去改善服务、降低成本的动力，在公共服务中会出现服务价格提高、较少关注服务质量的情况。参与主体内部协同效率不高，对于交叉和重合的服务由于整合困难没有形成集约化、统一化的供给模式，个人与部门、部门与部门间的活动缺乏协调一致的综合处理机制，内部整体效率提升不大。在公共服务的供给中，低效率还表现为服务对象等候时间过长、交易成本过高，一些急需解决或亟待服务的项目并未引起重视，没有形成特事特办、优先办理的工作机制。

公共服务网络的产出有效性问题还体现在服务人群的有限性、覆盖范围有限上。公共服务网络产出数量与公众需求数量的差距影响了公众的满意度，公共服务的数量难以有效满足公众日益增长的需要，导致供给效率低下。在一些省份，虽然近年来公共服务财政支出逐年增加，但仍然存在公共服务总体水平偏低、有效供给不足、城乡不均衡、区域供给不平衡、中小城市服务缺乏吸引力等问题。并且在不同的公共服务供给网络上也存在不平衡，在教育、就业、医疗卫生、社会保障、公共安全和城乡社区事务等公共服务方面出现了财政支持冷热不均的现象，重视某一项、某几项而偏废了其他公共服务。公共服务供给网络的参与者出现了公共服务供给

---

① 匡霞、陈敬良：《公共政策网络管理：机制、模式与绩效测度》，《公共管理学报》2009 年第 2 期。

不足的情况，并非缺乏供给足额、足量公共服务的能力和资源，而是缺乏供给充足公共服务的动力与意愿。对公共服务参与者的评估机制缺乏必要的效率和数量考核，缺乏对供给不足的问责机制，因此工作人员选择更少工作量的短缺供给，而不会争取新的客户源和服务渠道。

本章小结

第3章构建了我国公共服务网络治理的理论框架，是本书的核心和重点，理论框架涵盖治理模型和效率评价，具体分为工具与模型、影响因素、评价机制和效率分析。

我国公共服务网络治理工具按照政府强制性的程度和政策系统的复杂程度进行分类，分为强制性工具、市场化工具、社会化工具和混合性工具。公共服务网络治理模型的结构经历了层级管理模式—复杂管理模式—网络管理模式的演变，其内部经历了从中心集聚向分散集聚的锥形治理结构演变。公共服务网络治理的要素即参与主体包括政府部门、市场组织、社会组织和公民个人，参与主体在网络治理中有竞争也有博弈，会产生不同的结果和效用。公共服务网络治理模型按照公共服务的外部性、异质性和可测量性不同分为政府主导、社会主导和市场主导三种网络治理模型，本书阐释了政府主导、社会主导、市场主导的公共服务网络治理模型。在这些模型中，公民的角色从搭便车者向积极参与者转变，更积极主动、更广泛频繁地参与公共服务网络治理过程。

我国公共服务网络治理的影响因素从服务项目因素、网络内部因素和网络外部因素进行阐释，服务项目因素包括项目的复杂程度、收益情况和整合程度，网络内部因素包括组织规模与参与者数量、参与主体的知识与经验、参与主体间的信任程度、参与主体间的合作意向，网络外部因素包括市场机制成熟程度、公民社会成熟度和政府部门的包容性。

我国公共服务网络治理的评估标准分为过程评估标准和结果评估标准，公共服务网络治理的过程评估是对公共服务网络运行过程中组织效率情况进行的评估，可以从四个维度进行衡量，即沟通程度、信任程度、透明度、权变能力。公共服务网络治理的结果评估是对公共服务网络运行结果所产生的外部效应和效率进行的考核，可以从四个维度进行衡量，即公共服务的效率性、公共服务的公平性、公共服务供给的收支情况和公共服务的公众满意度。评估主体分为内部评估者和外部评估者，评估策略采取定量与定性方法相结合、过程与结果评估相结合，并构建多维度评估指标体系。最后需要将评估结果进行反馈和运用，将评估结果用于指导下一阶段工作和行动中。

我国公共服务网络治理的效率分析是效率评价的具体应用部分。效率分析从理论有效性、模型有效性、工具有效性和产出有效性四个维度进行阐释，揭示公共服务网络治理理论的经济效率与理论质疑，分析我国公共服务网络模型工具的有效性与局限性，分析我国公共服务网络治理成本与产出的效率问题。

第四章 国内外公共服务网络治理的
案例分析与启示

一 国外公共服务网络治理的案例

本节选取了国外公共服务网络治理的案例，按照政府主导、市场主导和社会主导公共服务网络模型的分类，对应选取三种不同类型的公共服务网络案例进行分析。这三个案例分别是美国的政府主导的公共安全服务网络、韩国的市场主导的公共住房服务网络以及美国德州的社会主导的儿童保育服务网络。这些国外案例都有较强的代表性和针对性。

（一）美国公共安全服务网络案例

1. 美国公共服务网络治理的概况

美国公共服务改革可以追溯到里根政府时期，在欧洲改革的影响下以及公共服务理论研究的推动下，公共服务改革得以深入和广泛开展是在克林顿政府时期。当时美国政府部门公共服务的低效率和低满意度相对于私营部门的高效运行差异明显，企业家精神和企业化政府成为当时改革的重要方向，开展了一系列以"有限政府"、"企业化政府"、"放松管制"为主题的公共服务创新改革。公共服务改革从最初的重视效率和市场，转为重视政府、市场、社会的平衡，关注效率和公平，尤其是关注公共管理与公民权益。美国的公共服务创新改革分为两大方向，一是市场化改革，二是社会化改革。公共服务市场化改革是在成熟的私营公司治理体系和完善的市场监管条件下，依托公共服务中企业参与的广泛经验，以合同外包的形式供给公共服务，提高了服务质量并减轻了政府财政负担。公共服务市场化改革体现了政府对公共服务本质和运行的重新定位和分析，成功处理了政府与市场关系，最终确立了政府和市场在公共服务供给中的功能定位范式。公共服务的社会化改革随着美国政府行政改革以及第三部门在社会领域的成熟发展而逐步推进，通过财政权、行政权下放，将公共服务下放到州和地方政府，推动公共服务的地方自治；通过与第三部门合作，使社会组织承担大量的公共服务任务。

在美国公共服务网络治理中，网络治理参与主体在特定的关系网络中彼此互动关联、竞争合作是其重要特点。在网络中根据影响范围和辐射能力的不同，划分不同的网络治理能力，进而分配不同难度和层级的公共服务任务。一些较高层级的公共服务网络，通过定期召开沟通协商会对公共服务的合同制定、合同执行和合同评估进行工作安排和任务布置，并且有一个核心网络参与者负责整体的运作和调度；而一些较低层级的公共服务网络，缺乏一定的目标和规章，没有固定的解决问题的程序，主要的任务是辅助性、常规性、简单性的任务。总之，在公共服务任务分配中，难度较高、复杂性强或敏感性较大的任务需要由高层次的公共服务网络完成。美国公共服务网络化治理有三大参与主体：公共部门、私人部门和志愿部门，在国家、州、地方、个人四大治理层次上进行整合（见表4－1）[①]。美国公共服务网络化治理的纵向深入和横向扩展程度较其他国家更高，横向上涵盖了政府部门、私人部门和社会部门，覆盖了社会主体的绝大多数，纵向上从中央到地方、从国家到个人，形成了全局性、纵横性、深入性的公共服务网络格局，能够更好地应对复杂、多变、多样的公共服务需求。在网络工具和方法上，广泛应用公私合作制（PPPs）、合同外包制（Contracts），公共部门和私营部门或者志愿部门在一定规则和契约下形成合作伙伴关系。

2. 美国公共安全服务网络简介

美国是世界上经济最发达的国家，国土资源储备丰富，人均占有资源数量较大，国民经济发展速度快，与经济相配套的各项管理体系也比较健全，特别是关系国家、社会安全方面的机制、法律尤为完备，美国目前已

---

① 陶丹萍：《网络治理理论及其应用研究》，上海交通大学硕士学位论文，2008，第86～89页。

表 4 - 1　美国公共服务网络化治理框架

层　面	部　门		
	私人部门（市场空间）	公共部门（国家空间）	志愿部门（公民社会空间）
国家层面	公司	联邦政府	国家非营利组织
州/区域层面	公司/商业	州政府	州/区域性非营利组织
地方（基层）层面	地方商业	地方政府	地方非营利组织 社区组织
个人层面	消费者 客户	公民、投票者、公共服务的受众、政策提倡者、消费者、客户	志愿者、政策提倡者、消费者、客户

資料来源：陶丹萍：《网络治理理论及其应用研究》，上海交通大学硕士学位论文，2008，第86～89页。

建立与其国情国力相一致的公共安全管理体系。美国公共安全管理体系从应急管理的角度看，既包括自然灾害的应急管理，也包括人为灾害的应急管理，凡是涉及危及国家安全、危及公共安全和社会秩序，威胁公民生命财产安全，需要各级应急管理机构做出反应的，均属于美国公共安全服务网络所负责的范畴①。

美国的公共安全服务网络的发展主要经历了三个阶段：分散管理阶段、统一管理阶段和整合发展阶段②。第一阶段是20世纪70年代以前，美国的公共安全服务网络以分散管理为主，以应对自然灾害为主，各种灾害的处理有其相应的法案，如1950年制定的《灾难救援法案》和《联邦民防法案》，主要针对自然灾害和紧急事件，美国联邦政府的责任包括民防、发生灾难时对州和地方政府的援助、对个人和家庭的援助、对警察和消防人员的培训，对部队以及社会公众的疏散撤离训练等。但是当时对于影响广泛的公共安全事件，管理工作和责任却分散在国防部、商业部、城市发展部以及其他服务管理部门之间。分散的管理体系导致对公共安全事件的预防、反应和处理能力存在严重缺陷，联邦政府对行政权力控制弱化、对公共安全

① 郭太生：《美国公共安全危机事件应急管理研究》，《中国人民公安大学学报》2003年第6期。

② 高析：《美国的公共安全管理理念》，《中国信息报》2011年9月5日。

事件处理的协调性较差，引发公众对政府方案和能力的质疑与不信任。

第二阶段是 20 世纪 70 年代末期到 80 年代初期，美国公共安全服务网络涵盖了各种危机的应对和处理，这个时期公共安全管理将原先相对分散的管理变成整合的相对统一的管理。1976 年，吉米·卡特总统就职后，明确了各应急机构的责任，确保对应急管理和处置的行政控制。1978 年，出台了《民事服务改革法案》，对联邦政府的公共安全管理组织机构进行重组，成立了美国联邦紧急事务管理机构（FEMA）。FEMA 被指定承担协调联邦、州和地方政府当局应对危机的职责，而且成为全国管理紧急事件的领导机构①。

第三阶段是 20 世纪 90 年代，尤其是 2001 年"9·11 事件"后，美国的公共安全管理体系已经不局限于自然灾害的管理，它的范围拓展到各种危机的应对和国家安全的保护等全方位国家安全管理，服务网络从统一管理向协同合作管理、整合社会资源的管理方式过渡。在对"9·11 事件"的应急管理中，尽管 FEMA 具有比较成熟的管理体制和指挥体系，较为及时的应急救援和应急分析，但是面对日益严重的恐怖主义和无孔不入的恐怖威胁，单一机构的应对力量相对薄弱，因此在 2003 年，FEMA 和海关、移民规划署、海岸警卫队等一百多个部门整合为国土安全部（DHS）②。国土安全部的成立是美国自 1947 年成立国防部以来最大规模的一次政府机构调整，国土安全部的主要职责是应对恐怖事件，目的是保卫国土及相关事务安全，使美国能够更加协调和有效地对付恐怖袭击威胁。该部主要负责四个方面的工作：加强空中和陆路交通的安全，防止恐怖分子进入美国境内；提高美国应对和处理紧急情况的能力；预防美国遭受生化和核恐怖袭击；保卫美国关键的基础设施，汇总和分析来自联邦调查局、中央情报局等部门的情报③。2001 年"9·11 事件"后的第 45 天，美国就出台了《爱国者法案》，要求公共和私人组织必须提供给政府涉及国土安全的信息，这个法

---

① 郭太生：《美国公共安全危机事件应急管理研究》，《中国人民公安大学学报》2003 年第 6 期。

② 郭太生：《美国公共安全危机事件应急管理研究》，《中国人民公安大学学报》2003 年第 6 期。

③ 《美国国土安全部：大而不倒》，《看世界》2013 年第 11 期。

案以防止恐怖主义为目的，扩张了美国国家安全部门的权限，虽然法案具有一定争议性，但增强了联邦政府搜集和分析美国民众私人信息的能力，对涉及恐怖信息的处理更加及时和有效。

3. 美国公共安全服务网络分析

一是政府相关部门是公共安全服务网络的核心和关键，在应急系统的预警、运作和处理过程中起到主导作用。美国的公共安全服务网络管理体系的设计逻辑是将地方政府的应急管理机构作为公共危机的第一反应者，其责任是提供最初的反应信息，并且保护生命和财产安全，直至州和联邦政府的应急资源到位。当地方政府的应急能力和资源不足时，州政府向地方政府提供援助和支持，而当州政府应急能力和资源不足时，由联邦政府提供支持。地方政府相关部门对于公共安全危机实行全过程和全方位负责，包括缩减、准备、反应和恢复四部分任务①。具体来看，包括危机发生前，保护生命并预防所有由危机造成的损失；危机发生时，减少危机发生带来的受害人的痛苦，加快恢复进程；在危机发生后，保证社会公众能够及时有效享受灾后服务。在反恐安全服务网络中，政府相关部门的职责还包括协调各州和地方政府，协调营利组织与非营利组织，保持密切联系和明确各自责任。

二是美国的公共安全服务网络充分发挥社会组织和社会团体的作用，并积极寻求国际合作和国际支持。截止到 2012 年 3 月，在美国国税局登记的非营利组织中有近 100 万家公共慈善组织和近 10 万家私人基金会，以及 40 多万家其他类型的非营利组织②。这些非营利组织的活动范围已经覆盖众多公共服务领域，以各种正式的、组织化的形式开展各种类型的活动，尤其在美国公共安全服务网络中发挥了重要作用。美国国家应急管理协会，负责应急管理的整体调度和指挥，在一定程度上代表了州政府应急管理机构和人员；美国紧急事件和危机管理的公共管理部门协会，它的功能是把应急管理人员、专业研究人员和资深咨询人员聚集起来提供信息服

---

① 金磊：《美国城市公共安全应急体系建设方法研究》，《城市管理与科技》2006 年第 6 期。

② Paul Arnsberger, Melissa Ludlum, Margaret Riley, and Mark Stanton. *A History of the Tax - Exempt Sector：An SOI Perspective* ［EB/OL］, http：//scholar. Google user content. com/ scholar? q = cache：6irKpo - CQhEJ：scholar. google. com/.

务和政策咨询；红十字会和其他救援志愿组织是最基本的反应和恢复组织，政府部门与其密切合作，当危机发生时，红十字会、志愿者会自行组织医疗队伍和救援队伍，提供食品药品和庇护场所，第一时间满足公众需求。

三是提升公众安全防范意识，铸造公共安全网络的第一道防线。以反恐网络为例，在"9·11事件"后，美国政府机构制定了美国民众"反恐指南"，并在各大网站醒目位置公布反恐的方法和技巧，目的在于最大限度提升公众的反恐意识和安全意识，拓宽政府打击恐怖势力的民间信息渠道，大幅度提升公众参与反恐服务网络的积极性和主动性。在公众参与反恐网络过程中，提出"全民反恐"的理念和战略，将公众作为反恐网络的第一道防线。2009年，时任美国国土安全部部长的珍妮特·纳波利塔诺提出"若看到，要举报"的全民反恐战略，并且强调："必须把民众当作保卫国家安全的重要资源，而不仅仅是受保护的对象。"美国各州政府也推出了新的"全民反恐"措施。洛杉矶警察局推出名为"我警戒"（I WATCH）的反恐预警新系统，通过宣传手册、公共服务信息和社团会议向社区居民宣传反恐知识，明确告知人们应该及时报警的可疑情况①。

（二）韩国公共住房服务网络案例

1. 韩国公共服务网络供给的概况

随着新公共管理、新公共服务的理论发展与实践，原有的官僚体制难以适应社会和公众的要求，国外政府开始一系列以提高政府绩效、提升公共服务质量的改革运动，从单一关注效率向注重顾客需求转变。这些提升公共服务质量的运动从英国的公共服务宪章运动、美国的政府创新运动到韩国的亲切服务运动，都是公共服务质量提升的典型代表。韩国在建立服务型政府中，充分借鉴欧美等西方国家经验，并将其进行适应性改进，是西方公共服务理论和实践亚洲化的典型代表。韩国早在1998年就颁布了《行政服务宪章制定指南》，并在此基础上制定了《行政服务宪章》，以公

---

① 《美国如何进行反恐？民众是反恐第一道防线》，《新京报》2014年3月16日。

民为中心，强调服务态度和服务质量，重视服务细节和服务效率，为公民提供全方位便利性的公共服务。韩国政府为创立便捷服务型政府，优化内部行政组织流程和体系，围绕公共服务项目进行机构重组和流程简化，减少公共服务的办事环节和程序。韩国政府将公众服务需求分为窗口即决民愿和有限期民愿，窗口即决民愿是指公众在窗口稍作等待就可以即时办完的民愿；有限期民愿是指需要公众等待 2 日以上才能完成的公共服务。将这两类公共服务进行分割，不同的部门和场地进行分类集中办理，以公众需求为导向设立部门和流程，提升了服务绩效，减少了公众等候时间①。

韩国公共服务网络化供给也处在借鉴西方和本土化摸索阶段，尤其在新一届政府提出"政府 3.0 时代"议程后，公共服务的网络化和多元化有望获得新的发展和创新。"政府 3.0 时代"议程是朴槿惠领导的新一届政府在 2013 年 6 月发布的政府阶段性发展目标，这一概念借鉴互联网的新概念，成为韩国建设"透明性政府"基础上促进服务型政府建设的重要方针和目标。"政府 3.0 时代"强调在信息公开上更加开放和共享，同时秉承政府 2.0 的宗旨，仍以强调政府平台作用、服务导向、开放特征，以顾客为中心，通过政府、市场、社会的协同互动塑造公共价值。在政府改革上，致力于建设开放和分享的政府，打破资源和部门垄断，完成职能整合，向公众和企业更多开放涉及国计民生的数据和信息，从"政府供给"向"公众需求"转变。例如政府向公众和企业公开气象、教育、交通等公共服务领域的重要信息，鼓励其用于商业用途，促进民间资本进入公共服务领域。在公共服务领域，政府逐步降低直接介入的程度，鼓励和增加公众和市场的参与，创造出庞大的经济效益，例如政府公开数据，15 万人能够拥有工作岗位，进而创造出 24 亿韩元的经济收益②。同时随着政府去行政化和民主化的推进，公众和市场主体参与意愿强烈，为公共服务网络治理提供了良好的现实条件。

韩国公共服务在重视公众需求的同时将新公共管理精神也发挥到了

---

① 吴刚：《新型公共服务体系的六个关节点——韩国创建服务型政府的经验借鉴》，《新视野》2004 年第 1 期。

② 《韩国 3.0 政府时代：每年公开亿条信息》，《潇湘晨报》2013 年 6 月 21 日。

一定水平，公共服务供给现有类型主要是公共和民间两大方向，并细化为政府部门、国有企业、民营企业、非营利组织或个人等几大主体（见表 4 - 2）①。一是中央政府或地方政府直接供给公共服务，包括国防、地区开发、社会福利等，但这一部分直接供给服务的非机密性和安全性领域也逐步向社会和市场放开。中央和地方政府所供给公共服务的范围和内容是由政府组织法和地方自治法规定和约束的，中央政府主要负责国防治安等公共服务以及宏观经济和社会福利，地方政府主要负责执行福利政策、环境美化、地区安全、文化教育、体育科技等公共服务。在社会福利领域，公共服务的生产大多数通过签约、委托等公共服务外包形式交由企业或社会组织完成。如政府办公物资的采购直接来源于企业组织，回收垃圾的服务以民间委托的形式进行。二是国有企业供给公共服务，主要负责供水、供电、医疗、住房、交通等规模较大、投入较多的公共服务项目，这些国有企业由地方国有企业、地方公团、地方工程三种类型组成。三是民营企业供给公共服务，通过签订合同、委托授权、直接参与等方式，民营企业正逐步参与到公共服务和公共产品供给过程。四是非营利组织、志愿组织供给公共服务，活跃在社区和学校，关注弱势群体和贫困人口，以志愿者为主要成员自发、无偿地提供公共服务。

表 4 - 2　韩国公共服务网络类型

服务主体		服务方式	服务种类
公共	政府部门	直接供给	一般行政，社会福利，建设及地区开发，环境美化保全、防范等大部分服务内容
		民间参与	承包施工建筑公司（签约） 回收垃圾、粪便处理（委托） 民间团体的社会福利服务（辅助）
	国有企业	地方国营企业	上水道（上水道施工单位）
		地方公社	医疗（江南医院）
		地方公团	停车场（设施管理机构）

---

① 金美仙：《韩国公共服务型政府建设研究》，《甘肃联合大学学报》（社会科学版）2007 年第 4 期。

服务主体		服务方式	服务种类
民间	民营企业	企业主导	保安、解决器械，收费养老院民间旅社、养老保险
		公共部门主导	民营企业协作
	非营利团体、志愿组织及个人		疏通交通、救助贫困人群（志愿活动）
			胡同路面整修（对服务结果不满意）
			提供便民公交车，小区稽查队
			医疗消防队（节约费用）

资料来源：金美仙《韩国公共服务型政府建设研究》，《甘肃联合大学学报》（社会科学版）2007年第4期。

2. 韩国公共住房服务网络的简介

韩国国土面积为100140平方公里，人口4875万，是一个典型的地少人多的国家。尤其是在首都圈即首尔市及其周边地区，这种情况表现得尤为明显。①。迄今为止，世界上完成了工业化和城市化的国家都无一例外地经历过类似的住房问题。且亚洲人民对住房有着很特殊的深厚感情，其中韩国在文化传统和人口密度方面都和中国有着很高程度的相似性。因此，韩国公共住房服务网络的经验对我国公共租赁住房服务网络的完善具有现实的指导意义。韩国公共住房服务网络是指国家出于社会公平与稳定等考虑，向住房市场中的弱势群体提供的、用于满足其基本居住需要的保障型住房②。1998年，韩国政府提出"100万户国租房建设计划"，由地方政府和国有企业大韩住宅公社负责开发建设，目前已成为韩国公共租赁住房的主流。2003年韩国政府又将"100万户国租房建设计划"进行了扩展，准备在10年内建设150万套可租赁公共住房（其中100万套国租房，50万套10年期公租房），将公共租赁住房占住宅总数的比例在2012年提高到10%。2007年，韩国政府"1.31对策"提出将公共租赁住房比重从6%提升到20%。为达到这个目标，韩国政府设立租房发展基金，目标为2019年筹款

---

① 黄修民：《韩国公共住房供应模式探析和启示》，《理论参考》2010年第6期。
② 曾祥凤：《公共住房的供应方式探析》，《商业时代》2008年第27期。

91 万亿韩元，以保证每年 50 万套公共租赁住房的开工建设①。

韩国政府部门通过规划和建设中小型住房和租赁住房等公共住房项目，以期解决中低收入家庭的居住问题。韩国公共住房供应模式包括三种：出租型、出售型和租售混合型，出租型供应模式是整个公共住房供应体系的核心，保障范围也最广，保障模式也最为灵活，国家给予政策支持的力度也最大②。韩国政府根据不同家庭的收入情况有多种住房保障服务模式可供选择（见图 4 - 1)③。中小型出售住宅是针对一部分拥有一定住宅购买力的中低收入家庭建设的小面积、低价格公共住房项目，其供给对象收入水平处于社会下游，住房面积限定为 60 平方米以下；公共租赁住房项目是根据《租赁住宅法实行令》的规定，由国家或地方政府投入政府预算建设或者由"国民住宅基金"支援建设，分为"永久租赁房"、"国民租赁房"和"公共租赁房"。"永久租赁房"是专门针对城市贫困居民而设计建造的非营利性住房。截止到 2006 年，韩国共建设 19 万套永久租赁房，其中 74% 的永久租赁房是由大韩住宅公社提供的，其余 26% 是由民间供应商供给④。其他租赁住房也是微利的，供给对象仅限于经过严格财产审核的中低收入者⑤。

3. 韩国公共住房服务网络分析

韩国公共住房服务网络处在探索阶段，但是在探索阶段的一些经验和成就值得我们去学习和借鉴。韩国新一届政府提出的"政府 3.0 时代"建构框架，以组建"沟通的政府"、"透明的政府"、"能干的政府"为目的，在公私合营的大趋势下完善制度体系和执行标准，提高公众对政府的信任和满意度。

一是政府提供政策支持和保障、市场主导的服务供应模式。从韩国公共租赁住房的发展经验可以看出，由地方政府和国有企业主导公租房的建

---

① 何芳：《韩国公共租赁住房层级供应体系的借鉴》，《上海房地》2012 年第 8 期。
② 金大鸿：《从韩国的公共住房制度看中国保障性住房制度的建立》，《经济导刊》2008 年第 2 期。
③ 黄修民：《韩国公共住房供应模式探析和启示》，《理论参考》2010 年第 6 期。
④ 金美仙：《韩国公共服务型政府建设研究》，《甘肃联合大学学报》（社会科学版）2007 年第 4 期。
⑤ 金银姬：《韩国公共住房政策对中国的启示》，《城市开发》2006 年第 11 期。

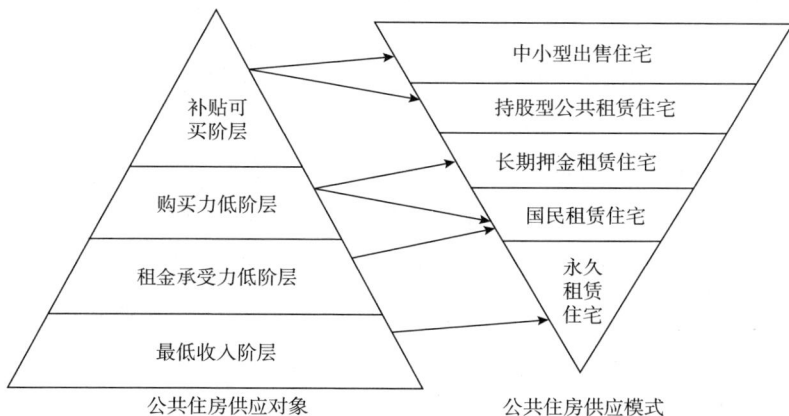

图 4 − 1　韩国公共住房服务分类供应模式

资料来源：黄修民：《韩国公共住房供应模式探析和启示》，《理论参考》2010 年第 6 期。

设是完全可行的，但是需要有合理的定价与运营机制。韩国早期大力发展的是永租房和 50 年期的公租房，用以满足城市 10% 的最低收入人群的住房需求，租金仅为市价的 15% ~ 20% 。但出于财政上的原因，仅能维持现状而无力继续扩大规模；近年来，由私人投资的 30 年期的公租房和 5 年期的公租房发展迅速，已成为韩国公共租赁住房市场的主要房源。在减轻政府负担的同时，增加了公共住房市场的供应量，成为改善民生、维护市场平衡的中坚力量，其房源占比已达 40%[①]。韩国政府为促进民间供应商参与公共住房服务项目，采取双向补贴和优惠政策，一方面，对公共住房项目供应商给予住房金融、宅地供给和相关租税的优惠，以低于市场价格供给公共住用地，极大降低了土地成本；另一方面，对中低收入租赁住房者实行大幅度的税收优惠，对其流通和保有住房环节上所产生的取得税、登录税和转让所得税等实行减税或免税优惠。

二是建立多元化的融资渠道，促进市场项目可持续发展。在公共租赁住房服务的项目上，韩国采取"政府引导、融资支持、企业运作、定向供应"的住房发展策略，开辟了多种融资渠道，通过设立国民住宅基金和住

[①]　王乾明：《韩国公共租赁住房融资渠道对中国的启示》，《财经界》（学术版）2012 年第 2 期。

房金融公司成功地将市场资金长期稳定地引入了公共租赁住房市场①。20世纪80~90年代，韩国国民住宅基金（NHF）和韩国住宅银行（KHB）所提供的贷款是韩国住房建设的主要资金来源，一度占到所有住宅建设贷款的八成以上。国民住宅基金主要承担低收入家庭住宅建设的金融支持职能，韩国住宅银行则主要负责中等收入家庭的住宅建设金融支持。20世纪末，韩国住宅银行被私有化，其贷款不再存在。之后，NHF成为公共租赁住房的最大资金来源，其资金来源较为多样，主要包括：国民住宅债券、要约储蓄、住宅彩票和利息收入。政府所属的国有企业——大韩住宅公社，进行公共租赁住房开发，可以从国民住宅基金得到20年期、固定利率为4%的长期优惠贷款；私人企业进行公共租赁住房建设也可得到15年期、固定利率为4%~5%的长期优惠贷款。通常，优惠贷款可以占到公共租赁住房开发成本的40%~80%。大韩住宅公社的资金来源主要有商业利润、NHF贷款、政府财政支持及向社会发放债券②。

三是制定相关法律和评估标准，加强对公共住房服务项目的监管。在韩国公共住房服务项目供给过程中，向受益群体提供多样化的公共租赁住房选择，既有公共部门为代表的大韩住宅公社，又有私营部门为代表的民间住宅事业者。这些公共住房虽然被低于市场价格出售，但是需要执行严格的质量评估标准，韩国专门制定了一系列与公共住房服务项目相关的法律法规予以约束，如1963年的《供应住宅法》、1972年的《住宅建设促进法》、1984年的《租赁住宅建设促进法》、1994年的《租赁住宅法》和2003年的《住宅法》。这些法律法规详细规定了公共住房服务项目的受益人群条件限制，尤其对公共住房项目的建设标准做了详细规定，除了在面积上有严格的限制外，在其资金筹备、生产材料、生产流程等多个方面以法律形式做了明确规定。韩国对公共服务的评估制定了专门的法律即2001年的《政府事务评估基本法》，该法案分为自我评估与特定评估两大部分，在特定评估中，顾客满意度占总评估分数的比重大，且是唯一公开的评估成绩，能够引起相关部门对公共服务质量的足够重视，顾客对服务

---

① 赵鹏：《我国公共租赁住房融资模式研究》，安徽大学硕士学位论文，2010，第22~28页。

② 王乾明：《韩国公共租赁住房融资渠道对中国的启示》，《财经界》（学术版）2012年第2期。

过程进行评估，包括便利性、服务态度、正确性、公平性和整体满意度等方面①。

（三）美国德州儿童保育服务网络案例

1. 德州儿童保育服务网络简介

美国是实行联邦制的国家，属于比较松散型的政治体制，联邦政府机构一般没有权限为各州的学校系统制定教育政策和进行课程设置，因此教育政策和课程设置由各州政府自行设计，各州政府承担了组织管理美国学校系统的主要职能，在教育服务领域发挥重要作用。美国各州区域教育服务中心是在各州内建立的行政区域，各州根据当地教育实际需求而定，由州立法机关批准成立，职能是为适龄儿童和成人提供教育援助项目和教学服务，已有将近 100 年的历史。截止到 2009 年，美国有 42 个州设立区域教育服务中心等 620 所。如德克萨斯州的"区域教育服务中心"、华盛顿州的"教育服务区"、纽约州的"合作教育委员会"、佐治亚州的"地方教育服务部"等。虽然各州教育服务中心的名称和运作有自己的特色，但其主要职责和任务基本一致，都是协助地方学区和学校贯彻执行联邦及州教育法律法规政策，辅助教师与管理者实现教育教学目标，提高学生的学业成绩及表现，同时致力于推动学校优质高效运转②。

2007 年，美国德克萨斯州有教育工作者 61 万，其中中小学教师 31 万人，其他教育工作者 23 万人，学校领导者 1.7 万人，学区领导者 6 千人，专职教辅人员 5 万人。德克萨斯州的区域教育服务中心是介于州教育行政机关与地方学区间的公共性、非营利性的教育服务机构，作为州教育董事会、州教育行政机关与地方学区、学校间联系和沟通的桥梁或枢纽，有助于协助州教育行政部门工作，辅助学区和学校实现教育发展目标③。值得一提的是区域教育服务中心不具备行政命令和行政强制权限，不能强制学区和学

①　王春福：《韩国公共政策利益表达机制及其启示》，《管理世界》2007 年第 11 期。
②　蒋文莉：《美国州区域教育服务中心探析——以得克萨斯州为例》，《当代教育科学》2009年第 2 期。
③　蒋文莉：《美国州区域教育服务中心探析——以得克萨斯州为例》，《当代教育科学》2009年第 2 期。

校参加其所供给的服务项目，在州政府的总体领导下，通过积极配合联邦和州政府的教育政策和本区域教育需求，为学区和学校提供大量优质教育服务。区域教育服务中心吸引了社会中大量管理者、教师、学生和家长等主动、自愿参加其项目，实现了协助州教育行政机关共同供给教育服务、促进学区和学校发展的目标。儿童保育中心统计数据显示，最适合美国上班族父母工作和子女教育的城市排名中，德克萨斯州的许多城市名列前茅，这得益于较低的教育和生活成本以及较高的教学质量①。

德克萨斯州的儿童保育服务网络是公共服务网络治理的典型案例。在美国许多州，儿童保育的公共服务机构会有上百或上千名员工，而在德克萨斯州，管理儿童保育服务项目的部门只有 14 名员工。德克萨斯州政府本身不提供任何儿童保育服务，也不直接负责日托中心管理或者与日托中心签订合同，州政府将所有儿童保育工作所需的相关服务全部承包出去，甚至包括管理和评估一千多家德克萨斯州的儿童保育服务供应商的服务网络。也就是说，政府部门将儿童保育服务全部外包，并且将儿童保育供应商的选择、人员培训、信息与资源提供以及对服务网络的绩效评估工作全部外包给外部组织负责。作为德克萨斯州的非营利组织之一，儿童保育协会管理德克萨斯州的儿童保育服务供应网络。儿童保育协会首席执行官约翰·惠特坎普提出了公共服务公私合作网络中第三方管理的诸多优势，其中首要的是贴近社区，他说："我们了解在社区中谁是从事哪些工作的，以及所从事工作的优劣，我们能比政府机构更好地步入社区发展各种关系和非正式网络，因为我们就是社区的一分子。不论我们致力于福利改革还是青少年养育工作，我们都每天扎根社区。"②。

2. 德州儿童保育服务网络分析

在德克萨斯州的儿童保育服务网络中，儿童保育协会是由第三方作为集成商的公共服务网络模型，即社会组织主导的公共服务网络模型。这一模型的特征与政府作为集成商的模型不同，第三方不直接参与供给公共服

---

① Kathryn Dill.《美国最适合上班族父母生活的城市》［EB/OL］，http://www.forbeschina.com/review/201408/0035186.shtml，2014 - 08 - 21。

② ［美］斯蒂芬·戈德史密斯、威廉·D. 埃格斯：《网络化治理：公共部门的新形态》，北京大学出版社，2008，第74～78页。

务，而是作为网络中介者向不同的公共服务供应商传递信息、协调关系、推动合作，从而代表政府部门关注公共服务网络治理的整个过程。第三方集成模式相较于政府网络供给的优势在于，能够将政府管理者从具体操作的细节中解放出来，更多地关注政策、成效和任务完成情况；此外，第三方组织能够比政府部门有更多可利用关系和网络工具，致力于公共服务改进和提升。德克萨斯州的儿童保育服务网络中，儿童保育协会负责组织、评估和追踪供应商的服务绩效；为供应商提供和筹集不同类型的资金援助；向需要服务的家庭推荐合适供应商，并作为中间人解决家庭与供应商之间的纠纷和矛盾（见图4-2）。以德克萨斯州北部地区为例，儿童保育协会负责监管1600多个供应商组成的服务网络，涵盖500个正式规范的儿童保育中心和1100多个由持有执照的儿童家长组成的供给服务家庭。

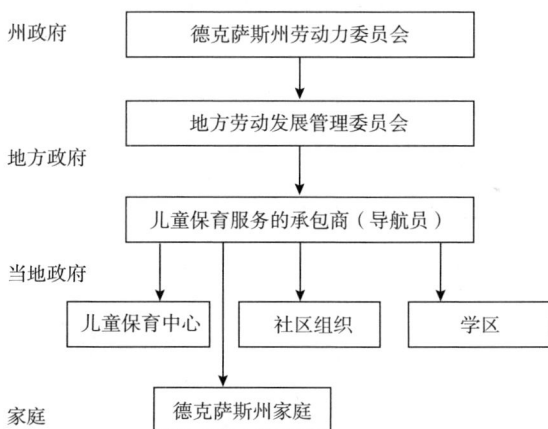

图4-2　德克萨斯州的儿童保育服务网络

资料来源：〔美〕斯蒂芬·戈德史密斯、威廉·D. 埃格斯：《网络化治理：公共部门的新形态》，北京大学出版社，2008，第74~78页。

在这个公共服务网络模型中，州政府和地方政府以总体性、全局性监控为主要职能，有条件地提供资金支持，由儿童保育中心与目标家庭结成联盟，选择公共服务供应商向家庭提供儿童保育服务。儿童保育中心运作资金的来源是多样的，主要是州政府和地方政府部门的拨款，由各区域的教育服务中心负责分配和发放，儿童保育中心在供应商选择和评估中，实行奖惩和淘汰制，与一些评估结果优异的供应商持续合作，反之及时对其进行清理和优化。教育服务中心还有一部分资金来源于服务项目的盈利，通过向学区和学校出售培训等服务项目，收取一定的培训费用。值得一提的是，美国许多第三方组织的资金还有一部分来源于社会捐赠，如德克萨斯州教育服务中心的某一课堂创新项目的设立和运转资金都是由当地工商界慈善人士捐赠完成的，目的是培养当地教师在课堂上的创新思想和创新能力。

二　国内公共服务网络治理的案例

本节选取了国内公共服务网络治理的案例，按照政府主导、市场主导和社会主导公共服务网络模型的分类，对应选取三种不同类型的公共服务网络案例进行分析。这三个案例分别是北京市政府主导的公共安全服务网络以及市场主导的公共住房服务网络，南京市鼓楼的社会主导的居家养老服务网络。这些国内案例有较强的代表性和针对性，能够与国外案例形成一一呼应关系，便于比较和分析。

（一）北京市公共安全服务网络案例

1. 我国公共安全服务概况

广义的公共安全服务既指国际范围内的国防安全和区域安全服务，也指国内范围内的维护公民的生命、健康和公私财产安全的公共服务。当前我国处于经济和社会发展的转型期，公共安全服务的社会基础和保障条件薄弱，公共安全服务的保障水平较低，与经济稳定发展的矛盾越来越突出、与公众对公共安全服务的诉求差距越来越大，直接影响着国民经济和社会的全面、协调、可持续发展。我国公共安全问题按照引发问题的原因，可以分为非人为性、人为性、综合性公共安全问题，有代表性的包括非人为性的地质灾害、水灾、雪灾等以及人为性的恐怖袭击、交通事故、生产事故、火灾等。我国当前公共安全问题呈现多发性、广泛性和危害性等特征，由于人为因素、自然条件、境外因素影响，我国公共安全问题尤其是重特大事件发生的频率较大，除了在大城市发生外，一些中小城市公共安全事件也呈上升态势，对人民生命财产安全和经济社会稳定发展产生极大的不利影响。

我国自然灾害具有突发性、重大性和频发性，据统计，我国70%以上的人口、80%以上的工农业和城市，都受到过自然灾害的严重威胁，我国是世界上自然灾害最严重的国家之一。防灾减灾是政府重视的关键问题，但受到各种因素影响和限制，防灾减灾和救灾公共服务在实际供给中总会出现不及时、不到位、不充分、不全面等问题。近些年，由于贫富差距、区域差异明显等社会现实，社会中各阶层间利益冲突加剧，社会中群体性事件、违法犯罪事件甚至境外势力参与的恐怖事件时有发生。这一类危害公共安全的犯罪行为近年来呈现时间上突发性、空间上不确定性和方式上极端性特征，对传统公共安全服务体系提出了巨大挑战，令我国公共安全服务体系面临前所未有的严峻形势。单纯依赖政府为主的公共部门供给公共安全服务，难以形成覆盖面广、全局性、实时性的公共安全服务体系，难以对公共安全问题形成有效预防、有力震慑和有序处理，因此，我国公共安全的现有问题和现实需求呼唤在这一领域的公共服务网络化供给，从而形成广泛、有效、实时的公共安全服务网络。

2. 北京市反恐服务网络的简介

2013年5月22日，新疆乌鲁木齐发生严重暴力恐怖袭击案件，恐怖袭击的矛头对准了无辜群众，在全社会和全国范围造成巨大的负面影响。国家反恐工作领导小组决定，以新疆为主战场，其他省区市积极配合，在全国范围内开展为期一年的反恐行动。5月29日，北京市做出积极回应，首都综治委通报称，北京市正式启动社会面二级防控等级，对于繁华场所、重点地区启动社会面一级超常防控等级，这被认为北京市拉响了反恐的最高级别警报[1]。北京市反恐社会网络是建设平安北京的重要组成部分，有助于维护首都公共安全和社会稳定，充分调动社会各界群众和组织的积极性，配合公安、武警等专业部门开展治安巡逻、隐患排查工作。北京市反恐社会网络作为平安北京的重要项目，需要依托网络技术资源，将覆盖北京二

---

[1]　王晟：《北京进入社会反恐模式85万志愿者街头巡逻》［EB/OL］，http：//news. xinhuanet. com/politics/2014 – 05/30/c_ 126565007. htm，2014 – 05 – 30。

环、三环、四环、五环及多条进京线路的监控探头纳入信息来源平台，这些反馈信息可以通过光纤互联到北京安保运营中心，实现对北京治安的监控和管理。

一是构建四级行政维稳工作平台。公共安全服务是政府行政部门的重要职能和关键责任，是充满挑战的工作任务。北京市政府在市级层面专门成立北京维稳工作指挥中心即政法综治信息中心；在区县层面依托维稳办、政法委和反恐维稳情报信息中心；在街道、乡镇层面依托综治维稳中心；在社区、村落层面依托综治工作站。在四级维稳网络中，强化基层街道、乡镇综治维稳机构，重点关注案件高发地区、治安重点地区的安保工作，在城区、近郊、远郊建立独具特色的防控工作模式，形成全市范围内的行政维稳服务网络。

二是建立庞大的基层志愿者治安服务队伍。在基层社区和村镇中，社区书记和治保主任作为骨干充分发挥宣传调动作用，楼门院长、中心户长作为中坚力量发挥带头动员作用，成立一支以广大巡防员、流管员、平安志愿者为基础的全市范围的反恐志愿服务队伍。此外，北京市各地区城市网格管理员、流动人口协管员、交通协管员、停车管理员等街面协警力量也被纳入基层治安服务志愿者队伍①。这些志愿者坚持每天上街巡逻、排查可疑人员、搜集涉恐涉暴情报信息，在反恐作战中起到了预防犯罪和信息整合的关键作用，编织了公共安全服务的庞大社会网络。

三是第三部门承担重要反恐职能。北京市反恐服务网络，赋予社会组织较多的职能和任务，如赋予北京市红十字会以反恐维稳指挥中心的职能。作为国内首个红十字应急指挥中枢，北京市红十字会在北京及周边地区发生重特大安全事故灾害时，可以指挥救援力量和救援人员开展人道救援。红会反恐维稳指挥中心设置了"999"和"120"联动系统和定位系统，在重特大安全事故灾害救援车辆上可通过卫星通信、北斗 GPS 系统实时传输现场信息，在指挥中心实时接入所需视频图像、警力布置、道路实况、气象等重要信息，实现了远程指挥、远程协作、远程监控的重要职能。北京市红十字会在承担反恐维稳指挥中心职能时，能够实现与上级政府应急体

---

① 《北京 10 万人收集涉恐信息 楼长报有效信息奖 2 元》，《北京青年报》2014 年 5 月 30 日。

系和部门、下级区县红十字会和救援队伍的无缝对接和信息交流。此外，在重特大安全事故指挥处理过程中，能够与市公安局、市交通委、市交管局、市旅游委、市气象局等委办局保持信息互通和共享。

四是相关企业积极参与安全服务。在北京市反恐服务网络中，需要多家企业密切配合，在此列举两个典型企业案例。一方面北京市公交集团响应政府和组织号召，积极配合反恐工作，从 2014 年 6 月中旬开始，在 31 条公交线路上配备 2000 名安全员，在 4000 辆公交车上实现视频监控，这在全国尚属首例[①]。北京市公交集团增加了专职警卫和守护人员，统一着装、统一管理，在协助司乘人员规范乘车秩序的同时，密切防范易燃易爆等危险品进站上车，能够提高公共交通系统的安保水平和突发事件处理能力，有效提高乘客和市民的安全感。另一方面为加强寄递渠道反恐服务工作，由北京市邮政管理局牵头、多家快递企业积极参与快递行业反恐行动。注重邮寄物品在收寄、运输、分拣、投递等各环节的安全工作，提高快递企业员工识别涉恐涉爆危险品的意识和能力，强化和落实收寄物品验视制度，提升应对寄递渠道涉恐突发事件的能力。

3. 北京市反恐服务网络分析

北京市反恐服务网络中有诸多值得借鉴和学习之处，在促进公共安全服务网络化治理过程中有许多重要举措和关键步骤。在具体的执行过程中，应当注重政策执行的可持续性和可裁量性，在巩固成果的同时坚持创新。

一是依靠多方力量，构建公共安全服务体系。北京市反恐社会网络充分调动社会层面的资源和力量，构建了政府、市场和社会的全方位参与公共服务体系，充分发挥群众的基础作用和参与作用。平安北京建设与反恐社会网络建设的最终受益者和最大利益相关者是公众，在这一服务供给中，公众有强烈的参与意愿和参与热情，而这一公共安全服务网络也需要公众力量的支持和参与，因而实现了政民良性互动和充分合作。北京市反恐社会网络还调动了第三部门、公益组织的支持和力量，利用其上联下通的作

---

① 本报记者：《北京 10 万人收集涉恐信息 楼长报有效信息奖 2 元》，《北京青年报》2014 年 5 月 30 日。

用，充分发挥红十字会在组织紧急救援、现场指挥、资源调度等方面的专业性、经验性和便利性，在公共安全服务网络中发挥重要作用。在北京市反恐社会网络中，国有企业和私营企业也发挥了关键作用，在所属行业领域重视安全生产和安全检查，配备专业流程检测和专业人员督查，对整体公共安全网络起到有益补充。

二是依赖信息技术，保障公共安全信息畅通。在北京市反恐社会网络中，还有一个基础性、技术性实体网络贯穿其中即公共安全信息网络，以互联网资源、摄像头数据、信息传输工具等为基础，将分布基层、遍布社区和村镇的相关信息及时回传到调度中心，由其决定处理方式和方法。在信息资源采集上，依赖活跃在基层的广大志愿者和信息采集员，通过微信、微博、短信、邮件、照片等多种形式实时记录关键信息；在北京市各街道、社区、场所等区域遍布摄像头和记录仪，实现对公共安全信息的 7×24 小时不间断、无间隔的记录和监控，有助于对危害公共安全犯罪行为的震慑和防控。在信息资源处理上，由专业的政府部门和机关介入，梳理和筛查关键信息和有用举报，有助于及时有效发现和制止危害公共安全行为。将传统有效做法与信息网络技术的应用相结合，把"脚板"与"鼠标"、"面对面"交流与"键对键"沟通有机结合起来，有助于对公共安全信息的动态监管，有助于公共安全网络主体间的无障碍交流，可以提高公共安全服务中动员组织社会力量的能力和水平。

三是依托有奖激励，促进公共安全实时监控。在北京市反恐社会网络中，引入了有奖机制，能够促进公众参与，提升公众危机意识和警觉意识，依托群众和基层组织构建严密、广泛的公共安全信息情报网络。北京市公安局专门制定《群众举报涉恐涉暴线索奖励办法》来对公众举报危害公共安全行为进行物质性奖励，为方便群众随时随地举报，并保护举报群众，设立了"平安北京"微博（可发送私信），另外，通过传统的向执勤民警或公安机关当面举报、"110"报警电话、信件、邮件等多种形式均可向公安机关举报。在筛选和评估所举报的涉恐涉暴信息后，实行分级奖励制度：一级线索奖励不低于 4 万元，二级线索奖励不低于 2 万元、不高于 3 万元，三级线索奖励不低于 1000 元、不高于 1 万元。以月坛社区为例，全社区2400 多个楼长每天都会向上级社区通报所发现的可疑人或事，遇到关键信息事件时第一时间上报到"全响应社会服务管理指挥系统"，在全市范围内建立"全响应处置机制"。在月坛社区也充分实行信息举报奖励机制，楼长每报送一条有效信息将获得 2 元的奖励，而协管队伍只要每人每天上报 3 条关键信息，一个月奖励累计 200 元。

（二）北京市公共租赁住房服务网络案例

1. 北京市公共租赁住房服务网络简介

北京市保障性住房的建设始于 1999 年的经济适用住房，1999～2006 年，除广渠门廉租住房项目外，北京市保障性住房均为经济适用住房。2006 年 5 月"国六条"颁布实施后，北京市保障性住房供应体系发生改变。2006 年 11 月，北京市政府批准公布的《北京住房建设规划（2006 年—2010 年）》提出，"建立由廉租住房、经济适用住房、政策性租赁住房三个层次构成的住房保障体系"，首次提出政策性租赁住房概念。2008 年 1 月，北京市住建委、市规划委等六部门联合发布的《北京市 2008 年住房建设计划》提出"启动一定数量的政策性租赁房"。同年 3 月，《北京市 2009 年住房建设计划》发布，提出"新建廉租住房、经济适用住房、限价商品住房、政策性租赁住房 850 万平方米"。2009 年 7 月，北京市住建委等十部门联合发布《北京市公共租赁住房管理办法（试行）》，正式提出公共租赁住房的定义、供应对象、房源筹集方式等。2009 年 9 月，北京首个项目——北苑南区开工建设，拉开了北京市公共租赁住房建设的序幕。2010 年 7 月，《北京市公共租赁住房建设技术导则》发布，对公共租赁住房建设和管理进行规范。2009 年和 2010 年，北京市公共租赁住房项目新开工规模分别为 52.5 万平方米、101.7 万平方米，远洋沁山水、青秀城、京原家园等一批公共租赁住房相继开工。根据《北京市"十二五"时期住房保障规划》，"十二五"期间，政府计划建设收购公共租赁住房约 30 万套，占公开配租配售保障性住房总量的 60%，公共租赁住房将逐渐成为北京市保障性住房供应体系的主体[①]。

----

① 廖正昕、高超：《北京市公共租赁住房居住公共服务设施配套建设指标现存问题与对策研究》，《住区》2013 年第 4 期。

北京市公共租赁住房的房源由市、区县政府所属机构或政府批准的机构通过新建、收购等方式多渠道筹集。新建公共租赁住房采取集中建设与配建相结合的方式，户型以一、二居室小户型为主。为了防止贫民窟等现象的出现，要求在新建住宅项目中配套建设一定数量的保障性住房。北京市公共租赁住房建设用地实行有偿使用，一般公租房项目参与企业需要向市属机关购买土地的使用权，而对于政府所属机构或政府批准的机构建设的公租房项目，其用地可采取租赁方式，按年缴纳土地租金①。北京市公共租赁住房面向的对象主要包括阶段性支付能力不足的新就业职工和不符合廉租住房和经济适用房租购条件又无力购买普通商品住房的中低收入家庭。公共租赁住房所要保障的对象主要可分为三类：一是部分中低收入住房困难家庭既没有能力通过市场购买或租赁住房，按照现行政策又不属于廉租住房、经济适用住房的供应对象。二是新就业的"白领"，包括机关事业单位人员等，这类人群主要特征表现为收入虽然不低，但因为刚参加工作不久，个人积蓄不多，还不具备购买自有住房的能力，大多是通过市场租房居住，承受着较大的住房压力。但是随着工作资历的积累，这类人群中的大部分会逐渐成长为中高收入者，那时就可以通过市场来解决自身住房问题。三是有一段工作经历的中等偏下收入且无自有住房群体，这类人群属于强烈反映"房价高、买不起"的"热点民生"群体②。

2. 北京市公共租赁住房服务网络分析

一是北京市具备多元融资渠道的条件和基础，能够引入市场主体参与公共租赁住房服务网络。根据中国社会科学院金融研究所对全国50个大中城市金融生态环境的排名，北京市的金融生态环境处于Ⅱ等级，远高于城市一般水平（见图4-3）③。此次排名所考虑的因素包括经济基础、企业诚信、地方金融发展、法治环境、地方政府公共服务、金融部门独立性、诚

---

① 北京市住房城乡建设委：《北京市公共租赁住房申请、审核及配租管理办法》［EB/OL］，http://www.chinanews.com/estate/2011/11-30/3497411.shtml，2011-11-30。

② 陈钰、吴勇男：《北京市公共租赁住房租赁价格定价模型设计》，《中央财经大学学报》2013年第3期。

③ 杨方：《我国城市廉租房建设的PPP模式研究——以北京市为例》，华中农业大学硕士学位论文，2008，第28~35页。

信文化、社会中介服务和社会保障程度等共计九个方面。北京市作为我国首都，是全国的政治、文化、科技中心，在金融生态环境的诸多方面拥有得天独厚的优势，因而在公共租赁住房项目中引入民间资本有良好的基础条件。

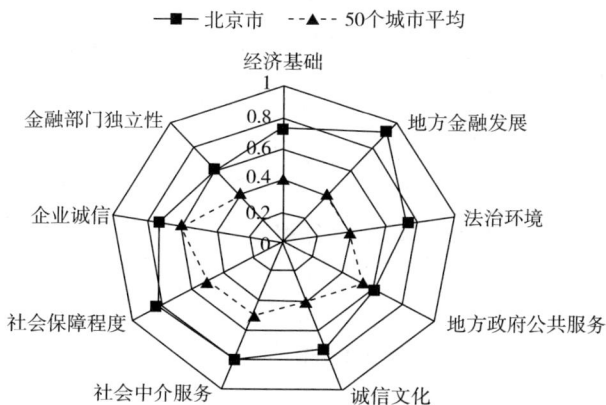

图 4 - 3　北京市金融生态系统

资料来源：杨方：《我国城市廉租房建设的 PPP 模式研究——以北京市为例》，华中农业大学硕士学位论文，2008，第 28～35 页。

二是政府出资补贴公租房承租家庭，根据市场机制进行定价。北京市公租房租金实行"市场定价、分档补贴、租补分离"的原则，全市公租房租金价格基本是项目周边房屋市场租金价格的 80%～90%，公租房租金定下之后，三年之内租金不变，一方面一定程度上稳定了承租人的预期，另一方面有效避免空置率的问题。企业在运营阶段，可以适当提高公租房的租金，政府根据入住家庭的实际收入情况，实行不同群体的分层租金补贴标准，保证承租人每月实际租金支出没有变化①。2012 年 4 月，北京市住房城乡建设委、市财政局正式发布《关于公共租赁住房租金补贴对象及租金补贴标准有关问题的通知》，规定符合人均月收入在 2400 元（含）以下等条件的本市城镇户籍家庭，通过公开摇号承租公租房的，将获得政府提供的租金补贴。根据承租家庭的经济情况，租金补贴房租的 10%～95%，一

①　郑晓丹、袁竞峰、李启明：《基于 PPP 模式的公租房项目资金运作方式研究》，《工程管理学报》2012 年第 4 期。

共有六档①。

三是采取公私合营的方式供给公共租赁住房，确保服务项目的可持续运营。在北京市公租房项目中，政府和企业就某个或某些项目形成长期合作关系，共同进行公租房的开发、建设、运营和管理。公租房项目的公私合营模式（PPP）的实施流程见图 4-4②，首先应对项目的融资环境（当地社会经济条件、政策环境因素等）进行分析；其次，对项目各参与主体特征进行分析，研究各方参与动机，寻找各方合作契合点。对于公租房具体项目，政府通过以上分析寻找恰当的合作者、成立专门的项目公司（SPV），并通过协商确定项目的合作方案，明确责权利及风险分配，对项目进行建设及后期运营；最后对 PPP 模式的公租房项目合作机制进行总结、评析，为进一步优化奠定基础。

（三）南京市居家养老服务网络案例

1. 社区养老服务网络简介

南京市鼓楼区作为南京中心城区之一，下辖 13 个街道 118 个社区。2012 年辖区内（未合并前）③ 60 周岁以上老年人口比重为 17.6%，远超国际老龄化 10% 的标准，属于老龄化程度比较高的城区，其中空巢、独居、高龄和困难老人占老年人口总数的近 50%。2003 年，南京市鼓楼区在全国范围内首创了"居家养老模式"，率先创建"居家养老服务网"，即以政府购买服务的形式开展与民营养老机构的合作，由政府买单免费为辖区内孤寡、独居老人和困难老人家庭提供生活照料服务如买菜做饭、照顾起居、打扫居室、清洗衣被、陪同看病等服务。2014 年 12 月 28 日，南京鼓楼区由政府部门和社区部门牵头，举办首届社区服务资源推介会也是社区居家养老服务项目对接会。此次鼓楼区向社会组织和市场组织开放大批社区服务项目，服务项目涉及餐饮服务、照料服务、文体娱乐等居家养老服务多个方面，养老服务占总体招标额的七成左右，此外成交了助残、助弱、青

---

① 《北京公租房租金补贴最多补 95% 小两居每月约 1500 元》，《京华时报》2012 年 4 月 27 日。
② 王林秀、张洋、张辉：《PPP 模式在公租房项目建设中的应用》，《建筑经济》2013 年第 8 期。
③ 2013 年 3 月，国务院批复南京市行政区划调整方案，原鼓楼、下关两区合并，设立新的鼓楼区。此处老龄化数据为合并前数据。

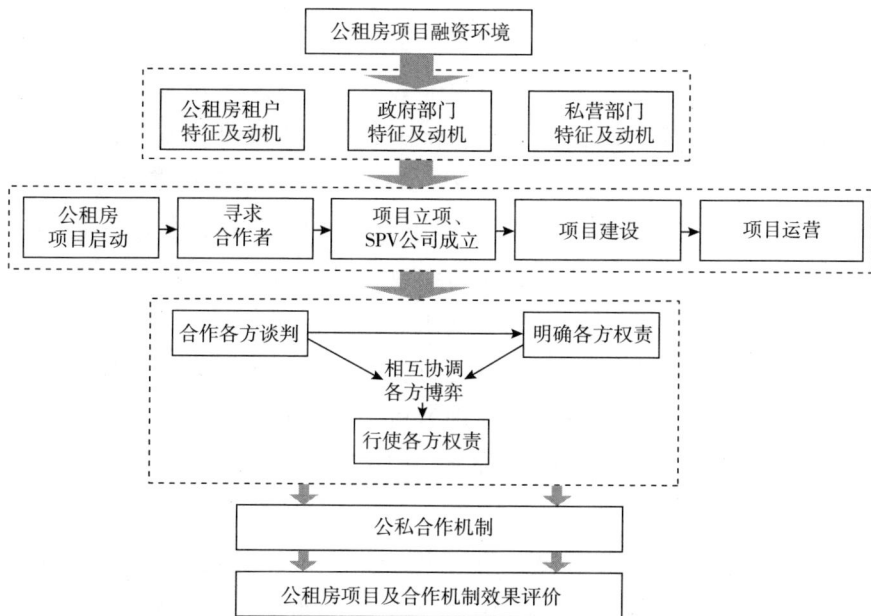

图4-4 PPP模式在公租房项目中的实施流程

资料来源：王林秀、张洋、张辉：《PPP模式在公租房项目建设中的应用》，《建筑经济》2013年第8期。

少年照料、心理辅导等其他服务类型[①]。招标当日鼓楼区13个街道共开辟7万平方米社区用房用于招揽服务机构，解决场地少、租金贵的难题，并且承诺每年提供三四百万元的公益创投资金，用于购买扶持入驻项目，优惠的政策吸引了近百家社会组织和企业组织踊跃参与。

成立于1998年的心贴心养老服务中心作为首批进驻鼓楼区养老服务网络的民办非企业组织之一，至今已有十多年历史，是社会组织参与鼓楼区居家养老服务网络的典型代表[②]。心贴心养老服务中心专门从事居家养老服务，以其先进的专业知识、丰富的运作经验以及强大的品牌效应在鼓楼社区养老服务行业中处于领先地位，在与其他社会组织的公开竞标中有较多

---

① 《南京鼓楼区开放购买社区服务养老服务最抢手》［EB/OL］，http：//js. people. com. cn/n/2014/1201/c360302 - 23064212. html，2014 - 12 - 01。

② 王玮：《社会组织参与居家养老服务的机制研究——以南京市鼓楼区心贴心养老服务中心为例》，《新闻世界》2014 年第 8 期。

的竞争优势。更多的参与主体进驻鼓楼区公共养老服务网络，参与竞争和竞标，虽然会对原有的参与主体造成一定的冲击和资源分享，但新型参与主体的进入，给整个养老服务网络带来竞争和外在压力，充分整合养老服务资源形成整体优势，促进整个运作机制更加规范透明，提升养老服务的质量并进一步压缩成本，充分满足公众日益增长和提升的养老服务需求。在鼓楼居家养老服务网络中，民办非企业类型的参与主体为公众提供养老、医疗等方面的多元化服务，虽然有政府提供场地、水电费、补贴和税收减免等优惠政策，但是所供给公共服务项目盈利并不大。这类民办非企业有一部分是企业组织的下属或分支机构，并不以此类公共服务为盈利目标，更多的是希望在社区中做出品牌效应，推动其他市场化营利性项目和业务在有消费能力的老年群体中开展，同时与政府建立长期、稳固的合作关系。

南京市鼓楼区居家养老服务网络中，政府和社区将公共服务资源和项目通过合同外包、公助民营等方式交于社会和市场主体，较之政府部门、街道和社区等公办养老机构在效率和效能上有较大提升。鼓楼区热河南路街道以往的自办老人托养站，由于老年顾客较少，最终关门倒闭；小市街道曾设立老人助餐社会组织，虽然减免了场地费、水电费甚至人员费用，但是只有较少的客源导致入不敷出。在这样的形势和背景下，各地政府纷纷探索养老服务网络治理的新路径，2015 年 3 月 3 日，北京市民政局公布的《关于深化公办养老机构管理体制改革的意见》明确规定，北京市未来将引入社会资本投资运营公办养老机构，以提升运营效率和服务质量。通过公办公营、公办民营和公建民营三种模式运营公办养老机构，主要为城区和郊区政府供养保障对象、困境家庭保障对象和优待服务保障对象，包括失独家庭老年人，提供基本养老服务保障[1]。2013 年 10 月，南京市政府制定《社区居家养老服务实施办法》，明确规定五类老人可享有政府购买护理服务，包括：低保、低保边缘老人，经济困难老人，计生特扶老人，"五保"、"三无"老人和百岁老人。鼓楼区试点"护理补贴"措施，即照顾这五类老人的护工或者子女都可向政府领取一定经济性补贴，标准为照顾失

---

① 吴为：《公办养老机构将可公办民营》，《新京报》2015 年 3 月 4 日。

能老人的补贴金额每月 400 元，照顾半失能老人的补贴金额为每月 300 元①，将家庭子女或亲属供给养老服务纳入养老服务网络，对其进行专业化培训，为其达标后进行服务提供有效激励。

2. 社区养老服务网络案例分析

南京市鼓楼区居家养老服务网络，由政府传统的垄断服务向多元主体参与公共服务网络转变，参与主体由以往单一较少的社会组织，向现在多个社会组织、市场组织、志愿者共同参与转变。以社区独居老人精神慰藉服务为例，由于老龄化加剧、家庭结构小型化以及外出务工人数增加等，独居老人数量庞大，精神慰藉对独居老人的意义非常重要，能够让其感受到亲情和关怀、人格的尊重和成就感，减少老年心理问题和疾病的发生，让其安享晚年、老有所乐。在独居老人精神慰藉服务网络中，以独居老人免费享有高质量、长效性的精神慰藉为最终目标，政府部门、社会组织和社区居民都广泛参与其中（见图 4－5）②。精神慰藉服务涉及文化、教育、民政、老龄委等政府部门的职责和权限，在实际运作中应当由政府部门和街道老龄委牵头组织整体服务，负责对辖区内独居老人的情况统计、需求调查和标准制定，严格筛选符合免费供给精神慰藉服务的老年群体，注重筛选的公开、公正和透明性。社团组织和志愿者以社区中的老年协会和专门心理咨询公益机构为代表，在供给服务前接受严格的培训和专业技能考核，合格后方能为老年群体供给服务。社团组织既是精神慰藉服务的供给者，也是志愿者培训和输出组织，在社区居民的合作互动中，吸纳新鲜血液和力量加入志愿服务队伍，解决人力资源不足的问题，保障精神慰藉服务供给的全面性、高频性和满意度。

在鼓楼区居家养老服务网络中，心贴心老年服务中心从建立之初到运作至今都起到关键性作用，是居家养老服务网络的重要参与主体和合作伙伴，基于长期的合作伙伴关系，它和政府部门形成了密切、默契的良性互动，也为更多参与主体进驻养老服务网络积累了经验。在分析心连心老年

---

① 《南京五类家庭照料老人可享"护理补贴"》［EB/OL］，http://js. people. com. cn/n/2014/1118/c360302－22936560. html，2014－11－18。
② 杨蓓蕾、孙荣：《城市社区网络治理：内涵、建构与实证》，《中国行政管理》2008 年第 9 期。

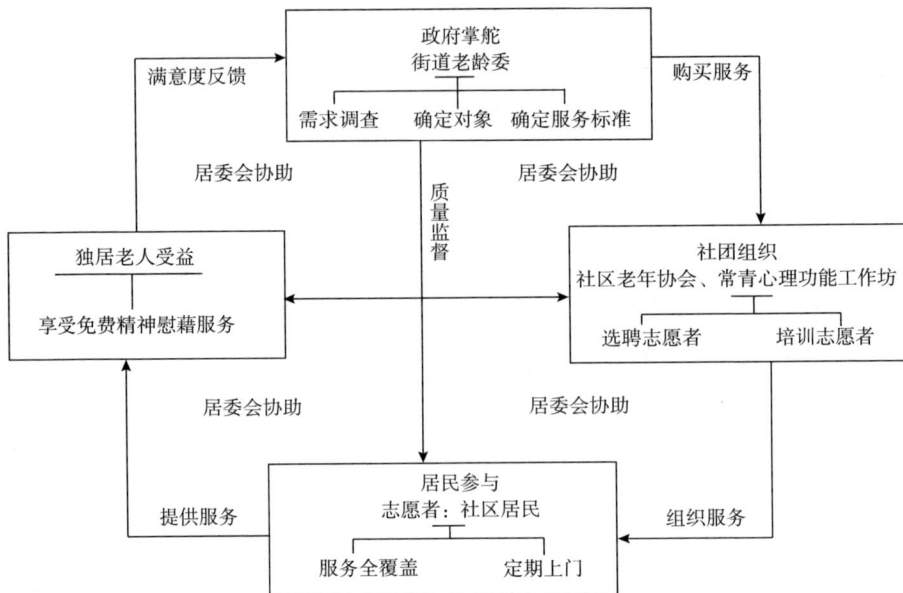

图 4 - 5　独居老人精神慰藉服务网络

资料来源：杨蓓蕾、孙荣：《城市社区网络治理：内涵、建构与实证》，《中国行政管理》2008
年第 9 期。

服务中心与政府部门、老年群体的互动关系中，引入集合论模型，演绎三
者相互独立—产生交集—完全融合的合作关系形成过程（见图 4 - 6）[①]。模
型中 G、C、R，分别代表政府部门、心连心老年服务中心为代表的供给主
体、老年服务接受主体。在养老服务网络构建的第一阶段中，三者处于相
互孤立和相对疏离的关系当中，当已经因为养老服务这一共同议题而相互
协商和互动，为后续服务供给奠定基础；在养老服务网络构建的第二阶段
中，三方开始尝试构建合作关系，互动协作、相互交流、各取所需、各尽
其长，阴影面积代表三方因合作形成的共同利益也越来越大；在养老服务
网络构建的第三阶段，随着合作关系的深入，三方均在网络合作模型中受
益匪浅，政府通过放权和服务外包，将养老服务交由有更高效率的社会组

---

① 黄俊辉：《公共服务供给中的网络治理困境——基于南京市鼓楼区居家养老服务网的案例
分析》，《南京人口管理干部学院学报》2012 年第 1 期。

织运行，社会组织通过承接政府养老服务职能，获得一定收益并且提高知名度和社区影响力，而最终受益者老年服务接受主体享受到了物美价廉、便利高效的居家养老服务。

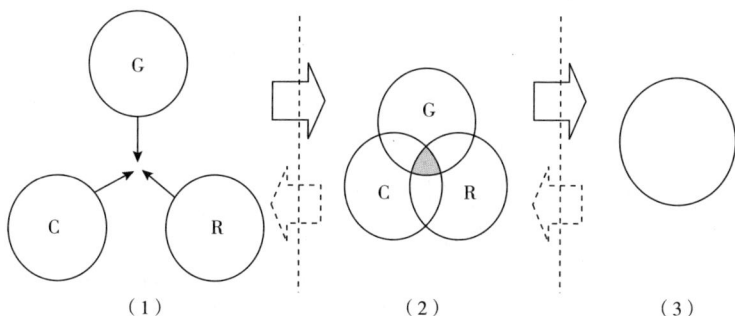

图 4 - 6　居家养老服务网络集合论模型

资料来源：黄俊辉：《公共服务供给中的网络治理困境——基于南京市鼓楼区居家养老服务网的案例分析》，《南京人口管理干部学院学报》2012 年第 1 期。

　　南京市鼓楼区居家养老服务网络在具体运行和实施中也凸显了一些问题，仍处在不断摸索和完善的过程之中。首先是如何处理公益服务与适度盈利的关系问题。居家养老服务在外包的过程中，因其公益性和公共性，必定是微利、收支相抵甚至亏损需要补贴的情况，市场和社会参与主体在服务供给初期可能参与热情和积极性较大，但长期的财政问题和运营问题使项目难以为继，会导致参与度降低，因此，如何在保持公益服务性质不变的前提下，适度提高养老服务网络供给者的运营利润和补贴标准是关系服务网络长期合作的关键。其次是明确政府补贴的范围和项目清单。政府和社区引入多种服务项目供给社区居民，不限于老年群体和弱势群体，多样化的服务网络需要政府详细区分财政补贴的范围和标准，需要详细计算补贴的金额和次数。同时对补贴资金实行追踪化管理，防止专项资金的挪用或盗用。最后是明确政府在服务供给网络中的监管责任。在鼓楼区养老服务网络中，政府注重日常监管和关键事件监管，在项目招投标过程中严格把关，对机构背景、项目设计等严格审核，对从业者的专业性和经验进行考核；在项目运行过程中，除了街道、社区和公众监管外，委托专业化第三方评估服务网络绩效。虽然鼓楼区养老服务网络政府监管比较全面，但是在运行中还出现了缺乏统一的服务标准、行业规范和固定程序的问题，容易使评估和考核走形式主义或出现虚拟评估。在绩效评估中尚未完全发挥服务接受者的作用。

三 公共服务网络治理案例的比较与启示

本节通过对国内外公共服务网络治理案例的比较，从宏观层次和整体角度分析我国公共服务网络治理的差距和不足，并总结国外公共服务网络治理案例的经验与启示。国内外公共服务网络治理案例的分析验证了政府主导、市场主导、社会主导三种公共服务网络治理模型的应用，为后续进一步分析我国公共服务网络治理面临的挑战与风险，为探索我国未来公共服务网络治理的路径奠定基础。

（一）我国公共服务网络治理的差距

1. 公共服务网络治理经验的差距

随着公众民主意识觉醒和公众要求的提升，公众对公共服务的需求呈个性化、多样化和复杂化特点，对政府供给公共服务的数量和质量都提出了更高要求，西方政府垄断公共服务供给逐步显现诸多弊端，政府逐渐面临财政、管理和信任三大危机。因此，从20世纪70年代末开始，西方国家普遍开始了公共服务改革，改革目的是打破政府垄断公共服务，通过购买、委托、代理等方式，将原本由政府垄断的公共服务项目交由企业或者社会组织承担，让市场和社会机制进入公共服务供给流程。西方公共服务网络化运行至今已积累了几十年的经验，而我国在公共服务网络治理上仍处于起步和探索阶段，大部分服务领域由于地方保护主义、集团利益和部门利益的制约仍未完全放开，已有的公共服务网络在运行中仍有浓烈的行政色彩，依赖行政命令、动员等推动和展开，而不是依靠合同等经济性契约关系推动。美国公共服务网络治理有悠久的历史，已经形成配套成熟的制度和规范体系，而我国在公共服务网络治理的案例中虽有阶段性成功，但尚未形成成熟、完善的治理体系与治理规范，在服务标准、供给方式等方面缺乏相应规范。

2. 公共服务网络市场成熟度的差距

西方公共服务网络治理的成功得益于市场机制的健全和完善，成熟的市场主体和深入人心的契约精神有助于公共服务外包的顺利开展，市场主体供给公共服务能够节约政府供给的行政成本，同时在成本和效率上有一定保障。当然西方公共服务网络中市场主体的广泛参与有其前提和条件，政府或专业第三方能够有效对服务网络的供给实现流程监督和质量监控，信息掌握的全面性和透明性得以有效实现。而在我国公共服务网络治理中，现有市场经济处于转轨期和完善期，自由竞争和价格杠杆在市场运行过程中并未充分实现和发挥作用，私营企业较之国有企业在进入门槛上有不同的标准和规定，大多数服务领域并未对民营资本完全放开。市场参与主体在缺乏有效监管和合同规范的情况下，会出现一些不规范市场行为，在资金上由于缺乏有效监管会出现套用、挪用专项补贴资金，在服务质量上由于缺乏明确标准会出现欺瞒、坑害消费者的行为。我国公共服务网络治理中的市场主体，往往会出于供给投入大、见效慢、收益少等原因对公共服务供给持消极、谨慎的态度。

3. 公共服务网络志愿行动的差距

在西方社会中，公众具有强烈的权利意识和责任意识，对政府职能尤其是公共服务职能的诉求不断涌现，督促政府不断完善公共服务职能。在社会公益活动和慈善活动中，西方公众参与意愿强烈、公共参与度较高，参与形式有慈善捐赠或社会义工服务的形式，形成了公共服务网络治理的庞大人力资源基础。而在我国公民意识虽然逐渐觉醒，但是由于年龄、知识、行业等差异对公民权利的理解各不相同，偶尔会出现一些过激或不合实际的诉求。此外，对志愿行动的不理解甚至不支持也阻碍了公共服务网络的发展，部分公民尤其是老年人群对上门服务的志愿者或社区工作人员持怀疑和排斥的态度，部分社区工作者对社区服务人员存在误解，认为其侵犯了社区工作者的权益，对其工作不支持、不配合。在公共服务网络治理过程中，资金流的畅通是保证服务网络正常运行的关键，西方公共服务网络的资金来源于政府补贴和社会捐赠，涵盖一些基金会参与和慈善项目支援，而我国公共服务项目的资金以政府补贴为主，公益捐赠大多来源于企业，社会性、公民层面的捐赠比重较小。

4. 公共服务网络合作稳定性的差距

西方公共服务网络治理处于稳定、成熟阶段，在多元主体合作方面建立长期、稳定的合作关系，合作以合同规定的时间、权限和双方权利义务为基准，受到法律的保护和约束。而我国在部分公共服务网络治理过程中，由于行政级别制约和行政命令强制，短期内会迅速见效或组成网络，较大规模的社会组织和公众参与其中，但随着时间的推移，政策的时效已过或上级重视程度降低并且出现行政强制的疲劳期，那么公共服务网络中参与主体的积极性降低，最终导致公共服务网络解体或失效。以北京市公共安全服务网络为例，企业参与者在公共安全服务网络中的参与主要是响应政府部门号召，由于额外的工作量带来额外的成本且长期得不到补贴，在后续的安全检查执行过程中缺乏动力；并且安全检查落实到单个企业从业者会有较大的执行差异，安全检查并未被纳入其绩效考核过程，不能增加单个企业从业者收益，因此某些从业者会选择省略相关安全检查步骤。至此，公共安全服务网络中市场参与主体行为会出现失效或无效情况，直接影响了整体服务网络的有序运转。

（二）国外公共服务网络治理的启示

1. 开放更多服务领域，构建公共服务网络

我国公共服务网络治理还需要在实施领域和实施范围上进一步扩展和推广，一方面扩大当前公共服务网络治理的实施区域，形成由点及面的治理局面；另一方面进一步扩大公共服务的开放范围，将更多的公共服务项目纳入公共服务网络治理范畴。我国的公共服务网络治理在某些地区和领域已经有比较成功的试点和经验，未来需要扩大公共服务网络治理的应用范围。鼓楼社区较为成功的公共服务网络治理经验可以在全国范围内推广，相关社区可定期组织经验交流、宣传推广和参观学习等活动；此外还可以借鉴国外在公共服务网络治理运作中的经验，形成由点到线、由线到面的推广路径。在公共服务项目供给中积极寻求市场主体和社会主体的支持和帮助，创造便利条件和优惠政策吸引更多的合作伙伴进驻公共服务网络。政府在公共服务项目的开放过程中，实行逐步放开、渐进改革的策略，按照当时当地的治理条件，先放开一部分公众关注度较低、社会影响较小的

公共服务领域，进而在积累经验后逐步放开一些公众关注度较高、社会影响较大的公共服务项目。在公共服务网络的内部决策方面，鼓励中小企业、私营企业、国内外社会组织以及公众的广泛参与和相互协作，形成公共服务合作网络（见图4-7），在合作网络中能够一定程度上缓解有限理性和不确定性带来的治理困境，提升公共决策的效度和信度。

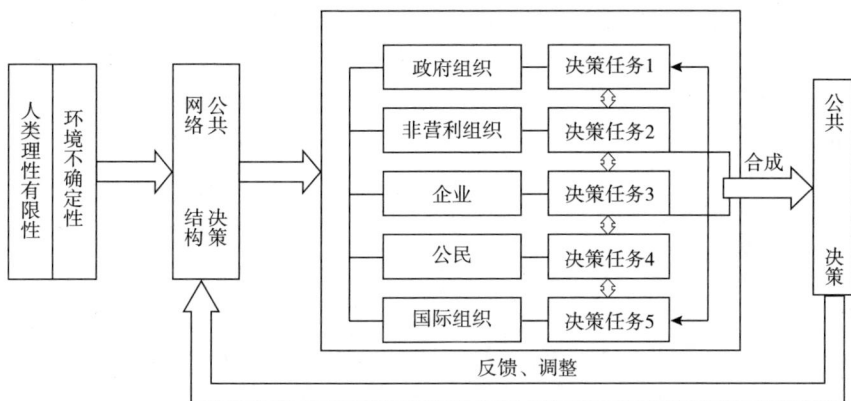

图4-7　公共服务网络治理决策机制

2. 发挥政府主导作用，发掘市场竞争优势

西方公共服务网络治理中，政府的作用贯穿服务网络的始终，适当引入市场机制，利用政府和市场两大主体优势，将公平和效率紧密结合，提高公共服务的供给质量和效率。政府在公共服务网络中不需要直接参与公共服务的生产和供给，而需要进一步放权于市、放权于社、放权于民，同时需要在公共服务的供给过程中积极引导和有效监管，提供资金支持和政策优惠，设计一系列制度、机制和组织方式，最大限度地激发公共服务参与主体的热情和能量。政府在公共服务网络中需要有力度、有震慑性的参与角色，在推动网络构建、监管网络运行、评估网络绩效上发挥主导作用。政府在推动网络构建中，需要扩大招投标范围，鼓励中小企业的参与，积极鼓励和组织社会团体和志愿行动在公共服务网络中提供服务。在监管网络运行中，对公共服务网络供给者的个人资质、服务标准进行审核。西方政府在推动公共服务网络化过程中，吸引更多的参与主体供给公共服务，在对私营部门参与公共服务的前后绩效进行对比后发现

（见表4-3），西方公共服务的成本降低、生产量提高、质量和顾客满意度提升，尤其在降低公共服务成本上有明显优势。

表4-3　西方私营部门参与公共服务的效率变化①

活　　动	国　　家	私营部门相对于公营部门的效率	转入私营部门的效率
民航	澳大利亚	+	提高12%～100%
银行	澳大利亚	+	
公共汽车	德国、英国、美国	+	单位公里成本降低20%～60%
清洁服务	德国	+	费用便宜30%～40%
电力	美国	+，-	电价从稍贵一些到便宜
防火	美国	+	人均费用便宜30%～40%
森林	德国	+	劳动生产率提高一倍
医院	美国	+，-	混合结果
住房	德国、美国	+	便宜20%
保险	德国	0	只改善了服务
船舶修理	美国	+	价格下降了一半（包括军舰）
铁路	加拿大	0	生产率无差异
储蓄与贷款	美国	-	运行费用减10%～35%
收费道路建筑	法国	+	成本降低20%
供水	美国	+	降低15%～60%的运行费
天气预报	美国	+	减少33%的费用

资料来源：胡鞍钢：《影响决策的报告》，清华大学出版社，2002，第225页。

3. 重视社会组织力量，建立合作伙伴关系

西方公共服务网络治理中的亮点是充分调动社会组织和公众的力量，构建政府与社会的合作治理关系。社会组织参与公共服务，有利于矫正"政府失灵"和"市场失灵"，形成"小政府、大社会"的政社关系模式，推动公民社会的形成和完善。加大对社会组织资金的资助力度，同时加强对资金使用项目和效果的审核和检查。在充分发挥公共服务网络治理的社

———————————

① ＋表示私营部门参与公共服务后效率提升；－表示私营部门参与公共服务后效率降低；0表示私营部门参与公共服务后效率不变。

区作用方面，以西方社区公共服务网络治理为例（见表 4 - 4），开始时间早、效果显著。美国联邦政府的"行政授权区域立法"，规定由社区供给公共服务，资金来源多样化：除了联邦基金还有其他补助，以法律的形式确定了社区公共服务网络治理的模式和方法；英国开展"社区重建"项目，优化中小社区的治理结构和服务制度，建立公共服务的战略伙伴关系，尤其是构建平等、开放、民主的协商谈判机制，将社区中的私营部门、社区组织、中介组织有机整合，改善社区管理和提升社区服务质量；欧洲大陆国家实行"邻里复兴计划"，重点是发展社区参与主体的合作伙伴关系，政府通过制定参与框架、拓展参与渠道、推动参与过程等促进公共服务网络的合作形成①。

表 4 - 4　西方国家社区公共服务治理经验

	美　　国	英　　国	欧洲大陆
名　　称	行政授权区域立法	社区重建	邻里复兴计划
政　　府	立法，帮助社区获得补助	重建小社区	制定参与框架
社　　区	提供服务	提供协商谈判机制	组织合作
治理结构	法定授权	扁平、协作、非法定	网络、合作

　　资料来源：陈炳辉、王菁：《社区再造的原则与战略——新公共管理下的城市社区治理模式》，《行政论坛》2010 年第 3 期。

4. 完善绩效考核体系，关注公共服务责任

　　公共服务网络治理在公共服务合作、公共服务外包的过程中，出现了供给主体和参与主体的明显变化，更应该加强对效率和质量的绩效评估，重视公共服务责任和公平。以美国公共服务网络治理为例，政府部门在网络构建初期，严格按照法律和条例规定对参与主体进行资质审核，包括运营条件、资产规模、技术和服务实力以及过去的服务项目等，与其签订规范的服务合同，严格按照合同的规定提供服务，政府对其人员的培训情况提供建议和帮助；参与主体还要接受政府严格的财务审计和绩效审计，确保政府资助资金的妥善应用；参与主体需要定期提交工作报告，必须反映

---

　　①　陈炳辉、王菁：《社区再造的原则与战略——新公共管理下的城市社区治理模式》，《行政论坛》2010 年第 3 期。

公共服务的产出数量、结果和对公众的满意度调查情况。在对公共服务网络治理的绩效评估上，未来还需要进一步细化和规范公共服务网络治理的评估标准和评估方法。在公共服务网络治理过程中，应当重视公共利益和公共责任，引入公众或目标顾客的评议机制，将公共服务网络治理的过程和信息有序对公众开放，为其有效合理监督创造条件和有效平台，提高公共服务的回应性和效率性。

本章小结

本章是实践运用和检验的章节，通过选取国内外公共服务网络治理典型案例进行比较研究，从中分析我国公共服务网络治理的效率差距，并提出改进策略。选取的是美国德克萨斯州的儿童保育服务网络，韩国公共住房服务网络，以及我国北京市公共安全服务网络和南京市鼓楼区居家养老服务网络。总结了我国公共服务网络治理案例的经验，比较发现公共服务网络治理案例之间存在的差距，包括公共服务网络治理经验、公共服务网络市场成熟度、公共服务网络志愿活动参与度以及公共服务网络合作稳定性差距。国外公共服务网络治理案例的启示包括开放更多服务领域，发挥政府主导、市场竞争和社会参与的力量，完善绩效考核制度、重视公共服务责任等。

第五章 我国公共服务网络治理的风险挑战与未来路径

一 我国公共服务网络治理的风险与挑战

本节阐释了当前我国公共服务网络治理存在的风险与挑战，按照实施流程和发展阶段划分为公共服务网络的构建问题、公共服务网络的运行问题、公共服务网络的效果问题，在分析过程中更为细化和具体，充分考虑了我国公共服务网络治理在实践中可能遇到的风险和问题，为探索我国公共服务网络治理的未来路径提供了坚实基础和重要依据。

（一）我国公共服务网络的构建问题

1. 服务网络的适用性问题

当前，公共服务网络治理的应用范围较为狭窄，政府开放的公共服务领域也较狭窄。一些地方政府的公共服务供给，还停留在传统的观念和思路上，认为公共服务只有通过政府部门、国有制和集体所有制经济体供给才能代表和维护公共利益，才能保证公共服务的公共性和有效性。一些公共部门对于引入其他参与主体的公共服务合作机制，认为其他参与主体在与其争夺职能、争夺资源、争夺绩效，对其持有排挤、打压等不合作态度。公共服务网络治理目前还属于新生事物，一些鼓励性政策和支持性举措还处于酝酿和试行阶段，政策和制度缺乏可行性和细化方案，试点的推广短期内难以有明显绩效改进，因此公共服务网络治理的推广速度较为缓慢。各地在公共服务网络治理实践上的步伐和速度出现参差不齐的现象，有的地区以北京市为例，未来将城市道路、轨道交通、综合交通枢纽、固废处置、污水处理等六大市政基础设施领域向社会资本开放，总投资约 3380 亿元，拟引进社会投资约 1300 亿元①。而另一些地方政府，对公共服务的一些关键项目和关键资源开放力度不够、领域不多，不能充分利用市场和社会资本的有效性。

现有公共服务网络治理实践的配套措施不太完善，政府购买公共服务的力度不够、受惠人群较少。公共服务网络治理尤其是市场化、社会化活动，缺乏法律和制度保障，2003 年制定实施的《政府采购法》仅规定政府采购服务范围是辅助政府自身运作的后勤服务，而并没有将公共服务列入政府采购范围，在具体实施中出现了无法可依的两难局面②。目前公共服务网络治理实践，多数采取对相关市场或社会组织直接协商或委托供给公共服务的形式，通过公开招标挑选承接公共服务方不太普遍。在受益人群上，公共服务网络治理大多在城市社区、城市街道、城市管理中开展，受益人群以持有当地户籍的城市居民为主，在受益条件上非常苛刻和严格，一般来讲，城市中农民工、流动人员、下岗工人等弱势群体受益较少，农村地区的公众难以享受到公共服务网络化的高效率。而在城市社区公益服务中，受益人群多为特定年龄限制、收入限制、家庭限制等约束条件下的少数人群，大多数城市居民还是难以完全享受到服务成果。

2. 服务网络的合法性问题

在公共服务网络治理中，对社会和市场组织力量的引入，会在操作中因为把握失当和行为失调导致服务网络中过度市场化、只关注效率和绩效，或者过度社会化、只关注民主自由而陷入无政府状态，从而引发公共服务网络的合法性危机。在一些公共服务和公共产品由市场主体供给的过程中，由于政府监管失效、需求大量增加，会出现价格虚高、质量无保障的情况，公众不满意度增加，严重时会影响社会稳定。过度市场化所带来的公共服务和产品价格虚高，导致在公共服务的购买和付费过程中，出现了较高的门槛，收入较低的弱势群体难以享受到平等的公共服务，公众满意度甚至比政府供给公共服务时期公众满意度更低，因此公共服务市场化面临着严

---

① 邹光祥：《购买公共服务：开放市场下的政府转型》，《人民网》2013 年 8 月 1 日。
② 杨毅：《我国城乡基本公共服务协同体制研究》，华中师范大学博士学位论文，2008，第 56~62 页。

重的信任危机和合法性危机。在公共服务社会化与社会组织参与公共服务的过程中，会出现参与主体在网络中过度自由、无序交流，由于相关法律缺失和政府监管失效，服务网络内部会进入一种"无政府"状态，不利于公共责任的履行和公共利益的实现，导致社会对公私合作的共识度、认可度不高。

公共服务网络治理中，公共服务的外包会带来公共责任边界的模糊，难以有效问责，政府在公共服务中责任缺失和不作为现象。一些地方公共服务外包给市场和社会主体的过程中，公共服务中的责任和价值也随之发生转移，导致公共责任在政府部门、私营组织和社会组织间重新划分，公共责任有转移到市场组织和社会组织上的趋势，有可能发生公共服务责任异化即推托或流失[①]。大量市场组织进入公共服务领域，模糊了公共部门和市场部门的界限，而在政府和市场之间的"中间地带"，出现大量社会组织，导致公共领域和市场领域的界限更加模糊不清。公共服务外包也有可能成为政府部门及其工作人员推卸责任、不作为的借口和理由，甚至会出现内部操作、成本增加等问题。公共服务网络治理通过参与主体的多元化，实现公共责任和风险共担，但是在实际运行过程中，有可能会出现政府自身逃避和推卸责任的情况。政府原有处理公共事务的权限和范围将缩小，政府及其公职人员在公共服务中的积极性和主动性也有可能降低[②]。

3. 政府元治理的定位问题

我国公共服务网络治理统筹政府、市场和社会组织的资源和力量，政府发挥元治理的作用，构建三方的合作伙伴关系。但是在具体实施过程中，政府元治理要求政府在公共服务网络中发挥主导、协调、监管等重要作用，如果治理力度把握不当，会出现公共服务网络中过度行政化或政府缺位问题。政府元治理将政府、市场与社会组织三种治理模式进行整合，在充分利于发挥其效率和价值优势的同时，也会带入三种模式原有的治理失灵问

---

① 朱玲玲：《试述网络治理的多重困境》，《现代企业教育》2010 年第 10 期。

② 陈玲：《公私部门合作中的风险分配失败：一个基于网络治理的分析框架》，《复旦公共行政评论》2011 年第 1 期。

题，包括政府失灵、市场失灵和志愿失灵①。政府元治理的实施和有效实现受到多种因素的制约，有很大的复杂性和不确定性，面临着失败和失效的风险，受到行政文化、服务类型、领导风格的多变性影响，其结果的有效性和可靠性存在较大的不确定性。政府在元治理中的职能和能力要求与现实水平差距较大，相较于传统治理的要求更多，需要制定规则、统筹协调、推动服务网络构建；需要掌握服务网络的信息和资源，增强对网络的塑造和引导能力；需要作为第三方仲裁者，协调网络参与主体间的矛盾和利益冲突，平衡参与主体间的关系和地位，消除不稳定因素和不协调因素；等等。

公共服务网络治理很大程度上是为了提高公众满意度、提升对政府的信任和认可，但是政府元治理的角色身份参与公共服务网络治理过程，将原有的外部公众不信任进一步带入并有加剧的趋势。在公共服务市场化的过程中，已有的官商勾结、内部交易等行为的频发，使公众对公私合营方式供给公共服务产生较大的质疑，市场主体缺乏一定的自律能力和社会责任感，公众容易对其形成唯利是图、利益至上的首因效应。社会组织在我国前几年出现了诸多失信行为和捐赠丑闻，社会上对慈善捐赠的态度和热情一度降低到冰点，而信任的重构需要漫长的过程，公众对其的不信任和防范短时间难以消融。当前国际社会，政府的信任危机伴随着发达国家和发展中国家，公众在与政府的频繁交流过程中，遭遇到个别公职人员、个别公共事件、个别公共服务的失效和不当行为后会加以渲染和传播，凸显政府整体的负面形象和加剧信任危机。至此，政府元治理参与公共服务网络治理面临着两难抉择，增加参与则带来信任危机，减少参与则加剧服务网络合法性危机。

4. 网络主体的参与度问题

公共服务网络治理中，部分政府持消极、选择性态度，公众持有不信任和不理解态度，而其他参与主体如市场和社会主体也持观望和谨慎态度，在公共服务领域参与度不高、积极性不大。在公共服务网络治理过程中，政府对一些服务项目和资源人为设置壁垒和门槛，一般市场主体难以顺利

---

① 孙柏瑛、李卓青：《政策网络治理：公共治理的新途径》，《中国行政管理》2008 年第 5 期。

进入并获得参与资格，有竞争实力的市场组织进入后极易形成新一轮的公共服务垄断现象；对市场组织参与公共服务，政府一些配套性优惠政策和资金支持并未完全到位，市场主体参与公共服务的盈利预期不高，且面临着较大的资金断裂和破产风险，因而对参与公共服务和投资持非常谨慎的态度；同时市场主体参与公共服务供给过程中，责任和风险加大，公众不满意度增加和对质量问题可承受力降低，出现质量问题和效率问题时协调和赔付成本较普通产品和服务翻倍。市场主体虽然观察到公共服务领域政企合作、公私合营的巨大商机和巨大潜力，但是沟通协商过程中缺乏规范的流程、细化的实施方案和固定的权责分配规定，导致市场主体在公共服务中的参与度降低。

公共服务网络治理中社会组织和社会公众的参与程度和积极性也不高，这与我国公民社会的不成熟和公民民主意识较低有密切关系。公众对社会组织的认同度低，组织发展缺乏足够的社会基础，并且公众对非政府组织的认知度和信任度不高，在遇到公共服务和公共管理问题时更倾向于求助政府或媒体，并没有考虑社会组织的习惯。这样的情况直接影响了社会组织供给公共服务的需求增加，制约了社会组织筹集社会资本的能力和范围，不利于社会组织的发展和壮大[①]。出于待遇不高、工作强度大、社会地位较低等多方面原因，社会组织中人员流失情况非常严重，不利于公共服务工作的持续开展和有序推进。社会组织对政府部门的依赖性较大，一些组织的人员任命和财务管理等事宜需要接受上级政府的安排和协调，缺乏较强的运作能力和竞争实力。此外，我国公民参与公共服务建设与评估的积极性不高，公民作为志愿者参与社区事务、参与公共服务的比例较少，公民间的互助与互利行为较少，公民的社会责任感和民主意识不强。

（二）我国公共服务网络的运行问题

1. 服务网络的资金来源问题

我国公共服务网络中政府的资金投入和支持力度较小，对公共服务和

---

① 石秀选、吴同：《论当前我国环境 NGO 存在的问题和完善的对策》，《南方论刊》2009 年第 4 期。

社会保障的财政补贴占比较少,使公共服务网络资金链条面临断裂的危险。当前我国社会整体上处于经济发展的中期阶段,随着 2013 年人均 GDP 突破 7000 美元,我国已经正式进入中等收入国家行列,在这一阶段,政府对公共服务项目的投资会继续增加,同时公众对政府在教育、卫生、养老、就业等方面公共服务的要求也会提升①。我国对公共服务的财政支出金额逐年上升,但是总体的水平偏低,公众感受的变化不太明显,对政府公共服务的财政支出要求增加。在政府公共服务财政支出过程中,出现了明显的地区差距,呈现从东部、东北部、中部到西部地区逐层递减的趋势,并且在城乡区域出现了明显的差距,农村地区农民在享受政府公共服务和财政补贴方面较城市市民有较大的差距。政府对公共服务供给网络中的社会组织资金支持和补偿力度较小,社会组织是公益性或半公益性的组织,在供给服务的同时不能进行营利性活动,即使是供给用户付费的公共服务也不是以盈利为目标,如果政府资金支持或购买服务力度较小,那么社会组织面临入不敷出甚至破产的风险。

我国公共服务网络中的资金来源渠道比较单一,社会捐赠比例较小,公私合营中民间资本投入较少,参与投资积极性不高,资金链条并不十分通畅。各地政府在支持公共服务网络构建中,具体政策和导向不一致,有些地方政府步伐较快,有些地方政府尚未开始。在公共医疗服务网络治理中,一些地方政府在传统公立医院和民营医院的基础上,探索公私合营的医疗服务模式,吸引社会资本进入医疗服务领域。但是在公共医疗服务网络改革过程中,容易出现私营资本进入后为提高资金收益而提高医疗服务收费的情况。公共服务投资的长期回报不高且周期较长,一些民间资本进入后在缺乏公共财政补贴的情况下容易出现为急于收回成本而变相提高药费和诊疗费用的现象②。此外,在公共服务的社会组织外部资金链条中,社会捐赠的部分较少,我国尚未形成成熟的捐助文化。虽然近些年企业对社会公益事业的捐赠额上升,但与发达国家相比仍有较大差距,针对公共服务性社会组织的捐赠较少,大多数涉及对灾害、教育

① 《人民日报》社论:《让改革旗帜在中国道路上飘扬》,《今日海南》2013 年第 12 期。
② 张万宽:《国内外公共网络治理研究进展与趋势》,《理论界》2013 年第 11 期。

等方面，宣传品牌目的性较强。公益组织的信任危机也影响了社会捐赠的频率和金额。

2. 服务网络的收益分配问题

我国公共服务网络构建的思路是风险共担、利益共享，但是在具体收益分配中，网络参与主体由于地位不同在收益分配中的优势和参与权也不同，导致收益分配不均或失衡，影响了当前参与主体的积极性和后续参与主体的进入动力。公共服务不同于其他私营产品和服务，需要参与主体承担更多的社会责任，如果进驻公共服务网络的参与主体目标和动机不纯，对收益的分配有过高的预期且实际落差加大，会出现消极怠工、压缩成本等问题，影响公共服务网络的供给效率和质量。在具体服务网络运行中，一些参与主体由于进驻网络时间早、口碑好，公众对其的评价和满意度较高，则会更多地选择其服务和产品，基于不断地巩固和良性循环，此类参与主体在公共服务网络中的收益分配较大；而一些刚刚进驻的参与主体，由于公众对其信息不了解、服务不认同，可能在进驻初期出现短时间的收益下滑甚至入不敷出的情况，由此产生在公共服务网络参与主体间的"马太效应"，一定程度上不利于整体网络竞争效率的提升。

公共服务网络中，政府在对公共服务进行公私合营的合同中规定了收益的分配和权责的归属，一定程度上导致了一些企业选择性投资公共服务项目，尤其对于一些预期收益高的项目积极主动，而一些公益项目、预期收益低的项目鲜有问津。一些成熟度不高的私营企业往往注重政府补贴资金、政府补贴力度和项目的预期收益，而忽略了投资的根本——投资价值，只注重短期收益而忽略了长期的合作价值和品牌效应，忽略了对服务项目潜力的挖掘，出现了公共服务网络项目招投标中冷热不均的现象。以公共交通服务网络的 BOT 模式为例，即私营部门建设—私营部门经营—交还政府的公私合营模式，虽然在立项时节约了地方政府财政支出，同时完善了基础设施建设，解决了地方政府的资金匮乏问题，但是在运营的过程中出现了一些问题①。由于公共服务的持续收费引发公众不满意度提升，且部分私营企业为提高服务网络中的收益而出现提高价格或降低标准等行为，最

---

① 马寒玉：《公共服务供给方式的嬗变与重塑》，郑州大学硕士学位论文，2012，第91~95页。

终以政府提前收回或赎回该服务项目收场，网络关系破裂。

3. 服务网络的透明度问题

公共服务网络参与主体内部信息呈不均匀、不对称分布，存在信息不对称情况，造成网络内部不信任程度增加，影响网络内部的公平、公正以及资源配置的效率。信息不对称表现在除政府外的参与主体间信息不对称、政府与其他参与主体间的信息不对称以及公众与公共服务网络间的信息不对称[①]。参与主体间没有及时沟通和了解对方情况，出现了独断专行或违背合同的情况，不利于公共服务网络合作伙伴关系的形成。在公共服务的供给上出现了雷同或同质现象，也可能出现为吸引客源采取的恶意压低价格的行为，形成了恶性竞争或无序竞争关系，长期来看不利于公众的公共利益和公共福利。政府与参与主体间的信息不对称，导致政府无法对公共服务网络形成有效的监管和宏观控制，难以掌握公共服务的供给过程和供给结果，不能全面了解政府补贴或援助的使用情况和使用效率。公众与公共服务网络间的信息不对称情况更加严重，是一种组织内外部的壁垒和屏障造成的，服务网络难以全面了解公众的需求，而公众对服务的供给过程和供给质量缺乏专业化、系统化的监测。

公共服务网络中的信息不对称、不透明性突出，主要是由信息渠道不畅通、沟通低效或失效造成的，尤其是缺乏强制性、规范化、常态化的信息披露机制。我国公共服务网络内部信息化程度较低，参与主体间的沟通没有实现联网性、实时性、无距离、无障碍沟通，沟通方式仍然以传统的"面对面"沟通为主，导致对一些重要事项或紧急事件的处理和反应非常低效。尤其是面对一些公共服务突发性事件或群体性事件之时，在与政府部门的沟通中需要层层上报、做出决策，无形之中拖延了时间，延误了危机事件的最佳处理时间节点，因此在信息披露的时效性上出现了延迟[②]。在信息披露的全面性方面，公共服务网络中信息也存在内容不全、笼统概括、专业性过强等问题。在公共服务绩效考核中，参与主体提供给考核机构的年报或总结往往出现"报喜不报忧"、瞒报漏报的情况，对问题轻描

---

① 王瑞华：《合作网络治理理论的困境与启示》，《西南政法大学学报》2005 年第 4 期。

② 田永贤：《公共服务供给的组织间合作网络》，《东南学术》2008 年第 1 期。

淡写，对成绩过于夸大；缺少一些数据性、科学性的分析方法，而是多采用文字性、概括性的语言，令人难以从报告本身获得更有价值的信息。财政报表类信息过于专业和简化，不利于公众对参与主体财政状况进行监督。

4. 服务网络的协调性问题

公共服务网络的协调性问题突出体现为治理目标的不一致或不统一，各参与主体间离心力过大，难以形成统一的价值观和文化，在行动上也很难步调一致。参与主体由于缺乏一定的沟通，在网络中相对独立且持有各自目标，虽然因共同的服务对象组合到一起形成网络，但是因目标不一致难以形成整体效应和团队优势。参与主体有着各自的利益价值追求，如果服务网络目标的确定缺乏统一的衡量标准，将难以实现集体行动的统一，可能会转变成利益相关集团性质的博弈合作，损害了整体利益，系统的运转也随着目标的变化而改变。目标的不一致还体现在文化的冲突上，社会组织、市场组织与政府组织在组织文化上不一致，社会组织与政府组织的文化相似，但面临着人员流动、资金短缺的问题，既受到市场组织营利性的吸引，又需要遵守政府组织公益性的要求，在组织定位和组织行为中出现模糊不清、摇摆不定的情况，不利于长远发展；而市场组织追求利润的天性若缺乏有效的监管会在公共服务供给和参与中无限放大和难以控制，与公共服务网络的宗旨差异明显。

公共服务网络的协调性问题还表现在参与主体间冲突和摩擦发生时，没能及时、有效解决和化解，积少成多、日积月累，会直接影响组织的运行效率和合作关系。服务网络的参与主体有着不同的利益和偏好，存在不同的组织形式和行动方案，参与主体在问题解决和服务供给中的互动过程不是以线性的方式发展，而是以非线性、非连续、不定时、异质性的形式沟通，因此这个过程是难以预测和把控的[①]。最终沟通可能会导致双赢或者合作关系的形成，但也有可能遭遇经常性的失败，无端损失了大量的时间成本和交易成本。组织的冲突在适当的规模和程度时可以形成良性竞争和适度紧张的组织氛围，但是如果冲突不可控、被放

---

① 周新楠：《浅析网络化治理在中国面临的问题》，《经营管理者》2013 年第 1 期。

大或摩擦不断，则严重影响组织的团结和关系。组织摩擦升级和冲突不断影响了组织以整体应对风险和提高质量的能力，使内外部的满意度降低，合作网络陷入僵局。服务网络中的冲突频发与沟通失效相关，沟通在组织中必不可少，但是无休止的谈判和协商在浪费时间的同时却难以达成一致结果。

（三）我国公共服务网络的效果问题

1. 合作网络的稳定性问题

机会主义和道德风险等的存在，导致公共服务网络中参与主体合作关系不能以长期、稳定的状态存续，合作网络稳定性不强。在服务网络中，参与主体的数量和成员并不是一成不变的，随着合同周期的改变，全新的参与主体进入而原有的参与主体退出或改变，导致刚刚建立的相对稳定和谐的合作关系又面临重组或改变的风险。在公共服务网络内部，有些参与主体出于自身利益的考虑，做出欺瞒政府、坑害伙伴、损害公众利益的行为，导致内部收益分配失衡。此外合同的不完善造成约束力不强，在较大的利益驱使下，一些参与主体选择铤而走险、违背合同，严重影响了公共服务网络内部秩序的构建和合作关系的延续。在公共服务网络参与主体理性有限的前提下，一些具有机会主义倾向的参与主体利用这一缺陷和合同漏洞，采取违背正式契约的行为标准来展开行动，出现一些单方保留、控制、歪曲信息的行为，在网络内部渲染不稳定因素和传播不利信息，单方面出现撤销承诺、推脱义务或寻租行为，破坏了合作网络的形成和发展①。

公共服务网络中各参与主体间缺乏必要的信任，信用体系在网络中并未构建，彼此间难以真正全力协作、全心沟通。任何一个组织网络中的信任体系和信任机制的构建都是一个长期、渐进的过程，而信用危机往往只是一个瞬间、一个事件、一个参与者引发的，直接导致前期建立的信任关系的崩塌。在信任危机出现时，参与主体在相互交往过程中，会有被欺骗、

---

① 吴燕翎：《我国海岸带管理中的政策网络治理研究》，中国海洋大学硕士学位论文，2011，第56～60页。

被利用的心理暗示，反映到行为中会出现相互欺瞒、相互报复的恶性循环关系，增加了服务网络中的协调成本和监督成本。在这种不信任存在的情况下，先是一部分主体采取机会主义以损害其他主体利益为代价谋取自身利益，而后整体利益受损，短期的收益过后，最终受波及的还是先前违规的那部分参与主体。这种不信任的存在严重腐蚀了组织中合作网络整合效应的根基，带来了经济利益的损失和效率的损失，降低了服务网络的整体竞争实力。信任危机加快了组织网络离心力的形成，使参与主体间的共同目标和共同利益逐步减少，网络合作关系逐渐松散并且在没有向心力支撑的情况下只能面临解体局面。

2. 服务网络的公平性问题

公共服务网络内部的公平问题表现之一是参与主体间的地位不平等，进而形成收益分配和权力分配的不平等，容易形成不满情绪和不良结果。公平的存在是维持良好合作的重要基础，公平意味着参与主体间可以平等地分担风险和享有收益，实现权利和义务的对等，若只在风险共担的情况下平等参与而在权利享有阶段却将部分主体排除在外，则会带来严重的公平问题和发展问题。公平问题关系着参与主体的积极性和服务网络的可持续性，表现为在机会、过程和结果方面的公平失衡问题。在进入服务网络阶段，参与主体往往在参与服务竞标的机会上出现不平等现象，政府倾向于选择财力、规模、资质更突出的市场组织或社会组织，选择一些连锁性或前期合作过的组织进行服务外包，即使新进组织在方案、成本或质量上更有优势，也不容易被认可和采纳。在公共服务的供给阶段，由于与政府的关系密切程度不同，在享受政府补贴或拨款时存在标准不一的现象；在公共服务网络的最终形成阶段，可能会出现评估标准不一、监督力度不同的情况，出现权钱交易、内部操作，以寻租来换取考核和评估的良好结果，而对于一些规范的参与主体恶意打压。

公共服务网络的公平问题还表现为在与外部公众的互动过程中，对不同的顾客供给服务的标准和内容不同，一些公众被排除在服务网络辐射范围之外，难以实现公共服务均等化、公平化供给。在居家养老服务网络中，能免费享有养老服务的老人只占该区域所有老人的很少比例，大部分还需要出资购买服务，否则难以享受到服务网络的优惠。同在该区域居住的一些老人受到户籍限制或身份限制，难以与当地老人一样享受到均等、统一的养老服务，或需要支付更高的价格才能获得服务①。公共服务网络现在尚未普及和遍布所有区域，受到地域、区域和城乡的限制，一部分公众被排除在服务网络之外，形成典型的悬崖效应。一些公共服务网络还推行一些会员卡、积分卡等限制性和排他性管理制度，将真正需要服务和帮助的群体排除在外，对服务对象进行区别对待，如价格折扣或免除排队等待等，引起了公众的较大不满和较多纠纷。同时这种差别式服务制度也成为公共服务供给主体变相加价、变相收费的一种形式，增加了绝大多数普通公众即非会员公众的时间成本和交易成本。

3. 服务网络的回应性问题

公共服务网络在与公众的沟通交流中存在一定的回应性问题，表现之一是服务网络缺乏回应，对公众的诉求和需求变化反应不积极、研究不透彻。公共服务网络缺乏回应的内在动力，在考核机制中对公众的回应并不被纳入考核体系，出现了在服务网络中"干与不干一个样，干好干坏一个样"的畸形组织文化，以及官僚作风，使一些信息收集和采纳机制形同虚设，网络组织的回应性和适应性非常低②。公众与服务网络的互动沟通机制不健全、不完善，公众参与度低，对于事不关己的服务问题本着漠不关心的态度，难以团结组成集合对服务网络进行投诉和维权活动，单个公众的维权行为很难受到重视或回应。在公共服务网络内部沟通和商议重大事件或重大调整时，往往将服务对象——公众排除在外，公众难以有效、准确了解服务网络的现状与发展，无法知晓公共服务供给的具体情况，而且服务网络的参与主体也很难了解到绝大多数顾客的想法和偏好，形成了严重的信息不对称和信息偏差，公众产生了对服务网络的怀疑和不信任。

公共服务网络在对外沟通交流中存在一定的回应性问题，表现为对公众需求和建议反应迟缓、对问题处理不及时，引起了公众的严重不满。一

---

① 李晓会：《从科层治理到网络治理：省管县改革后的市县关系研究》，浙江大学硕士学位论文，2014。

② 彭未名、王乐夫：《新公共服务理论对构建和谐社会的启示》，《中国行政管理》2007 年第3 期。

些服务网络建立了互动和沟通渠道，如投诉信箱、投诉邮箱、投诉论坛、投诉电话等形式，但是这些互动渠道有些形同虚设且回复缓慢，一些电话打不通或者邮箱使用不畅，一些投诉信箱常年没有开启；还有一些服务网络虽然在形式上回应积极，但是难以解决实质问题，从以往的"门难进，脸难看，事难办"到现在的门能进、态度好，但是事办不了的尴尬情况。对公共服务领域出现的新情况、新问题，需要整体网络做出调整和回应的情况，回应缓慢或行动迟缓，甚至反复讨论后最终没有结果。虽然一些公共服务网络在评议机制中引入了公众参与，但是参与的效果和效能并没有突出体现，对公众代表反映的问题解决时间和周期过长，并对公众提出的方案和建议没有及时回复和解释。对于一些公众提出的质疑和质询进行选择性回复，或者敷衍了事、推脱责任，使公众对公共服务满意度降低，甚至宁可额外花费交易成本和时间成本选择其他的服务网络和服务项目。

4. 服务网络绩效与监管问题

公共服务网络的绩效评估体系并不完善，往往以单个参与主体的绩效评估为主，缺乏系统的网络整体性评估主体和评估机制。在公共服务网络的考核中，由于绩效考核的目标不明确，针对考核的实施和考核结果的反应也不明晰，尚未建立事后的奖惩机制，出现了该奖励的没有充分奖励，该处罚的没有及时处罚，或者奖励和处罚的力度不够，不能实现绩效考核的激励作用。在具体实施中，绩效考核的针对性不强，往往流于形式，对不合格的参与主体或者不胜任其岗位的员工没有及时实行淘汰制度和惩罚制度。在服务网络的考核时间上，以年终考核为主，日常考核较弱，没有结合工作的实际和性质进行，而是笼统地推行一类方法和标准，在考核中公众的话语权和参与权并未得到足够重视。公共服务网络绩效指标和体系比较松散，尚未形成一整套系统的、一贯的制度性标准、程序和方法进行考核与评价。在评价标准上重结果轻过程、重效益轻质量、重效率轻公平，尚未从公众的角度去思考和解决问题，在绩效考核上形成一种错误的导向和指引。

公共服务网络的监管体系尚不完善，缺乏长效和日常监管制度体系，在监管主体上未形成整合力量。在对美国公共服务网络的研究中发现，如果缺乏相关的监督制度作配套，就很容易发生贪污腐化、权钱交易等行为。美国政府市场化改革中腐败丑闻不断，一定程度上证明了这一点[1]。在我国公共服务网络治理实践中，一些社会组织积极参与，虽然不以盈利为首要目的，但并不意味其不能开展营利性活动，这些社会组织在生存和发展的过程中，会钻监管漏洞和法律漏洞，有可能出现盗用政府资助和支持资金从事营利性活动的行为，这不仅是政府财政资金的损失，更是对公共利益的侵蚀。而从公共服务网络现有的监管方法、监督制度和监督机制来看，规范化、常态化、可操作性不足，各监督主体都具有监督责任但是难以形成合力，不能使整个监督体系发挥应有的作用。监督主体与公共服务网络内部参与主体间关系未理顺、存在利益关系，监督的独立性和中立性不强，大大影响了监督的效果和质量。并且监督主要停留在事后监管，对于预防问题和服务过程的监督机制尚未形成。

二　我国公共服务网络治理的未来路径

本节阐释了我国公共服务网络治理的未来路径，回应了理论层面和现实层面的质疑和挑战，从目标层次、组织层次、执行层次和保障层次提出我国公共服务网络治理的对策与路径，以期解决公共服务网络治理中存在的风险和问题。

网络治理理论是公共治理领域的前沿理论，其实践的时间较新公共管理和传统公共行政模式较短，但其理论框架和主要观点顺应当前公共治理的实践和发展背景，符合各国公共服务完善的趋势，在与我国公共服务实践结合的过程中，会出现因磨合而短暂的低效或失效，但是网络治理理论在我国公共服务领域的运用，长远来看是理论和实践的迫切需要。在公共服务的供给模式中，按照国内外的理论和实践情况分为三种类型，一是政府管理、政府与市场供给公共服务的类型，二是以公民社会（第三部门）

---

[1]　杨欣：《公共服务外包中政府责任的省思与公法适用——以美国为例》，《中国行政管理》2010 年第 6 期。

自我管理和自我服务为主的类型，三是多个参与主体合作的公共服务供给网络（见表 5-1）①。第一类公共服务供给模式将公共服务等同于政府与市场的合作与互动，引入市场化手段和市场主体参与公共服务生产和供给，只注重效率的过程会导致公平的流失；第二类公民社会自组织网络基于社会中心论的治理观念，会有将政府和国家边缘化的趋势；第三类是本书阐述的公共服务合作网络，强调了政府、市场、社会的多元合作和共同行动，在确保公共价值的同时提升供给效率。

表 5-1　三种公共服务供给模式比较

分析的角度	政府管理途径	公民社会途径	合作网络途径
分析的对象	政府部门与市场力量的关系	公民社会（第三部门）与政治国家的关系	包括政府的多中心的公共行动体系
关系的特征	政府把握方向、市场提供动力	非政府部门自治与认同	各主体相互依存
政策方案	工商管理手段	授权社团和公民、自我管理和自我服务	建构公共服务供给合作网络
政策过程的特征	运用市场机制执行政府决策	通过公共讨论发展自己的政策	通过信息、资源和目标的互动共同规划并执行政策；通过共同学习实现联合行动

资料来源：马庆钰：《公共服务的几个基本理论问题》，《中共中央党校学报》2005 年第 1 期。

网络治理理论在公共服务领域的广泛应用依赖于公共服务领域和范围的进一步开放，可以建立"负面清单制度"，除禁止的公共服务领域外都可以引入社会资本和社会主体参与。"负面清单制度"是相对于正面清单（Positive List）而言的一种市场准入管理制度，遵循"法无禁止皆可为"的原则，常见应用领域为外商投资领域、公共服务领域等。在公共服务领域中，除一些涉及国家机密、国家安全等特殊公共服务领域不能引入社会参与机制外，其他的公共服务都可以由地方政府逐步放开限制，允许社会其他参与主体进入和供给②。"负面清单制度"有助于在公共服务领域最大限

---

① 马庆钰：《公共服务的几个基本理论问题》，《中共中央党校学报》2005 年第 1 期。

② 孙婵、肖湘：《负面清单制度的国际经验及其对上海自贸区的启示》，《重庆社会科学》2014 年第 5 期。

度运用网络治理模式，符合当前简政放权、减少行政审批的行政改革趋势，有利于激发市场和社会活力。"负面清单制度"有助于公共服务领域供给透明性、开放性和自由度的提升，形成一种宽进严出的管理机制，虽然会加重政府事后监管的负担，但是效率会有明显提高。公共服务领域的开放体现了国家打破壁垒、打破垄断的决心和态度，伴随着政府改革的推进，公共服务领域也在进一步扩大开放。

公共服务的网络治理中，多元主体参与公共服务的供给过程，绝不意味着政府责任的转移和免除，而市场主体和社会主体则需要将公共利益作为承接公共服务的最高目标和宗旨，真正实现责任共担、利益共享。公共服务内在的公共属性决定了无论采取何种方式供给，最终责任的落脚点都是也只能是政府，区别是问责对象不同，由政府主要供给的公共服务，其质量和效率的保证者是政府部门及其工作人员，而由其他参与主体供给的公共服务，质量和效率的问责具体到人、落实到事。政府或独立的第三方负责公正评判和裁定公共服务的问题与缺陷、公共服务的投诉与抱怨，核实后再向责任组织进行质询。虽然公共服务的网络治理大大减少了政府部门的工作量和服务项目，但是政府的公共责任反而增加了，需要对供给公共服务的其他主体进行全面、有效的监管；需要关注公共服务网络内部的构建、沟通与协商；需要有效、及时处理公众的投诉与建议等。公共服务的其他参与主体初始的原则和宗旨并不指向公共利益，但在参与公共服务网络的过程中可以通过契约、法律、合同等形式充分确立公共利益和公共责任的地位。

（一）目标层次：确立服务网络的价值

1. 公共服务网络的公平性

公共服务网络内部参与主体间的地位是平等的，其进入和参与网络的机会和过程应是公平的。在合同和契约的签订过程中，各参与主体与政府间达成权利义务的关系，其地位和作用是平等的，区分是各自职责和权限的不同；而各参与主体在相对竞争的公共服务供给环境中，在竞标投标、服务公民的过程中也是平等竞争的，区别是承担供给任务的多少问题。在服务网络内部沟通和协商的过程中，也不能因为上级偏好或关系亲疏而人为将部分参与主体排除在外，作为共同行动主体，在沟通过程中应当将信息和情况向每个参与主体通报和说明，涉及重大事项的决策时，需要做到人手一票、共同协商。公平性还体现在政府对待各参与主体的态度和行动上，在发放补贴和优惠时，严格按照绩效考核和民意调查的结果实行，形成结果导向和公众满意度导向；在监督的过程中，各参与主体适用于同样的标准和同样的流程，选用公信力较高的第三方或者利益不相关的评估主体实施评估行动；在对寻租行为和贿赂行为的惩处上，实行零容忍制度，发现一起、曝光一起、惩罚一起，起到充分的警示和震慑作用。

公共服务网络外部服务顾客的公平性体现在面向普通公众供给产品的同质性和同价性，扩大公共服务网络的辐射范围和受益群体，同时在公共服务的供给上向弱势群体和困难群众倾斜，避免悬崖效应和区域差异过大。在向弱势群体供给服务的过程中，注重在救助人群标准上的划分，不能采取一刀切，而是采取区间过渡的方法，符合区间范围内条件的公众都可享受到优质低价或免费的公共服务。在公共服务的供给过程中，以公众的平等享有为前提，逐步取消公共服务领域的身份限制、户籍限制等壁垒，扩大公共服务的客户群和服务源，一方面为公共服务网络注入了新的活力，另一方面提高了公众满意度。遏制一些公共服务供给主体在经营过程中以"储值卡"、"会员卡"的名义向公众额外收费、变相提价或不公平竞争的行为，供给主体可以有促销手段和销售策略，但是如果这些市场化手段影响和危害了公共服务的公平性，相关部门则需要介入和规范①。社会组织公益性活动供给服务的过程中也应当注意流动性和均衡性，在一定区域范围内注重城市社区间的公平、农村与城市社区间的公平，让公众能公平享受公共服务网络的成果。

2. 公共服务网络的高效性

公共服务网络的高效性体现为服务供给的时间消耗较少，供给主体的内部运行成本较少，树立成本意识和效率意识，提高各参与主体间的协同效应和整体效应。在政府各部门间的公共服务网络中，建立以公众需求为

---

① 吴平：《统筹城乡视角下农村公共品有效供给机制研究》，西南财经大学博士学位论文，2014。

导向的职能设计和组织体系，简化政府部门审批事项和办事流程，实行"一个窗口受理，一个窗口送达，一个窗口收费"的一站式服务①。对公共服务网络中的人员配置与管理层体系进行梳理，严查吃空饷、闲职等现象，压缩内部的编制和人数，对于一些绩效不佳、效率低下的工作人员实行淘汰制度。在公共服务网络供给的过程中，建立成本—收益、投入—产出机制，对成本的支出情况进行详细核准，并聘请第三方财务审计部门进行复核性检查，对于公共资金和公共财政支出的挪用或滥用情况，严厉追究当事人及所在部门的责任。在整个公共服务网络内部树立节约意识和成本意识，对于行政开销如办公用品、会议费用、差旅费用等进行严格控制，注重资源的循环利用和回收利用，压缩会议时间和会议成本，基于信息技术手段建立远程会议制度。

公共服务网络的高效性还体现为供给服务数量和质量的充足与优质，以满足网络覆盖公众群体需要为目标，不会出现供给过剩或供给短缺等资源浪费情况。在服务网络的最初构建时期，应对服务网络覆盖人群和承载力进行详细科学估算，避免出现供给不足，并对公众进入和退出服务网络情况进行预测，对公共服务供给主体数量进行对应性调整，避免数量过多引发的恶性竞争或无序竞争。调整公共服务网络的地区性、城乡间和群体间的数量和质量差异，尤其对于农村地区的公共服务网络进行重点支持和帮扶，加快以城带乡、以工促农的步伐。要完善农村地区公共服务网络，在继续推进文化、医疗、科技"三下乡"工作的同时，还需要建立政府部门的长效政策机制和全面帮扶机制，关注农村留守儿童、妇女和老人的需求和诉求，在教育、医疗、养老、文化、社会治安层面提供多层次、全覆盖的农村公共服务网络②。对中小城市的服务质量和能力进行提升和培育，起到连接城乡的过渡带和中转站作用，有序推进农村人口向中小城市转移，提高我国城市化的质量。

3. 公共服务网络的透明性

公共服务网络的透明性主要表现在网络内部参与主体间的信息畅通与

---

① 王岩山：《我国乡村治理中村民参与研究》，电子科技大学硕士学位论文，2008，第30~31页。

② 徐世雨：《统筹城乡发展背景下农村社区网络治理模式研究》，《江西农业大学学报（社会科学版）》2011年第2期。

充分沟通上，网络内部信息不对称情况改善明显，服务网络内部参与主体间信任和合作的基础牢固。公共服务网络内部建立长效的沟通机制，利用电子信息技术手段，建立信息交互平台和沟通渠道，实现实时、无障碍、零距离沟通。服务网络的参与主体需要定期将运营状况、财务信息、服务数量和产品质量信息汇总上传到平台或网络，便于实时查询和监管；政府部门通过服务网络沟通平台对参与主体进行关系协调和矛盾疏解，协调各方利益纠纷，及时将矛盾和问题解决在初始阶段；在沟通网络中，除涉密信息外，都是可以对内对外公开公布的，取消人为设置的会员或用户身份门槛。在及时、全面公布服务网络内部信息的同时还需要确保信息的真实、有效性，建立信息回溯机制和审核机制，对于公布虚假信息或延迟更新的问题进行追究和问责。将公共服务网络内部沟通信息化平台建设作为绩效评估的重要指标，将其用户体验和应用程度作为衡量的标准，提升服务网络内部的信息透明度[①]。

公共服务网络的透明性还表现为公众对于公共服务供给过程和结果的信息掌握较多，能够及时了解情况和知晓问题，便于实时监督和评估，公众对服务网络的信任和依赖程度加深。构建服务网络与公众间的信息交互平台，公众可以随时查找和了解有关公共服务供给的情况，包括供给主体的资质和信誉、供给服务的数量和标准、供给人员的能力和经验等，信息的公开透明促进信任关系的建立和持续。对于公众重点关注的财务信息、质量信息应当用通俗易懂、简单明了的形式直观展示和全面公开，对于政府补贴和社会捐赠资金和资源的使用情况和使用效率进行详细说明，对于违规企业或组织的惩处和规范应当及时有效。在与不同公众的信息交流和沟通过程中，应当注重沟通方式的选择，对于老年服务对象较多的社区，采取在小区内部张贴公告、发放资料、入户宣传等形式，确保服务对象能够充分、全面地了解服务网络信息，并对信息资源进行有效利用。在对危机事件的处理过程中，更需要面向公众做到信息透明、及时、全面的公开，实时向公众汇报危机的进展和处理情况，并对危机的发生和处理做好

---

① 姚引良、刘波、汪应洛：《地方政府网络治理与和谐社会构建的理论探讨》，《中国行政管理》2009 年第 11 期。

总结工作。

4. 公共服务网络的回应性

公共服务网络应当增强对公众诉求和需要的回应能力，保持对环境和顾客的敏感性，面对公众的需求和外部环境的改变，做出判断并做出回应。服务网络应本着"群众利益无小事"的原则，对公众的意见表达和诉求申请充分重视，设立专门的意见收集和建议征集部门或组织，畅通公众表达民意、行使权利的渠道和平台。在目标顾客密集的居住地安排专门的信息采集和收集工作者，定期将公众需求以口头、书面或录音等形式反馈给服务网络指挥中心，并遵循"特事特办"的原则，遇到危急情况时加急处理①。服务网络的回应能力是衡量服务网络运行效率的关键，也是考察参与主体工作人员工作绩效的重要指标，需要将服务网络对公众和外部环境的回应纳入组织考核和组织评估当中，以制度性手段确立回应的重要地位。作为公众应当增强团结意识和民主意识，遇到问题要在法律法规的指导下行动，避免在表达正当诉求、维护权益的过程中反而出现过激违法行为的情况，以业主大会代表或村集体代表的形式合法、有序地表达诉求、依法谈判。

公共服务网络应当提高对公众回应的速度和质量，面对公众需求及时有效做出反应，面对问题投诉建立快速响应和处理机制。在对服务网络回应能力的衡量和评估上，除了对有无回应做出评价外，还需要对回应的速度、回应的效果以及公众满意度进行考察。在提升服务网络的回应速度方面，以制度、规章形式确立回应时间和周期，如不能及时回应和反馈，则要受到处罚并被追究不作为责任。在回应的方式上，应当既照顾老年群体，也顾及中青年群体，涵盖传统的面对面、纸质传媒、电话回应、邮件、微博、微信、微话等方式，注意回应的时效性，对于短期难以解决或较难处理的服务事件也应当及时与公众沟通，预测大致的时间周期。在回应过程中，应当注重与公众的信息交互与全面沟通，不仅是单向的沟通，更是双向的互动，沟通的过程信息是开放和透明的，回应问题和解答困惑的态度

---

① 郑晓燕：《中国公共服务供给主体多元发展研究》，华东师范大学博士学位论文，2010，第69~71页。

必须是端正严肃、耐心负责。在回应效果上，以公众满意度作为重要衡量标准，关注问题的解决和网络的协调，力争使问题和矛盾在最小范围和最小区域得以圆满解决。

（二）组织层次：明确参与主体的角色

1. 政府部门的元治理作用

政府部门在服务网络的构建中起到重要作用，需要发起服务供给需求与确定服务开放领域，促进和推动服务网络的形成与完善。政府部门应当转变思维方式和行事风格，从以往的管制型政府向服务型政府转变，从以往的垄断服务向合作供给服务转变，在提高效率的同时节约大量的行政成本。在对公共服务的开放过程中，应本着先试点、再推广的渐进性发展战略，既不能畏缩不前也不能盲目冒进，在对试点服务网络充分熟悉和了解的情况下，不断调整政策，提高对服务网络的运行和指挥能力。在面向全社会招募公共服务合作伙伴的过程中，坚持全程公开、透明、平等的原则，适度向中小规模的社会组织倾斜；在资金支持上充分到位，既起到积极引导的作用，又能对服务质量的提升有促进作用；在政策支持上，包括税收政策、金融政策等，按照绩效给予不同优惠，起到激励作用。

政府部门在服务网络的矛盾协调和内部沟通中起到重要作用，作为矛盾的调停者和仲裁者，具有一定的权威和威慑，有助于矛盾的快速解决。在公共服务的供给过程中，势必出现供需不匹配、沟通不畅误解产生、信息不对称矛盾升级等情况，这就需要政府及相关部门形成有效的矛盾处理机制。当前我国的矛盾处理机制可按照解决矛盾的类型和内容不同从社区、社会、国家层面进行分类（见表5-2）①。社区层次的街道、居委会矛盾调解中心主要解决社区层次的公共服务问题，协调辖区内各参与主体间、参与主体与公众间的问题与关系；社会层次的中介组织和行业协会主要负责市场参与主体间、市场参与主体与公众间的矛盾和纠纷协调；国家层面的法院、信访部门和仲裁组织主要受理较大规模或较大影响的公共服务网络冲突与矛盾，严重者则受到法律的追究和组织的惩罚。

①　马凯：《努力加强和创新社会管理》，《国家行政学院学报》2010年第5期。

表 5 – 2　公共服务网络矛盾协调机制

	代表性机构	主要功能
国家层面	法院、仲裁所、行政机构、人民来信来访办公室（简称信访办）	调解民商事矛盾、干群矛盾等
社会层面	消费者协会、行业性协会、各类民间调解组织	调解专业性、技术性、行业性矛盾
社区层面	街道社会矛盾调解中心、居委会、调解工作站（室）	调解一般性民间矛盾

资料来源：马凯：《努力加强和创新社会管理》，《国家行政学院学报》2010 年第 5 期。

政府部门在服务网络的行为规范和行为引导上起到关键作用，通过典型示范和规章约束，确保服务网络规范、有序运行。在服务网络的运行和发展中，为形成规范化、契约化的合作关系，政府部门要事先制定翔实、合法、有效的合同，规范、全面的行动方案和网络准则，对公共服务网络内部的运行和主体行为进行规范。通过组织服务网络中的参与主体对已有成功的试点地区服务网络进行参观学习、访问调研，了解其他地区的先进经验和典型案例，吸取其他地区的合理经验和已有教训，充分运用到自身服务网络的生产和实践过程中，形成学习—借鉴—转化—吸收—创新的良性循环过程。政府在规章订立过程中，充分征询参与主体和公众的意见和建议，制定合理的标准和制度，既能起到对先进的激励作用，又能起到对落后的惩罚作用。

2. 市场主体的基础性作用

市场主体在公共服务网络治理的大环境下，应当抢抓机遇、积极转型、拓展业务，积极参与公共服务的网络供给过程。2013 年，十八届三中全会首次提出市场在资源配置中起决定性作用，认为市场的作用已从基础性向决定性转变，进一步明确了市场的重要，凸显了国家坚持市场化改革的决心和方向，近两年在经济体制改革中出台了一系列新举措和新方法，改革进一步趋向市场放权、引入市场机制①。在公共服务领域，各级政府也释放出更多的信号鼓励和支持市场主体参与公共服务项目，通过多种政策工具

---

① 沈越：《市场决定性作用与基本经济制度——十八届三中全会精神解读》，《经济理论与经济管理》2014 年第 4 期。

和政策方法让市场主体参与其中，提供种类丰富、门类齐全的公共服务，满足公众日益增长的公共需求。这片领域既是未来公私合营、政企合作的重要基础，更为企业发展提供了新的商机和市场。企业在经营中应瞄准机遇、迎难而上，开辟新的市场和业务范围，既能与政府构建良好的合作关系，又能在公众中树立良好的品牌形象。

市场主体应在充分发挥市场效应的前提下，明确公共服务供给中的责任和义务，将公共利益的实现和公众满意度作为重要目标。市场主体的天性是追求利润和企业发展，这是无可厚非的，但是必须建立在合法的前提下以及遵循合同的规则上，如果市场主体在参与公共服务供给的过程中，出现以牺牲公共利益、危害公众权益为代价换取企业的效益和自身发展的行为，不仅需要赔偿公众损失，还要受到相关部门的问责和法律的追究。在公共服务网络的构建之初，政府需要与市场主体充分沟通，就服务中可能会存在的问题和风险予以提前示警，对随纠纷问题出现的赔偿和救济进行提前分配，明确服务网络参与各方的权利和责任。加大对侵害公共权益和公共利益行为的惩罚力度，实行零容忍的机制，对市场主体的行为和按约供给起到警示和规范作用。

市场主体应当加强行业自律和行为规范，注重自身的信誉和长期发展，与公众、政府、社会主体建立良好的合作伙伴关系。市场主体在参与公共服务网络的过程中，应牢固树立质量意识和品牌意识，不能仅满足于抽查产品和检验产品的合格率，而应当在日常的生产和供给过程中坚持质量标准和质量规范，确保生产产品的合格和优质。在面对利益诱惑和目标冲突时，应树立大局观念和长远观念，思考问题从企业的信誉和品牌入手，不能因为一时的谋利而对企业产生不利的影响，不能因为部分的受损而牺牲整体和全局的利益。市场主体所属的行业协会和行业组织应当对服务网络的市场主体进行必要约束和常规监管，强化行业整体的自律行为和规范行动，对违规违法生产经营的企业予以警示和通报，对打破市场准则恶意竞争、垄断经营的市场主体予以处罚和纠正。

3. 社会主体的主导性作用

公共服务网络要实现内在的公共性和责任性，客观上需要社会主体即社会组织发挥主导性作用，首先应当加强对社会组织的培育和支持，促进社会组织成熟和完善。在社会主体的积极响应和参与下，鼓励和支持各类社团的合法、有序成立和开展活动，尤其对于公益类社团的成立和发展给予政策支持和资金激励，降低这类社团的准入门槛，并且对其壮大和发展充分加以支持。在社会组织开展公益性服务的过程中，相关部门应当积极配合和全力协助，在联系公众、安排场地、协调沟通和宣传引导等方面提供帮助。社会组织尤其是公益性社会组织，没有营利性来源和收入，在依靠志愿者供给服务的过程中也需要基本的运营开销和成本支出，政府部门应当根据公益组织供给服务的情况提供资金支持和政策援助，对其税收进行减免，对其办公支出尤其是场地支出给予优惠，促进其发展壮大。

社会主体在参与公共服务的过程中还应当增强其独立性和自立性，政府应进一步放开对社会组织的管制和控制，充分发挥社会组织在服务网络中的主导作用。政府在为社会组织提供资金支持、技术支持和管理咨询等帮助的过程中，也应当注重培养社会组织的自立性，促进其自我完善和自我发展。政府部门在必要监管的流程之外，不能过多干预社会组织的内部事务和人员安排，应充分尊重其内部合理意见和合法诉求，除提供必要规范之外，不得以任何理由和任何身份干预社会组织成长和发展。社会主体在参与公共服务过程中，应注重其独立性和非官方性，构建和树立自己的品牌效应和质量意识，严格筛选志愿者和工作人员，并在其供给服务之前提供严格的培训和指导，确保合格后方能提供公益性服务。社会组织需要提高自身管理能力和运营水平，效仿企业的效率和成本意识，使自身适应竞争合作的公共服务网络大环境。

公共服务网络的构建还需要社会公众发挥重要作用，公众在服务网络中兼有多重身份，既是受益人又是供给者，既是参与者又是监督者。公共服务参与主体应当充分尊重和重视公民的参与行为和参与活动，为其了解网络、参与网络、服务网络提供更多便利和机会，充分发挥其民主意识和参与精神。公共服务网络的构建、运作和监督等一系列流程都需要引入公众参与，在服务网络构建之初，需要充分征集公众意见和建议，对服务的供给规模、类型和内容进行事前调查和摸底；在服务网络的运作之中，充分发挥公众的能动性，调动公众的参与积极性，将其纳入公共服务网络供给主体之中，最大限度发挥群众力量和强化社会参与；在服务网络的监督和考核过程中，作为核心利益相关者，公众需要对服务网络的质量和效率做出评估，对公共服务网络中的违法违规行为实时举报，对维权行动和合理诉求进行积极组织等①。

（三）执行层次：优化服务网络的运行

1. 调整与改进网络治理工具

逐步减少强制性工具的使用，增加混合性工具的使用频率。公共服务网络中的强制性工具是指政府在公共服务领域中的直接参与程度较大、控制性较强的工具，在未来的公共服务网络中应适当减少此类工具的使用。在服务网络的构建和运行过程中，政府不需要实时用法律和行政手段震慑和规制服务网络，而需要放松管制，给社会主体和市场主体充分的活动空间和活动自由。从以服务价格、数量和税收等为主的经济性管制向资质认证、准入审核和监管等为主的社会性规制转变，目的是缓解服务网络内部的信息不对称、负外部性和政府失灵问题。混合性工具多用于非应急管理下的日常服务网络的管理过程，政府为参与主体提供信息、技术、咨询等专业性服务，通过有效的激励方式促进服务网络的规范化和有序化。在服务网络运行的过程中发起民主化、公开化的议题研讨会议，就重大事宜和重大决策充分征集多方建议并进行民主表决。

借鉴西方先进经验，推进我国市场化工具的本土化和创新过程。西方新公共管理改革的主要内容就是市场化手段的逐渐兴起，打破了公共服务网络原有的垄断状态，引入了竞争手段和成本意识，按照市场的原则和方式供给公共服务，在提升服务效率和质量的同时，节约了大量的行政成本。当代西方国家广泛使用的市场化工具包括民营化、使用者付费、合同外包、凭单式、特许经营、产权交易、标杆管理、绩效管理等十多种类型，这些市场化工具在我国也有广泛的应用和实践②。市场化工具的广泛应用与我国对市场体制改革的导向密切相关，政府需要尽快转换角色、转变职能，从管理者向服务者和竞争者转变，与公共服务网络参与主体建立合作伙伴关

---

① 黄丽华：《公共服务的多元主体间互动机制分析》，《探求》2007 年第 3 期。
② 于燕燕：《政府在社区服务中的作用》，《北京社会科学》2006 年第 S1 期。

系。为保证合同外包、特许经营的有序开展，应加快相关法律制定的步伐，以法律形式确定各方的权利、义务和责任，以法定形式确立各方的地位和作用。

加快政府简政放权、还权于社，扩大社会化工具的使用范围。社会化工具的使用体现了政府重视社会力量、充分发挥社会自治的导向，体现社会民主化的进程和公民社会的发展。2014 年，我国在全国范围内选取部分社区，试点"全国社区治理和服务创新实验区"，围绕"探索政社互动新机制、构建社区治理新格局"的主题，对社区范围内的公共服务网络进行实践。在推进试点的过程中，实施政社分开，厘清基层政府和社会自治组织的职责和事权划分，以"院落 + 社团"的社会自治工程为载体，实验探索居民自治、公众参与、政社互动的合作型社区服务网络治理机制①。以社区为基地，培育和孵化公共服务类社会组织，并根据居民需要和偏好成立社团组织，吸纳有资质的企业组织或社会组织，组建社区服务伙伴联盟，有针对性地为居民提供服务项目，并采取街道购买服务的方式为社区弱势群体提供家政、照料、医疗、保健、心理抚慰等服务。发挥社工和志愿者的作用，制定分片承包制度，督促和监督社区公共服务网络的运行情况。

2. 协调与完善收益分配制度

政府公开向社会范围开展公共服务合同外包的招投标工作，事前充分沟通未来的收益和成本方案，并签订法律合同。在公共服务网络合作伙伴的选择过程中，注重参与主体的资质、经验和能力，同时也要注重防止新形式的服务供给垄断，在服务市场中引入一些新的参与主体公平竞争，既提高了供给效率，降低了服务价格，又能给服务网络参与主体以竞争压力并激发服务动力。为了避免在公共服务供给中出现道德风险和机会主义倾向问题，需要对相关的法律法规进行完善，增加参与主体的违法成本和违法风险，同时完善社会信用体系，建立失信者档案管理制度，对失信行为和失信人员实行联网记录，对失信行为零容忍并建立退出机制。在公共服

---

① 门秀琴：《以院落改造推进和谐社区建设——成都崇州市崇阳街道创新社区管理的实践探索》，《中共成都市委党校学报》2014 年第 6 期。

务网络的招投标过程中，就未来的成本与收益分配进行预测性方案研讨，明确责任的划分和收益的分成，规定享有权益的范围和时限，并聘请专门的合同管理机构对合同的执行和运作情况进行严格审核。

在公共服务网络治理的过程中，根据公共服务收益的周期较长、周转较慢、盈利不高的特点，明确政府补贴的额度和范围。以养老服务网络为例，随着我国老龄化程度的加剧，空巢老人、失独老人、失能老人等弱势老年群体迫切需要除子女照顾外的养老服务，一些企业组织看到了当中的商机，在投资养老地产的过程中比较积极，但是也遭遇了政策缺失等问题。养老地产的投资存在缺乏配套的政策支持、融资渠道比较狭窄、运营模式定位模糊等问题，我国应当效仿国外政府，在企业开发养老地产的过程中，政府在税收、土地、贷款等方面给予一定的优惠。养老地产有其特殊性，如需要大面积无障碍通道、慢速电梯、感应装置等，还需要成立专门的医疗保健中心、老年活动中心，这些额外的投入使养老社区成本比普通商品住宅社区要高出近1/3，投资周期长且每年的回报率低于10%。因此，政府应当对此类服务项目在土地使用、产权年限和税收上给予优惠，并根据服务对象的数量和质量每年给予一定比例的补贴①。

在公共服务网络治理的过程中，确保风险与收益成正比，参与主体绩效高低和收益多少挂钩。在公共服务领域，一些服务项目需要承担的责任和风险更大，需要面临的挑战和困难更大，需要投入的资金和资源更多，因此客观上要求在收益中的分成和占比更大，能够形成正向有效激励。政府在决定推行公共服务网络之前，要进行充分的风险评估，对实施后出现的问题进行充分预测，避免出现服务外包后的效率损失和新的问题。以英国为例，在将铁路运输服务交由公司经营后，出现铁路事故率上升的恶性结果，还可能出现政府与服务供应商之间的"内部交易"，增加公众的价格负担和质量风险。政府在对公共服务网络的补贴和资金支持中，还需要根据其绩效考核结果进行调整，对顾客满意度高、成本控制较好、运营能力较强的参与主体进行一定的奖励，同时对资金周转确有困难、融资渠道不畅的参与主体给予一定补贴。

---

① 刘群红、周玮：《老年地产：市场需求与对策》，《江西社会科学》2012年第5期。

3. 规范与强化绩效考核体系

在公共服务网络中，实行过程与结果全面考核的绩效评估体系，既注重网络的运行，也注重服务的结果。在公共服务网络的绩效考核中，前提和关键是建立一整套的绩效考核指标体系，既需要对公共服务网络治理的过程进行评估，也就公共服务网络运行过程中组织效率情况进行评估，从沟通程度、信任程度、透明度、权变能力四个维度进行衡量；也需要对公共服务网络治理的结果进行评估，也就是对公共服务网络运行结果所产生的外部效应和效率进行考核，可以从公共服务的效率性、公共服务的公平性、公共服务供给的收支情况和公共服务的公众满意度四个维度进行衡量。在绩效考核指标体系的构建过程中，可以充分利用高校资源、科研机构和国家智库，开展课题调研和学术交流，以课题项目委托的形式，结合当地服务网络运行实际，制定出一整套项目考核标准和实施方案。

在公共服务网络运行中，缩短绩效考核的周期，重视公众满意度指标，引入第三方专业化评估主体，增加绩效考核的效度和信度。公共服务网络在建立之初，为确保其运转的正常和规范，可以适当缩短绩效评估的周期，从年度到半年度、季度，采取定期性和随机性相结合的方法，重点对服务资金的使用情况、服务质量和服务数量进行考核，并且对参与主体的内部运营状况进行风险评估①。在公共服务网络的绩效评估中，按照评估主体的不同分为网络内评估和网络外评估，内部评估以参与主体自我考核和自我评估为主，外部评估则以公众和第三方评估为主。在绩效考核的过程中，充分重视公众参与和公众意见，对公众意见进行及时相应的回复，增加公众满意度在绩效考核指标体系中的比重。第三方评估机构既可以是科研单位，也可以是商业组织，只要与服务网络参与主体没有直接的利益关联就可以参与其中，以政府付费的形式购买评估结果。

充分重视公共服务网络绩效考核的结果，根据结果采取对应的奖惩性措施，将其反馈到服务网络未来的运行和管理中。绩效评估的结果需要充分与公共服务网络内部的奖惩机制挂钩，对于一些评估结果良好的参与主

---

① 马亮：《公共网络绩效研究综述——组织间网络的视角》，《甘肃行政学院学报》2009 年第 6 期。

体在资金、荣誉上给予倾斜，并延长公共服务合同的周期，对于一些评估结果不理想、公众满意度不高的参与主体实行淘汰和退出机制，或缩短其公共服务合同的期限。在绩效评估的过程中，应本着公平、公开和公正的原则，对各个参与主体实行统一的标准和方法，网络间形成一种相互制约、相互监督的体系，对评估当中存在的弄虚作假、行贿受贿、篡改结果等违规行为予以严惩，严重者追究其法律责任。绩效评估的最终目标并不侧重于评估本身，而在于对评估结果的充分利用，通过对一定周期公共服务网络治理状况的回顾，从中查找问题、分析原因，确立下一步改革和完善的方案。

（四）保障层次：推动服务网络的发展

1. 开辟多元化融资渠道

政府部门为公共服务网络参与主体提供主要的资金来源和融资渠道，采取财政补贴、转移支付、政府拨款等多种形式。国外的社会组织在供给公共服务的过程中，资金来源一半以上为政府资金，政府赠款分为定向赠款和竞争性赠款，定向赠款是针对普遍意义上服务网络参与主体，由联邦政府向供给相应服务的州和地方政府机关、私营企业、非营利组织下达拨款计划；竞争性赠款是面向接受定向赠款的普遍参与主体，根据他们在供给服务过程中的资质条件、运营成就、服务质量设定严格的标准，如果符合即可申请额外的补贴和赠款，以此达到控制服务质量和标准的目的[①]。受资助的社会组织需要与政府签署严格的使用赠款规范，不准挪作他用或者盗用。社会组织由于具有公益性质，需要依赖政府拨款保证运营的顺利开展和服务供给，政府在基础拨款的同时，需要根据其绩效和成果给予额外的补贴和奖励，促进参与主体不断改进服务、提升质量。

社会组织经过审核可以接受企业和个人捐赠，在一定范围内发起善款筹集活动，动员社会力量和资源参与到公共服务发展中。随着公民社会的发展和捐赠文化的流行，越来越多的企业家和普通公众加入了慈善捐赠的

---

① 徐延辉、郭玉辉：《网络治理视角下的美国弱势青年教育救助模式分析》，《学习与实践》2011 年第 4 期。

行列，或捐款捐物，或提供义工服务，这为此类社会组织的发展提供了重要机遇和坚实基础。在社会组织参与公共服务网络的过程中，应做好宣传和推广工作，与基金会的慈善项目相结合，政府也应当做好牵针引线和信用担保工作，积极促进社会组织公共服务项目与基金会慈善项目的充分融合。此外，社会组织经过审核资质和规范流程后，可以面向社会筹集善款，需要对资金的数额、用途、去向和使用效果等做好全流程管理和透明化运作。在特定的服务项目和重点帮扶弱势人群方面，可以在向相关部门报备的前提下，举办筹资活动，如义卖、募捐、义演等，深入商业街、社区、学校向社会公众筹集捐款。

政府逐步放开对社会组织在募集资金方面的行政规制，将资金募集权、捐赠税前扣除权等优惠政策适度向民办非企业组织倾斜。在全国范围内，社会组织筹集资金的权限理论上仅限于慈善会、红十字会和公募基金会，一些参与公共服务供给的社会团体、民办非企业不具备公开筹集资金的权限，这在制度上设置了较大的门槛和障碍，不利于激发公众捐赠行为和捐赠热情。广州市在 2012 年实行《广州市募捐条例》，首次放开公募权，明确规定将募捐主体从传统的三类慈善组织扩大到公益慈善类的社会团体、民办非企业单位和非营利性事业单位①。而此项规定也可在适当时间向全国推广。此外在捐赠的税收政策上，政府应当针对捐赠实行免税减税或税前扣除，充分激励和引导社会捐赠行为，政府的民政部门、财政部门和税务部门就捐赠的税收优惠应当建立无缝隙对接机制，为公共服务网络社会主体的募捐活动扫清制度和政策障碍。

2. 重视专业化人才培养

在公共服务网络人才的培养上，建立多样化的培养体系，实行学校教育和职业培训相结合的模式，为公共服务领域源源不断地输送人才。以社会工作者的人才培养为例，我国一些省份探索了专业教育、岗位培训和职业评价"三位一体"人才培养模式，将学校的专业教育与社会和市场需求成功对接，并积极开展紧缺人才培训项目和岗位培训项目，通过教育与培

---

① 汤剑军：《立法让募捐回归慈善本色——〈广州市募捐条例〉5 月 1 日起实施》，《人民之声》2012 年第 6 期。

训相结合的方式使社会工作者的数量尤其是持证社会工作者的数量大增，缓解了公共服务网络中人才紧缺的问题①。政府在社会工作者的工作内容和服务项目上制定了工作标准，便于人才的按需培养和有效考核，提升了服务质量和效率。在职业培训方面，尤其要加强对公共服务网络中合同管理人才、法律人才的定向培训，使其对公共服务网络中的契约和合同行为能够深入了解和充分把控，为服务网络有序运行提供建设性意见。

在公共服务网络人才的管理上，一定条件下提高其工资待遇和福利保障，建立绩效工资制度，避免人才流失问题。公共服务网络中优秀人才的流失问题比较严重，主要原因集中体现为薪酬低、福利少、工作强度大、社会地位低等，因而提高基层公共服务人员的薪酬标准迫在眉睫，完善他们的社会保障和社会福利体系能够有利于其安心工作、全心服务。以养老服务网络为例，养老院中的专业护工在面对高强度、耗时长的服务项目时，可以引入智能化系统和全自动照护系统，对老年人的日常生活如洗澡、如厕等实行机械化操作，既能节省大量的人工成本和时间，又能按照老人的需要提供服务。在对公共服务网络中人才的管理上，需要为其设计比较有前景的职业通道和上升空间，让其在工作的同时更能积累经验、提升自我，提升其社会地位和社会作用。

在公共服务网络中，充分调动公众和志愿者的力量，面向中学、大学、社区等单位招募志愿者，并形成长期合作机制。在公共服务网络中，仅仅依靠参与主体所管辖范围的工作人员难以达成公共服务的目标和任务，还需要充分调动社会公众力量，充分发挥志愿者的作用。公共服务网络的参与主体做好志愿者的动员和宣传工作，面向社区和学校招募志愿者，与其建立长期合作伙伴关系。在志愿服务队伍组建和履职过程中，应当做好专业化培训和模拟训练，尤其是面对突发状况和紧急事件的处理和响应措施，形成一支有组织、有纪律、专业化、高效率的志愿者服务队伍。以公共文化服务志愿者建设为例，由当地文化部门牵头，对有志从事文化服务的志愿者进行注册登记、日常管理和活动安排等，组建多种类型的文化社团如

---

① 蔡秀萍：《专业化与职业化：社工人才开发之路——"贯彻十七大精神，大力加强社会工作人才队伍建设"主题研讨会综述》，《中国人才》2008 年第 3 期。

歌唱团、戏剧团、相声团、书画团等，与基层群众业余文化队伍成功对接，充分活跃基层文化生活和文化活动，满足公众多元化、多层次的文化需求。

3. 实行全方位监管机制

监督机制是公共服务网络顺利、有序、规范运行的重要保障，对公共服务网络的推广和发展起到保驾护航的作用。监督机制需要实现事前、事中、事后的全过程监管。在事前监督上，对公共服务网络参与主体的资质和运营条件进行充分审核，对公共服务网络的招投标过程进行全程监理，对中标的选择与流程进行公证，充分体现过程的透明性和公平性；在服务网络的运行监督上，聘请专业化的监管机构和人员对服务过程、服务项目、服务流程等进行监管，便于问题的及时发现与处理；在服务网络的运行结果监督上，对其服务的质量和效率进行评估，对其问题处理和问题响应的效果进行监督。以社区层面的监督系统为例（见图5-1），社区监督人员将重要问题实时汇报到监督指挥中心，利用电子信息技术手段进行追踪确认，并同时向街道办事机构进行任务派遣，并对问题的处置情况及时反馈，形成了社区层面的问题监督和处理机制①。

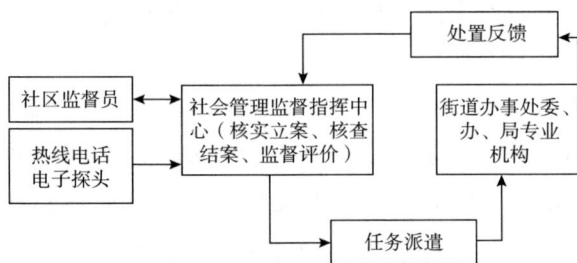

图5-1 社区服务网络监督机制

资料来源：杨宏山、皮定均：《构建无缝隙社会管理系统——基于北京市朝阳区的实证研究》，《中国行政管理》2011年第5期。

监管机制需要对整个公共服务网络的组织、运作、管理和服务等重大事项实行全面监管，确保整个工作流程全覆盖。监督机制需要深入公共服务网络治理的各个环节和各个流程中去，尤其要对重要事项、重点区域进

---

① 杨宏山、皮定均：《构建无缝隙社会管理系统——基于北京市朝阳区的实证研究》，《中国行政管理》2011年第5期。

行着重监督。公共服务网络内部的资金流向是监督的重点，这部分资金来源于政府拨款和社会捐赠，关系着整个组织能否持续运营，关系着政府与社会对公共服务网络的信任度和支持度。建立资金信息公开透明运作机制，通过政府专门的审计机构对资金的使用记录情况进行复核，重点监督有无资金滥用、浪费、挪用的现象。对公共服务网络内部的沟通机制进行监督，尤其要关注沟通过程的信息传递情况有无信息失真、失效或遗漏情况，确保信息传递的效率；同时对沟通过程的民主化程度进行监督，在重大事项的决策时，是否采取充分协商、民主投票或公众参与等方式，监督决策结果能否体现大多数人的偏好和意愿等。

监管机制需要引入多元主体参与，涵盖公民、媒体、政府部门和第三方监管组织等，充分发挥社会监督的重要作用，实现全民参与监管过程。在监管机制中，媒体力量作为社会的第四类权力，在违规违法行为曝光、榜样典型宣传树立、事实披露追踪等方面发挥了重要作用，在公共服务网络治理中也应当充分重视和运用媒体力量①。媒体部门应当加大对公共服务网络违规行为的曝光力度，并对处罚结果进行全程追踪，在全社会形成警示和震慑作用；媒体部门还应当在公众维权过程中发挥积极作用，在公共服务网络中与供给主体协商谈判，传达公众诉求和意愿，维护公众合法权益。公众在监督过程中起到了基础性作用，能够对公共服务的供给数量和质量形成直观感受和直接评价，对公共服务中出现的问题能够及时感知和发现，应当建立专门的公民监督受理中心，第一时间处理公众反映的问题。第三方监管机构也可同时作为评估机构，根据评估过程和评估结果，对评估对象的以往业绩、当前运作和未来改进情况进行全面系统的监控。

本章小结

本章聚集于从特殊案例到普遍实践的过程，系统梳理了我国公共服务网络治理存在的风险并提出解决对策和治理路径，以期完善公共服务网络治理的理论体系和优化公共服务网络治理的实践活动。按照公共服务网络

---

① 孙柏瑛、李卓青：《政策网络治理：公共治理的新途径》，《中国行政管理》2008 年第 5 期。

的流程将可能存在的风险与问题分为构建问题、运行问题和效果问题，其中构建问题包括服务网络的适用性、合法性和参与主体角色问题；运行问题分为服务网络的资金来源、收益分配、透明度和协调性问题；效果问题分为合作网络的稳定性、公平性、回应性以及绩效与监管问题。

网络治理理论是公共治理领域的前沿理论，其理论框架和主要观点顺应当前公共治理的实践和发展背景。本书提出在目标层次确立服务网络的价值，在组织层次明确参与主体的角色，在执行层次优化服务网络的运行，在保障层次推动服务网络的发展等对策方案和政策体系。目标层次上，确立公共服务网络的公平性、高效性、透明性和回应性价值；组织层次上，明确政府部门的"元治理"作用、市场主体的基础性作用和社会主体的主导性作用；执行层次上，通过改进网络治理工具、完善收益分配制度、强化绩效考核体系来优化服务网络的运行；保障层次上，通过开辟多元化融资渠道、加快人才培养工作、实行全方位监管体制等推动服务网络的发展壮大。

第六章　结论与展望

一　研究内容与结论

（一）研究内容

本书基于网络治理理论探讨公共服务优化的方法与路径，在细致梳理国内外相关文献后，按照"构建理论——实践检验——完善理论"的思路设计框架，遵循理论源于实践、高于实践、指导实践，并在实践中不断发展完善的原则。首先构建公共服务网络治理面临的理论框架，涵盖基础、条件、工具、模型、影响因素与评价机制；然后引入国内外公共服务网络治理案例，分析案例中的经验与教训、探讨国外案例的启示与借鉴、总结国内治理的困境与难题；最后在实践中完善和提高理论，探索未来公共服务网络治理的对策与路径，以期能够应对我国公共服务网络治理面临的风险与挑战，优化公共服务网络治理路径。

1. **梳理国内外公共服务网络治理理论与实践研究**

本文首先对国内外公共服务网络治理理论与实践文献研究进行系统梳理，涵盖对公共服务网络治理契合度、影响因素、评价机制、工具模型、治理困境等文献研究，通过研究发现公共服务网络治理是公共治理理论创新和公共服务实践发展的重要领域，此领域的研究基础相对薄弱、研究空间相对较大。基于国内外研究文献，对核心概念进行界定，对公共服务网络治理的相关理论基础和现实条件进行分析，奠定研究的前提和基础。理论基础包括多中心治理理论、协商民主理论、社会资本理论、政策网络理论和新公共服务理论；现实条件包括政府"元治理"、合作机制、信任机制、责任机制和监督机制。

2. 构建公共服务网络治理的理论框架与理论模型

本书构建了公共服务网络治理的理论框架，涵盖治理模型、影响因素、评价机制和效率分析。按照政府强制性的程度和政策系统的复杂程度进行分类，公共服务网络治理工具分为强制性工具、市场化工具、社会化工具和混合性工具。公共服务网络治理模型经历了层级管理模式——复杂管理模式——网络管理模式的演变，其内部经历了从中心集聚向分散集聚的锥形治理结构演变。公共服务网络治理的参与主体包括政府部门、市场组织、社会组织和公民个人，参与主体在网络治理中有竞争也有博弈，会产生不同的结果和效用，并可以此为基础设计公共服务网络治理基础模型。对影响公共服务网络治理的网络建构、运行过程、运行结果的内外部因素进行分析，为治理理论奠定前提条件；本书引入全方位、全过程的公共服务网络治理评价机制，涵盖治理过程评估和治理结果评估，既能测量公共服务网络的有效性和合理性，也能测量公共服务与公共产品的供给效率与质量。

3. 比较分析国内外公共服务网络治理的典型案例

本书选取国内外公共服务网络化的典型案例，描述性分析各案例的发展脉络和运行过程，概括性分析各案例中公共服务网络治理过程中的经验与教训；通过对国内外典型案例的对比分析，找出当前我国公共服务网络治理的现实差距，为提出未来改革的方向和举措奠定基础。从美国选取的是公共安全服务网络和德州的儿童保育服务网络，从韩国选取的是公共住房服务网络；从我国选取的是北京市公共安全服务网络、公共租赁住房服务网络和南京市鼓楼区居家养老服务网络。

4. 探讨我国公共服务网络治理的风险及治理路径

本书通过文献研究和案例分析，结合国内实际，进一步总结我国公共服务网络治理的治理困境，按照服务网络发展时间顺序，从网络构建、网络运行和网络结果三个阶段进行分析，主要包括责任问题、收益分配问题、沟通问题、监管问题等。并且对问题产生的原因进行深入剖析，以期能针对性提出对策建议。本书在对未来我国公共服务网络治理的路径探索与展望上，从目标层次、组织层次、执行层次、保障层次提出对应性政策建议，以期对公共服务网络治理实践有一定的指导意义，为政府决策提供一定的政策参考。

（二）研究结论

1. 公共服务网络治理是理论诉求与现实需要

在公共治理领域中，原有的治理范式如传统的公共行政和新公共管理出现了低效和失灵问题，"更少的政府，更多的治理"成为政府改革的共同特征，合作网络治理理论在这种理论背景下应运而生，并成为公共事务治理的重要组织形式，重点强调政府与外部多元参与主体（市场与社会）的合作与协同。网络治理理论应用到公共服务领域建立在对新公共管理理论与新公共服务理论的批判继承基础上，表现在弥合碎片政府组织、职能与修复政府与市场、社会关系上，通过协调政府内部机构职能，拓展公共服务供给方式，促进政府、市场、社会合作共赢等途径提升公共服务质量及满足公众公共服务诉求。因此，公共服务网络治理是顺应治理理论创新诉求与应对公共服务现实需要而产生和发展的。

2. 划分公共服务网络治理三种基本理论模型

公共服务网络治理模型按照公共服务的外部性、异质性和可测量性分为政府主导、社会主导和市场主导三种网络治理模型，本文结合实证案例阐释了政府主导、社会主导、市场主导的公共服务网络治理基本模型。政府主导的公共服务网络治理模型以政府在服务网络中具有较强的影响和控制能力，其他参与主体在政府引导下积极参与公共服务供给为主要特征。政府通过部门间合作、区域间协调以整合性、一体化的形式向外部顾客提供公共服务。政府部门位于服务供给网络的核心，相关企业、中介机构、第三部门等作为参与主体在服务网络中有机互动、共享资源信息。社区主导的公共服务网络治理模型，是指在基层公共服务的供给中，社区自治组织占据整个服务网络的核心，负责公共服务资源整合与分配，并在上下级政府间、政府与公众间起到桥梁和纽带作用。社区自治组织与社区行政单位、市场组织和社会组织产生互动，在公共服务供给网络上形成多元合作机制，社区中的安全、医疗、养老、交通、休闲等服务都可以由多元主体承担。市场主导的公共服务网络治理模型一般是在政府授权、政府委托或与政府签订协议合同的情况下，由市场主体投资、建设、运营公共服务项目，有效缓解了政府财政和效率的有限性问题。

3. 公共服务网络治理存在理论与实践的风险

通过国内外典型案例比较研究，总结了我国公共服务网络治理案例的经验，比较发现我国公共服务网络治理案例存在的差距，包括公共服务网络治理经验、公共服务网络市场成熟度、公共服务网络志愿活动参与度以及公共服务网络合作稳定性差距。通过对公共服务网络治理理论与实践风险进行系统梳理，按照公共服务网络的流程将存在的风险与问题分为构建问题、运行问题和效果问题。其中构建问题包括服务网络的可行性、适用性、合法性和参与主体角色问题，运行问题分为服务网络的资金来源、收益分配、治理工具、透明度和协调性问题，效果问题分为合作网络的稳定性、公平性、效率性、回应性以及绩效与监管问题。

4. 全方位提升公共服务网络治理质量与效率

网络治理理论是公共治理领域的前沿理论，较新公共管理理论和传统公共行政理论应用时间短，在我国公共服务领域运用中出现了一些质疑和短暂失效，但其理论与实践顺应了当前公共治理创新和公共服务优化的趋势。本书提出在目标层次确立服务网络的价值，在组织层次明确参与主体的角色，在执行层次优化服务网络的运行，在保障层次推动服务网络的发展等对策方案和政策体系。目标层次上，确立公共服务网络的公平性、高效性、透明性和回应性价值；组织层次上，明确政府部门的"元治理"作用、市场主体的基础性作用和社会主体的主导性作用；执行层次上，通过改进网络治理工具、完善收益分配制度、强化绩效考核体系来优化服务网络的运行；保障层次上，通过开辟多元化融资渠道、加快人才培养工作、实行全方位监管体制等推动服务网络的发展。

二 研究创新、不足与展望

（一）研究创新

本书在理论与实践领域的创新之处主要表现在以下四个方面。

一是确定研究前提与基础，充分考虑现实条件。本书研究充分考虑国内的现实条件和原有基础，将发源于西方的网络治理理论结合中国公共服务实践，既与国际学术界认可且广泛应用的理论相契合，又与当前中国社会治理实际相吻合，促进网络治理理论的本土化与中国化。

二是构建理论分析框架，建立治理基础模型。本书的理论框架构筑注重完整性、全面性、一般性，借鉴国外公共服务网络治理模型与工具的同时，结合中国实际，构建本土化模型与工具。值得一提的是这些模型与工具是常态化、一般化的产物，在具体问题分析中还应当灵活变通与活学活用。

三是优化评估方法和过程，实行全过程评估。参阅大量文献总结的宝贵经验显示，在对公共服务网络治理进行评估时，应坚持全方位、全过程的原则，涵盖治理过程评估和治理结果评估，不偏废其一，不专重一项。公共服务网络治理的成败既系于服务质量与效率，也系于治理成效与水平。

四是国内外案例比较研究，探析未来改革路径。理论的完善创新必须从实践中总结归纳，可以从国内外案例的比较研究中总结出公共服务网络治理面临的问题与挑战，引出我国未来改革的方向和举措，为中国治理理念、治理方式与国际接轨奠定基础。

（二）研究不足

一是国内相关理论研究匮乏，理论基础较为薄弱。通过对近十年国内外文献进行系统梳理和深入挖掘，发现专门针对公共服务网络治理的理论研究和实践研究较少。理论研究的文献和资料较少，一定程度上制约了本研究的理论体系构建与拓展研究；在西方网络治理理论中国化过程中，理论研究相对薄弱，一定程度上欠缺针对性和实用性。

二是缺乏计量工具的校验与测量，定量分析较少。在构建公共服务网络治理模型的过程中，缺乏基本的假设和前提，缺乏数据支撑和实践论证；在对公共服务网络治理影响因素分析和评价体系的构建中，缺乏定量分析方法和定量评估体系，影响因素和评价指标未经过实践检验，其信度和效度不明确。

三是案例分析未经历实地考察，多来自文献提炼。由于受到地域条件和经济条件的限制，对国内外公共服务网络治理案例未做实证调研和实地考察，多通过学术研究、新闻报道等途径获取案例资料，虽然避免了个人思想的片面性，但是在案例分析上也会出现一定的偏差和误区。

四是对策建议不够全面具体，缺乏一定的可行性。在公共服务网络治理的研究中，国内外理论和实践差距较大，尤其是我国在政府"元治理"、市场成熟度和公民社会发育方面还有较大差距，本书提出的对策在深度和广度上比较有限，还不能完全应对风险和问题，对策在具体应用上的可行性与有效性仍然有待检验。

（三）研究展望

公共服务网络治理的理论领域和实践领域的研究前景和发展前景非常广阔，在这一领域的研究大有可为。作者会基于上述研究局限和研究不足，将来展开更广泛、更深入、更细化的研究。

一是研究西方网络治理理论的最新成果，将其与中国公共服务的发展实践相结合，实现理论实践化和中国化的过程。构建中国特色的公共服务网络治理理论基础和理论体系，形成更为贴近实际的公共服务网络治理的基本模型和演变模型。

二是采取定量分析和数据分析的方法，构建公共服务网络治理评价指标体系。根据所得数据对绩效评估各个指标进行检验和筛选，对各个指标的权重进行科学分配；对影响因素的强弱进行计量分析，科学确定决定因素和高影响因素。

三是与我国公共服务网络治理典型案例所在区域和所属部门展开合作，进行课题研究和实地调研。深入挖掘已有经验和模式，深刻分析存在的问题与不足，从理论角度和实践角度提出对应措施与方法。使对策研究更贴近实际情况，更具备可操作性和可执行性，能够真正解决实际问题。

参考文献

Adrian Leftwich. Governance, Democracy and Development in the Third World [J]. *Third World Quarterly*. 1993, 14 (3), pp. 605 – 624.

Agranoff R. , McGuire M . Big Questions in PubLic Network Management Research [J]. *Journal of Public Administration Research and Theory*. 2001, 11 (3) .

Agranoff R. , McGuire M. Inside the Matrix: Integrating the Paradigms of Intergovernmental and Network Management [J]. *International Journal of Public Administration*. 2003, 26 (12) .

Ann Marie Thomson, James I. Perry. Collaboration Processes: Inside the Black Box [J]. *Public Administration Review*. 2006 (1), pp. 20 – 33.

Benassi, M. , Governance Factors in a Network Process Approach [J]. *Scand. J. Management*. 1995, p. 125.

B. Marin and R. Mayntz. *Policy Network: Empirical Evidence and Theoretical Considerations* [M]. Boulder, Colo. : Westview Press, 1991, pp. 156 – 159.

Catherine Alter, Jerald Hage. *Organizations Working Together*, Sagc Publications lnc. 1993, p. 67.

Christian Hunold. Corporatism, Pluralismand Democracy: Toward a Deliberative Theory of Bureaucratic Accountability [J]. *Governance: An International Journal of Policy and Administration*. 2001 (14), pp. 125 – 127.

Christopher J. Koliba, Russell M. Mills, Asim Zia. Accountability in Governance Networks: An Assessment of Public, Private, and Nonprofit Emergency Management Practices Following Hurricane Katrina [J]. *Public Administration Review*, 2011, 77 (2), p. 210.

Christopher C. Hood. *The Tools of Government* [M]. The Macmillan Press

Ltd, 1983, p. 2.

Coleman, J. S. Social Capital in the Creation of Human Capital [J]. *American Journal of Sociology*, 1988 (94), pp. 95 – 120.

Donald Kettl. *Sharing Power: Public Governance and Private Markets* [M]. The Brookings Institution Press. 1993, p. 4.

Economic and Social Commission, United Nations. What is Good Governance [R]. http://www. unescap. orb/pdd/prs/ProjectActivities/Ongoing/gg/governance. asp, 23/10/2010.

Edelenbos J, Klijin E – H. Trust in Complex Decision – making Networks: A Theoretical and Empirical Exploration [J]. *Administration & Society*, 2007 (01), pp. 25 – 49.

Elinor Ostrorm. Crossing the Great Divide: Coproduction, Synergy, and Development [J]. *World Development*, 1996 (6), pp. 1073 – 1087.

Fedrik Lindencrona, Solvig Ekblad, Runo Axelsson. Modes of Interaction and Performance of Human Service Networks: A Study of Refugee Resettlement Support in Sweden [J]. *Public Management Review*, 2009, 11 (2), p. 191.

George A. Boyne. Resource of Public Service Improvement: A Critical Review and Research Agenda [J]. *Journal of Public Administration Research and Theory*, 2003, 13 (3).

Graddy. Elizabcth A. Influences on the Size and Scope of Networks for Social Service Delivery [J]. *Journal of Public Administration Research and Theory*. 2006 (16), p. 533.

Howlett, Michael and Ramesh M. *Studying Public Policy: Policy Cycles and Policy Subsystem* [M]. Oxford: Oxford University Press. 1995, p. 82.

James. M. Buchanan. An Economic Theory of Clubs [J]. *America*, 1965 (32), pp. 1 – 15.

Jessop Bob. Governance, Governance Failure, Meta – Governance [R]. Universita della Calabria, Arcavacata di Rende. 2003, pp. 6 – 15.

John R. , Schcrmcrhorn Jr. Determinants of Inter – organizational Cooperation [J]. *The Academy of Management Journal*, 1975 (1), pp. 816 – 856.

Jon Elster. *Deliberative Democracy* [M]. Cambridge University Press, 1998, p. 1.

Kathryn Dill. 美国最适合上班族父母生活的城市 [EB/OL]. http：// www. forbeschina. com/review/201408/0035186. shtml, 2014 – 08 – 21.

Katzenstein, Peter. *Between Power and Plenty Madison* [M]. University of Wisconsin Press, 1977, pp. 892 – 895.

Keith G. Provan, Patrick Kenis. Modes of Network Governance：Structure, Management, and Effectiveness [J]. *Journal of Public Administration Research and Theory.* 2008, 18 (2), pp. 229 – 252.

Klijn Erik – Hans. Analyzing and Managing Policy Processes in Complex Networks：A Theoretical Examination of the Concept Policy Network and It's Problems [J]. *Administration and Society*, 1996, 28 (1), pp. 90 – 119.

Krishna, Anirudh & Shrader, Elizabeth. Social Capital Assessment Tool [R]. Paper Prepared for the Conferenceon Social Capital and Poverty Reduction, The World Bank, Washington D. C. 1999 (7), pp. 22 – 24.

Kyung KyuKima, Scung – HoonParkb, Sung YulRyooa. Inter – organizational Cooperation in Buyer – supplier Relationships：Both Perspectives [J]. *Journal of Pusiness Research.* 2010 (8), pp. 863 – 869.

Laurence J. O' Toole Jr. , Kenneth J. Meier. Public Management in Intergovernmental Networks：Matching Structural Networks and Managerial Networking [J]. *Journal of Public Administration Research and Theory.* 2004, 14 (4), p. 469.

Lester M. Salamon. *The Tools of Government：An Introduction to the New Governance*, Oxford University Press. 2002, p. 15.

Michael Taylor. *The Possibility of Cooperation.* London：Cambridge University Press, 1987, pp. 1 – 5.

Mimicopoulos M. G. Presentation to the United Nations World Tourism Organization Knowledge Management International Seminar on Global Issues in Local Government：Tourism Policy Approaches [R]. Madrid, Department of Economic and Social Affairs, United Nations , 2006.

Musgrave. Provision for Social Goods, in J. Margolis and H. Guitton, eds, *Public Economics.* London：McMillan, 1969, pp. 44 – 124.

Musgrave. The Voluntary Exchange Theory of Public Economy. *The Quarterly Journal of Economics*, 1939, (2), pp. 213 – 237.

Najam A. The Four – C's of Third Sector – Government Relations: Coopration, Confrontation, Complementarity, and Co – opration [J]. *Nonprofit Management & Leadership*, 2000, 10, 04, pp. 375 – 396.

Ostmn. E. *Governing the Commons: The Evolution of Institutions for Collective Action*, Cambridge University Press. 2000, pp. 94 – 98.

Paul Arnsberger, Melissa Ludlum, Margaret Riley, and Mark Stanton. A History of the Tax – Exempt Sector: An SOI Perspective [EB/OL]. http://scholar. Google user content. com/ scholar? q = cache: 6irKpo – CQhEJ: scholar. google. com/.

PM&C. Blueprint for the Reform of Australian Government Administration [EB/OL]. 2010 – 11 – 25. http://www. dpmc. gov. au/publications/aga – reform/aga – reform – blueprint/index. cfm.

R, A. W. Rhodes. The New Goverance: Governing without Government. *Political Studies*, 1996 (XLIV), pp. 652 – 667.

Salamon, L. M. Partners in Public Service: the Scope and Theory of Government – nonprofit Relations. *The Nonprofit Sector: A Research Handbook*. Yale University Press. New Haven. 1987, pp. 78 – 86.

Stephen Goldsmith & William D. Eggers. *Governing by Networks: The New Shape of the Public Sector*. The Brookings Institution Press, 2004, pp. 62 – 80.

Stoket G. Governances Theory: Five Propositions. *International Social Science Journal*, 1998 (155), pp. 17 – 28.

Wecrasak Krucathep, Norma M. Riccucci. Charas Suwanmala: Why Do Agencies Work Together? The Determinants of Network Formation at the Subnational Level of Uoverment in Thailand [J]. *Journal of Public Administration Research amd Theory*. 2008 (12), pp. 1 – 27.

〔法〕莱昂·狄骥:《公法的变迁》,郑戈、冷静等译,春风文艺出版社,1999。

〔加〕迈克尔·豪利特、M. 拉米什:《公共政策研究——政策循环与政策子系统》，北京三联书店，2006。

〔美〕埃莉诺·奥斯特罗姆：《公共事务的治理之道：集体行动制度的演进》，上海三联书店，2000。

〔美〕埃莉诺·奥斯特罗姆等：《制度激励与可持续发展》，毛寿龙译，上海三联书店，2000。

〔美〕戴维·奥斯本、特德·盖布勒：《改革政府——企业家精神如何改革着公营部门》，上海译文出版社，2006。

〔美〕迈克尔·麦金尼斯：《多中心体制与地方公共经济》，上海三联书店，2000。

〔美〕乔治·弗雷德里克森：《公共行政的精神》，张成福等译，中国人民大学出版社，2003。

〔美〕萨瓦斯：《民营化与公司部门的伙伴关系》，中国人民大学出版社，2002。

〔美〕斯蒂芬·戈德史密斯、威廉·D. 埃格斯：《网络化治理：公共部门的新形态》，北京大学出版社，2008。

柏良泽：《公共服务研究的逻辑和视角》，《第一资源》2008 年第 1 期。

北京市住房城乡建设委：《北京市公共租赁住房申请、审核及配租管理办法》〔EB/OL〕，http：//www. chinanews. com/estate/2011/11 – 30/3497411. shtml，2011 – 11 – 30。

《北京 10 万人收集涉恐信息 楼长报有效信息奖 2 元》，《北京青年报》2014 年 5 月 30 日。

《北京公租房租金补贴最多补 95% 小两居每月约 1500 元》，《京华时报》2012 年 4 月 27 日。

《韩国 3.0 政府时代：每年公开亿条信息》，《潇湘晨报》2013 年 6 月 21 日。

《美国如何进行反恐？民众是反恐第一道防线》，《新京报》2014 年 3 月 16 日。

《美国国土安全部：大而不倒》，《看世界》2013 年第 11 期。

《南京鼓楼区开放购买社区服务养老服务最抢手》〔EB/OL〕，http：//js. people. com. cn/n/2014/1201/c360302 – 23064212. html，2014 – 12 – 01。

《南京五类家庭照料老人可享"护理补贴"》［EB/OL］，http：// js. people. com. cn/n/2014/1118/c360302 – 22936560. html，2014 – 11 – 18。

蔡秀萍：《专业化与职业化：社工人才开发之路——"贯彻十七大精神，大力加强社会工作人才队伍建设"主题研讨会综述》，《中国人才》2008 年第 3 期。

蔡允栋：《民主行政与网络治理："新治理"的理论探讨及类型分析》，《台湾政治学刊》2006 年第 1 期。

陈炳辉、王菁：《社区再造的原则与战略——新公共管理下的城市社区治理模式》，《行政论坛》2010 年第 3 期。

陈灿：《公共服务供给的组织间合作网络研究》，中国行政管理学会：《"构建和谐社会与深化行政管理体制改革"研讨会暨中国行政管理学会2007 年年会论文集》，2007。

陈玎：《公私部门合作中的风险分配失败：一个基于网络治理的分析框架》，《复旦公共行政评论》2011 年第 00 期。

陈家刚：《协商民主：概念、要素与价值》，《中共天津市委党校学报》2005 年第 3 期。

陈敬良、匡霞：《西方政策网络理论研究的最新进展及其评价》，《上海行政学院学报》2009 年第 3 期。

陈钦春：《社区主义在当代治理模式中的定位与展望》，《中国行政评论》2000 年第 10 期。

陈剩勇、马斌：《温州民间商会：自主治理的制度分析——温州服装商会的典型研究》，《管理世界》2004 年第 12 期。

陈晓剑、刘智、熊宇：《基于危机信息的公共危机决策治理结构安排》，《科学学研究》2008 年第 2 期。

陈钰、吴勇男：《北京市公共租赁住房租赁价格定价模型设计》，《中央财经大学学报》2013 年第 3 期。

陈振海、杨恺杰：《美国公共服务的市场化改革》，《党政论坛》2004 年第 3 期。

陈振明：《公共管理学——一种不同于传统行政学的研究途径》，中国人民大学出版社，2003。

陈振明、耿旭：《公共服务质量管理的本土经验——漳州行政服务标准化的创新实践评析》，《中国行政管理》2014 年第 3 期。

陈振明、李德国：《公共服务质量持续改进的亚洲实践》，《东南学术》2012 年第 1 期。

陈振明、刘祺、邓剑伟：《公共服务体制与机制及其创新的研究进展》，《电子科技大学学报（社科版）》2011 年第 1 期。

邓朴、石正义：《公共服务市场化的主体多元性探析》，《四川大学学报（哲学社会科学版）》2006 年第 2 期。

丁颖、王妍：《多中心理论视角下重大突发性公共事件治理网络框架研究》，《南京工业大学学报（社会科学版）》2011 年第 3 期。

范从林：《流域涉水网络中的中心角色治理研究》，《科技管理研究》2013 年第 9 期。

高析：《美国的公共安全管理理念》，《中国信息报》2011 年 9 月 5 日。

高小平、林震：《澳大利亚公共服务发展与改革》，《中国行政管理》2012 年第 5 期。

顾丽梅：《新公共服务理论及其对我国公共服务改革之启示》，《南京社会科学》2005 年第 1 期。

关音：《网络治理理论分析》，《新乡学院学报（社会科学版）》2012 年第 4 期。

郭太生：《美国公共安全危机事件应急管理研究》，《中国人民公安大学学报》2003 年第 6 期。

何芳：《韩国公共租赁住房层级供应体系的借鉴》，《上海房地》2012 年第 8 期。

何精华：《府际合作治理：生成逻辑、理论涵义与政策工具》，《上海师范大学学报（哲学社会科学版）》2011 年第 6 期。

何增科：《政治合法性与中国地方政府创新：一项初步的经验性研究》，《云南行政学院学报》2007 年第 2 期。

何植民、齐明山：《网络化治理：公共管理现代发展的新趋势》，《甘肃理论学刊》2009 年第 3 期。

胡鞍钢：《影响决策的报告》，清华大学出版社，2002。

胡祥:《城市社区治理模式的理想型构:合作网络治理》,《中南民族大学学报(人文社会科学版)》2010 年第 5 期。

黄俊辉:《公共服务供给中的网络治理困境——基于南京市鼓楼区居家养老服务网的案例分析》,《南京人口管理干部学院学报》2012 年第 1 期。

黄丽华:《公共服务的多元主体间互动机制分析》,《探求》2007 年第 3 期。

黄修民:《韩国公共住房供应模式探析和启示》,《理论参考》2010 年第 6 期。

姜异康等:《国外公共服务体系建设与我国建设服务型政府》,《中国行政管理》2011 年第 2 期。

蒋文莉:《美国州区域教育服务中心探析——以得克萨斯州为例》,《当代教育科学》2009 年第 2 期。

金大鸿:《从韩国的公共住房制度看中国保障性住房制度的建立》,《经济导刊》2008 年第 2 期。

金磊:《美国城市公共安全应急体系建设方法研究》,《城市管理与科技》2006 年第 6 期。

金美仙:《韩国公共服务型政府建设研究》,《甘肃联合大学学报(社会科学版)》2007 年第 4 期。

金银姬:《韩国公共住房政策对中国的启示》,《城市开发》2006 年第 11 期。

康绍邦、赵黎青:《中国社会公共服务体制研究》,经济科学出版社,2000。

匡霞、陈敬良:《公共政策网络管理:机制、模式与绩效测度》,《公共管理学报》2009 年第 2 期。

李军鹏:《公共服务学——政府公共服务的理论与实践》,国家行政学院出版社,2007。

李维安:《网络组织:组织发展新趋势》,经济科学出版社,2003。

李文星、郑海明:《论地方治理视野下的政府与公众互动式沟通机制的构建》,《中国行政管理》2007 年第 5 期。

李晓会:《从科层治理到网络治理:省管县改革后的市县关系研究》,

浙江大学硕士学位论文，2014。

廖正昕、高超：《北京市公共租赁住房居住公共服务设施配套建设指标现存问题与对策研究》，《住区》2013 年第 4 期。

林玉华：《政策网络的治理模式：以英国与欧盟为例》，《行政与政策学报》2002 年第 34 期。

刘波、王彬、王少军、姚引良：《地方政府网络治理形成影响因素研究》，《上海交通大学学报（哲学社会科学版）》2014 年第 1 期。

刘波、王力立、姚引良：《整体性治理与网络治理的比较研究》，《经济社会体制比较》2011 年第 5 期。

刘波、王少军、王华光：《地方政府网络治理稳定性影响因素研究》，《公共管理学报》2011 年第 1 期。

刘峰、孔新峰：《多中心治理理论的启迪与警示——埃莉诺·奥斯特罗姆获诺贝尔经济学奖的政治学思考》，《行政管理改革》2010 年第 1 期。

刘骏：《政府外部治理结构及其优化研究》，武汉大学博士学位论文，2011。

刘群红、周玮：《老年地产：市场需求与对策》，《江西社会科学》2012 年第 5 期。

刘熙瑞、段龙飞：《服务型政府：本质及其理论基础》，《国家行政学院学报》2004 年第 5 期。

刘志昌：《草根组织的生长与社区治理结构的转型》，《社会主义研究》2007 年第 4 期。

娄成武、谷民崇：《基于"三圈网络治理"模型的公共服务体系复杂性分析》，《行政论坛》2014 年第 3 期。

吕志奎：《改革开放以来中国政府转型之路：一个综合框架》，《中国人民大学学报》2013 年第 3 期。

罗伯特·B. 丹哈特、珍妮特·V. 丹哈特、刘俊生：《新公共服务：服务而非掌舵》，《中国行政管理》2002 年第 10 期。

罗伯特·阿格拉诺夫、迈克尔·麦奎尔：《协作性公共管理：地方政府新战略》，北京大学出版社，2007。

马纯红、张治忠：《论当代中国行政价值观规范体系的构建——基于新公共服务理论的视角》，《湖南省社会主义学院学报》2009 年第 2 期。

马寒玉：《公共服务供给方式的嬗变与重塑》，郑州大学硕士学位论文，2012。

马捷、锁利铭：《区域水资源共享冲突的网络治理模式创新》，《公共管理学报》2010 年第 2 期。

马凯：《努力加强和创新社会管理》，《国家行政学院学报》2010 年第 5 期。

马亮：《公共网络绩效研究综述——组织间网络的视角》，《甘肃行政学院学报》2009 年第 6 期。

马庆钰：《公共服务的几个基本理论问题》，《中共中央党校学报》2005 年第 1 期。

马庆钰：《关于公共服务的解读》，《中国行政管理》2005 年第 2 期。

门秀琴：《以院落改造推进和谐社区建设——成都崇州市崇阳街道创新社区管理的实践探索》，《中共成都市委党校学报》2014 年第 6 期。

彭未名、王乐夫：《新公共服务理论对构建和谐社会的启示》，《中国行政管理》2007 年第 3 期。

彭正银：《网络治理理论探析》，《中国软科学》2002 年第 3 期。

《人民日报》社论：《让改革旗帜在中国道路上飘扬》，《今日海南》2013 年第 12 期。

沈越：《市场决定性作用与基本经济制度——十八届三中全会精神解读》，《经济理论与经济管理》2014 年第 4 期。

石国亮、张超、徐子梁：《国外公共服务理论与实践》，中国言实出版社，2011。

石凯、胡伟：《政策网络理论：政策过程的新范式》，《国外社会科学》2006 年第 3 期。

石秀选、吴同：《论当前我国环境 NGO 存在的问题和完善的对策》，《南方论刊》2009 年第 4 期。

司尚奇、冯锋：《我国技术转移机构服务项目与比较研究——基于国家首批 76 家技术转移示范机构的分析》，《中国科技论坛》2009 年第 8 期。

孙柏瑛、李卓青：《政策网络治理：公共治理的新途径》，《中国行政管理》2008 年第 5 期。

孙婵、肖湘：《负面清单制度的国际经验及其对上海自贸区的启示》，《重庆社会科学》2014 年第 5 期。

谭英俊：《网络治理：21 世纪公共管理发展的新战略》，《理论探讨》2009 年第 6 期。

汤剑军：《立法让募捐回归慈善本色——〈广州市募捐条例〉5 月 1 日起实施》，《人民之声》2012 年第 6 期。

唐任伍、赵国钦：《公共服务跨界合作：碎片化服务的整合》，《中国行政管理》2012 年第 8 期。

陶丹萍：《网络治理理论及其应用研究》，上海交通大学硕士学位论文，2008。

田永贤：《公共服务供给的组织间合作网络》，《东南学术》2008 年第 1 期。

王春福：《服务型政府的基本理念行为方式和建构机制》，《理论探讨》2009 年第 3 期。

王春福：《韩国公共政策利益表达机制及其启示》，《管理世界》2007 年第 11 期。

王春福：《政策网络与公共政策效力的实现机制》，《管理世界》2006 年第 9 期。

王欢明、诸大建：《国外公共服务网络治理研究述评及启示》，《东北大学学报（社会科学版）》2011 年第 6 期。

王林秀、张洋、张辉：《PPP 模式在公租房项目建设中的应用》，《建筑经济》2013 年第 8 期。

王浦劬、萨拉蒙等：《政府向社会组织购买公共服务研究——中国与全球经验分析》，北京大学出版社，2010。

王乾明：《韩国公共租赁住房融资渠道对中国的启示》，《财经界（学术版）》2012 年第 2 期。

王瑞华：《合作网络治理理论的困境与启示》，《西南政法大学学报》2005 年第 4 期。

王晟：《北京进入社会反恐模式 85 万志愿者街头巡逻》［EB/OL］，http：//news. xinhuanet. com/politics/2014 - 05/30/c_ 126565007. htm，2014 -

05 - 30。

王诗宗:《治理理论的内在矛盾及其出路》,《哲学研究》2008 年第 2 期。

王玮:《社会组织参与居家养老服务的机制研究——以南京市鼓楼区心贴心养老服务中心为例》,《新闻世界》2014 年第 8 期。

王文礼:《政策网络理论应用于我国公共治理的适用性分析》,《行政论坛》2010 年第 1 期。

王岩山:《我国乡村治理中村民参与研究》,电子科技大学硕士学位论文,2008。

吴刚:《新型公共服务体系的六个关节点——韩国创建服务型政府的经验借鉴》,《新视野》2004 年第 1 期。

吴平:《统筹城乡视角下农村公共品有效供给机制研究》,西南财经大学博士学位论文,2014。

吴为:《公办养老机构将可公办民营》,《新京报》2015 年 3 月 4 日。

吴燕翎:《我国海岸带管理中的政策网络治理研究》,中国海洋大学硕士学位论文,2011。

吴玉霞:《公共服务分工与合作网络的理论与实证研究》,浙江大学博士学位论文,2012。

徐世雨:《统筹城乡发展背景下农村社区网络治理模式研究》,《江西农业大学学报(社会科学版)》2011 年第 2 期。

徐延辉、郭玉辉:《网络治理视角下的美国弱势青年教育救助模式分析》,《学习与实践》2011 年第 4 期。

徐勇:《精乡扩镇、乡派镇治:乡级治理体制的结构性改革》,《江西社会科学》2004 年第 1 期。

杨蓓蕾、孙荣:《城市社区网络治理:内涵、建构与实证》,《中国行政管理》2008 年第 9 期。

杨方:《我国城市廉租房建设的 PPP 模式研究——以北京市为例》,华中农业大学硕士学位论文,2008。

杨冠琼:《网络化行政:公共行政的新范式》,《新视野》2008 年第 5 期。

杨宏山、皮定均:《构建无缝隙社会管理系统——基于北京市朝阳区的实证研究》,《中国行政管理》2011年第5期。

杨欣:《公共服务外包中政府责任的省思与公法适用——以美国为例》,《中国行政管理》2010年第6期。

杨毅:《我国城乡基本公共服务协同体制研究》,华中师范大学博士学位论文,2008。

姚引良、刘波、汪应洛:《地方政府网络治理与和谐社会构建的理论探讨》,《中国行政管理》2009年第11期。

姚引良、刘波、汪应洛:《网络治理理论在地方政府公共管理实践中的运用及其对行政体制改革的启示》,《人文杂志》2010年第1期。

姚引良、刘波、王少军、祖晓飞、汪应洛:《地方政府网络治理多主体合作效果影响因素研究》,《中国软科学》2010年第1期。

于翠平、曹文杰:《网络治理视角下公共服务供给模式研究》,《理论观察》2013年第6期。

于燕燕:《政府在社区服务中的作用》,《北京社会科学》2006年第S1期。

俞可平:《治理和善治:一种新的政治分析框架》,《南京社会科学》2001年第9期。

俞可平:《治理与善治》,社会科学文献出版社,2000。

郁建兴:《治理与国家建构的张力》,《马克思主义与现实》2008年第1期。

郁建兴、吴玉霞:《公共服务供给机制创新:一个新的分析框架》,《学术月刊》2009年第12期。

曾凡军:《西方政府治理模式的系谱与趋向诠析》,《学术论坛》2010年第8期。

曾祥凤:《公共住房的供应方式探析》,《商业时代》2008年第27期。

张成福:《变革时代中国政府改革创新》,《中国人民大学学报》2008年第5期。

张成福:《论政府治理工具及其选择》,《人大复印报刊资料—公共行政》2003年第4期。

张成福、李昊城、边晓慧:《跨域治理:模式、机制与困境》,《中国行政管理》2012年第3期。

张成福、马子博：《宏观视域下的政府职能转变：界域、路径与工具》，《行政管理改革》2013 年第 12 期。

张国庆：《公共行政学》，北京大学出版社，2007。

张建伟、娄成武：《政策网络研究——治理的视角》，《辽宁行政学院学报》2006 年第 11 期。

张万宽：《国内外公共网络治理研究进展与趋势》，《理论界》2013 年第 11 期。

赵鹏：《我国公共租赁住房融资模式研究》，安徽大学硕士学位论文，2010。

郑晓丹、袁竞峰、李启明：《基于 PPP 模式的公租房项目资金运作方式研究》，《工程管理学报》2012 年第 04 期。

郑晓燕：《中国公共服务供给主体多元发展研究》，华东师范大学博士学位论文，2010。

周新楠：《浅析网络化治理在中国面临的问题》，《经营管理者》2013 年第 1 期。

周志忍：《当代西方行政改革总趋势》，《中国行政管理》1995 年第 2 期。

朱德米：《网络状公共治理：合作与共治》，《华中师范大学学报（人文社会科学版）》2004 年第 2 期。

朱玲玲：《试述网络治理的多重困境》，《现代企业教育》2010 年第 10 期。

诸大建、李中政：《网络治理视角下的公共服务整合初探》，《中国行政管理》2007 年第 8 期。

卓越：《公共部门绩效评估》，中国人民大学出版社，2004。

邹光祥：《购买公共服务：开放市场下的政府转型》，人民网，2013 年 8 月 1 日。

邹宜斌：《社会资本：理论与实证研究文献综述》，《经济评论》2005 年第 6 期。

附录：多元合作治理下社区养老服务驿站发展实证研究

截至 2016 年底，我国 60 岁以上的老年人口已经突破 2.3 亿，占总人口的比重达到 16.7%，其中 65 岁以上的老年人口突破 1.5 亿，占总人口的比重达到 10.8%，老龄化形势严峻。北京全市 60 岁及以上户籍老年人口约 350 万，占总人口的 24.1%，60 岁以上户籍老年人口，每天以 500 人的速度在增长，预计到 2020 年北京老年人口将超过 400 万人。2009 年，北京市民政局等部门联合下发《关于加快养老服务机构发展的意见》，提出了"9064"养老服务新模式和发展目标，即到 2020 年，90% 的老年人在社会化服务协助下通过家庭养老，6% 的老年人通过政府购买社区照顾服务养老，4% 的老年人入住养老服务机构集中养老。2015 年，北京市颁布了《居家养老服务条例》，随后出台一系列配套措施，将社区居家养老服务建设作为工作重点。

目前，北京市已建立起四级社区居家养老体系：市级层面，以市老龄办牵头，构建一个全市政策、规划、体系，研究整体布局；区级层面，正在建设养老服务指导中心；街乡镇层面，建养老照料中心；社区层面建养老服务驿站。根据北京"十三五"养老服务规划，到 2020 年全市将建成 1000 个社区服务驿站，基本做到将老年人较多的地方全覆盖。在 2016 年试点建设 150 个社区养老服务驿站的基础上，北京市 2017 年将建 6 个区级养老服务中心、208 个街乡养老照料中心、350 个社区养老驿站，截至目前，350 个驿站已建成运营 259 个。驿站式养老已成为北京市老年人社区居家养老服务的基层主要载体，本调研团队从需求侧—社区老年人和供给侧—社区养老驿站两个方面入手，采取问卷调查、入户走访、访谈和座谈等调研方法，获得第一手调研资料，深入挖掘问题并详细分析对策，以期为北京市社区养老驿站规范管理、专业运营、可持续发展提供政策参考和对策建议。

一 北京市社区养老服务驿站调研概况

调研团队历时两个月，走访调研了十家社区养老服务驿站，对养老服务驿站的基本状况有了系统了解。

（一）调研样本总体概况

根据北京市《关于开展社区养老服务驿站建设的意见》规定，北京市社区养老驿站按照建筑规模、设备配置、人员配备、服务功能的不同，可分为 A 型驿站、B 型驿站和 C 型驿站，其中 A 型为大型驿站，B 型为中型驿站，C 型为小型驿站。养老驿站需要承接六项基本老年服务功能：一是日间照料，即重点为社区内有需求的老年人提供日托或短期全托；二是呼叫服务，即响应并满足老年人通过网络手段或电子设备终端提出的养老服务需求；三是助餐服务，即直接提供或依托其他专业服务机构为托养老年人和居家老年人开展助餐服务；四是健康指导，即直接提供或依托周边社区卫生服务机构为老年人提供医疗卫生服务；五是文化娱乐，即开展老年人喜闻乐见的文化活动以丰富老年人精神文化生活；六是心理慰藉，即通过开展关爱活动以满足老人情感慰藉需求。

本人率领调研团队历时两个月实地调研走访了西城、东城、朝阳、海淀、丰台和石景山六个城区的十家养老服务驿站，主要集中于 B 型驿站和 C 型驿站（见附表1）。当前养老驿站运营单位部分实现了品牌化、连锁化运营，比例约为70%；企业性质为民非和营利性组织两大类，运营的中小型驿站占80%以上，中型以上占比很少；多数有日照床位，但基本处于闲置；服务主要针对自理、半自理老人，服务受众人群中自理老人居多；服务内容以助残和助医为主，运营时间以 24 小时全天候居多。

（二）调研样本特色建设

1. 诚和敬连锁养老驿站建设

"诚和敬驿站"隶属于北京市国资公司旗下的养老子公司——北京诚和

附表 1　北京市十家养老服务驿站基本情况汇总

序号	运营单位	企业性质	驿站规模	有无日照床位	服务对象	主要服务内容	服务对象人数	运营时间
1	爱侬	民非	中2个	有	半自理、不能自理	助医、助餐等	自理老人偏多	24小时、晚上呼叫转移
	爱侬	民非	小6个	无	自理老人	娱乐、理疗、助餐	自理老人	24小时、晚上呼叫转移
2	九龄丽湾	民非	中2个	有	自理老人为主	助医、助餐、讲座为主	自理老人偏多	白天
3	七星园	民非	中2个	有	自理、半自理为主	助医、助餐、讲座为主	自理、半自理老人为主	24小时、晚上呼叫转移
4	诚和敬	营利性	中6个	有	半自理、不能自理	助医、助餐等	半自理老人偏多	24小时、夜间陪护
	诚和敬	营利性	小40多个	无	自理老人	助医、助餐等	自理老人	8小时
5	乐龄养老	民非	中2个	有	半自理、不能自理	助医、助餐等	半自理老人偏多	24小时、夜间陪护
	乐龄养老	民非	小4个	无	自理老人	助医、助餐等	自理老人偏多	白天
6	微堂集	营利性	中2个	有	半自理、不能自理	助医、助餐等	半自理老人偏多	24小时、夜间陪护
	微堂集	营利性	小3个	有	自理、半自理	助医、助餐等	自理老人偏多	白天
总结	多家	多类	小型多	多数有	自理、半自理为主	助医、助餐为主	自理老人居多	24小时居多

敬投资有限公司，注册资金为 3000 万元。目前，诚和敬养老驿站已有 80 多家网点，在北京养老驿站市场形成一定的规模优势，在运营的有 30 多家，2017 年底发展到 100 家，最具代表性的是海淀区的西三旗养老驿站群，包括福美苑社区养老中心、北新家园社区养老中心、建材西里养老驿站、电科院养老驿站等，是目前北京市集中度最高的养老驿站群落，总辐射面积可达 9 平方公里。而内容也多达八大类、三十项与老年生活密切相关的服务，如为辖区内空巢慢病老人在医、护、养、乐方面提供老年营养膳食、慢病干预、就医陪同、日常陪伴、失能上门照护、康复护理、独居意外响应、居家适老化改造、日间托管、临时短托及老年活动组织等。

诚和敬在天通苑推出"一老一小"结合型驿站。这与日本企业参与养老事业，将养老院和幼儿园建在一起的思路不谋而合。诚和敬天通苑养老驿站是社区养老服务功能和社区幼儿教育功能兼备的"一老一小"特色养老驿站，是社区教育和养老服务相结合的共建共享模式。驿站定期组织活动交流，进行"老少同乐"。不仅让孩子们的欢歌笑语给老人带来欢乐与慰藉，而且孩子们在与驿站老人的相处中也能够培养敬老、孝顺的好品格。

诚和敬养老驿站打造产业链、服务社区老人。诚和敬养老驿站与其他养老驿站最大的不同在于不仅做养老服务的运营，还做其他养老服务产品的开发与运营，重点打造养老服务的生态产业链。基础是满足老人的生存和功能需求，如开展老年护理、老年医疗、老年用品等项目，外延则延伸至老年教育、老年旅游、老年保险、老年金融等功能和精神需求方面。包括成立诚和敬学院，破解人才困局；引入信息化手段，打造智慧养老平台；建设专业研究团队等。

2. 儌堂集连锁养老驿站建设

儌堂集养老服务（北京）有限公司是一家提供老年生活规划及多模式养老服务的连锁型企业。公司拥有国际化养老服务运营团队及全链条与养老相关的行业资源，业务覆盖养老项目的前期咨询、服务运营、管理培训等多个环节。儌堂集日托养老服务的特点是灵活多变、种类齐全、喘息服务，适宜自理、半自理老人，术后及子女外出的老人。项目配备大型综合餐厅、文化活动中心、康复中心、医务室等设施，满足老人吃、住、娱、医、养、护等全方位需求。项目选址于居民小区，实现"嵌入式"家庭养老，在不改变熟悉的生活环境前提下，老人可选择所需的养老服务。日托养老项目目前主要有儆堂集新街口街道高井养老服务驿站、儆堂集西城牛街西里二区社区养老服务驿站。

儆堂集员工管理呈现专业化、年轻化、规范化特点。企业建立了自有的员工晋升机制，分为储备小组长、正式储备小组长、小组长、护理主管、区域总监五级晋升渠道，为年轻人提供成长平台。驿站、照料中心的管理人员大多数是从一线护理员逐步成长起来，学校的学生毕业之后先从护理员做起，由于驿站和照料中心的人员是流动的，驿站工作人员工作几年会到中心服务，中心的人员也会到驿站工作，这样有利于人员全面、快速成长。

丰台新村养老驿站设立急救站点。在丰台新村养老照料中心调研时发现，中心设有医务室，每天有医生坐诊。同时，医务室设立急救站点，与999急救车合作，并配备一名司机，保证了老年人健康出现问题时能及时就医。平时，中心和附近的老年人还可以提前预约急救车，保证周边老年人能及时就医。急救站点的设立受到了老年人和家属的肯定。

二　社区老人需求侧现状分析

调研团队深入北京市多个社区走访调研，采取入户调查和问卷分析等形式，对1000位60岁及以上的老年人从身体状况、服务意愿和服务项目上进行需求侧调查，以期深入了解老年人对养老服务驿站的需求情况，便于精准对接、有效满足养老服务需求。

（一）社区老人身体状况

1. 生活自理状况

在对1000位老年人生活能力的调查中发现（见附表2），随着年龄的增长，老年人生活自理能力不断下降，从完全自理向部分自理、不能自理转变，在生活照料服务方面需求量较大。

附表2　北京市社区 1000 位老年人生活能力情况

年　龄	调查总人数	生活能力		
		完全自理	部分自理	不能自理
60～69 岁	518	514（99%）	1（不到1%）	2（不到1%）
70～79 岁	292	279（10%）	5（2%）	9（3%）
80～89 岁	172	153（89%）	11（6%）	7（4%）
90 岁以上	18	4（22%）	12（67%）	2（11%）

2. 基础病状况

在对 1000 位老年人常见病的调查中发现（见附表3），各年龄段老年人普遍存在"三高"问题，即高血压、高血糖和高血脂，这与日常不太健康的饮食习惯直接相关，同时也凸显了其在养生知识、保健知识、健身运动等方面比较欠缺。

附表3　北京市社区 1000 位老年人基础病情况

年　龄	调查总人数	基础病					
		高血压	高血脂	糖尿病	冠心病	脑出血	脑梗死
60～69 岁	518	289（56%）	73（14%）	75（14%）	66（13%）	1（不到1%）	4（不到1%）
70～79 岁	292	191（65%）	45（15%）	47（16%）	37（13%）	2（不到1%）	7（2%）
80～89 岁	172	111（65%）	17（10%）	38（22%）	25（15%）	4（2%）	10（17%）
90 岁以上	18	12（67%）	5（28%）	7（39%）	2（11%）	0	2（11%）

（二）养老服务意愿能力

1. 养老服务接受意愿

在对 548 位老年人养老需求意愿的调查中发现（见附表4），老年人养老服务需求受传统社会风俗和社会文化的影响，对入住养老机构意愿不强烈，对短期照料中心需求意愿较强；但受到退休金低、经济承受力较弱的主观影响，对付费性项目价格敏感，导致养老服务需求较低。

2. 养老服务接受能力

在对 1000 位老年人养老服务接受能力的调查中发现（见附表5），20世纪 50 年代企业退休老人的退休金基本都在 3300～3500 元，无论是入住养老机构还是养老驿站，都存在费用承受问题。对付费性项目消费谨慎且保守，对入住养老院支付力有限，集中在 2000~3500 元区间。

附表 4　北京市社区 548 位老年人养老需求意愿

年　龄	调查总人数	入住养老机构	短期照料中心	养老需求
60~69 岁	302	24（8%）	114（38%）	189（63%）
70~79 岁	123	1（1%）	33（27%）	82（67%）
80~89 岁	104	2（2%）	4（4%）	6（6%）
90 岁以上	19	0	4（20%）	10（53%）

附表 5　北京市社区 1000 位老年人养老服务接受能力

年　龄	调查总人数	可承受养老院入住费用金额		
		2000~3500	3500~6000	6000~8000
60~69 岁	518	431（83%）	9（2%）	1（不到1%）
70~79 岁	292	252（86%）	10（29%）	1（不到1%）
80~89 岁	172	130（76%）	6（3%）	0

（三）养老服务需求项目

1. 医疗服务需求

在对 548 位老年人医疗服务需求的调查中发现（见附表 6），老年人对医疗服务项目中的巡诊服务、康复训练康复护理、陪同就医、整理药品和健康信息采集等服务需求都比较高，其中对巡诊服务和康复训练康复护理服务的需求意愿更为强烈。

附表 6　北京市社区 548 位老年人医疗服务需求状况

年　龄	调查总人数	医疗服务				
		巡诊服务	康复训练康复护理	陪同就医	整理药品	健康信息采集
60~69 岁	302	122（40%）	141（47%）	115（38%）	118（39%）	131（43%）
70~79 岁	123	79（64%）	76（62%）	73（59%）	71（58%）	79（64%）
80~89 岁	104	94（90%）	94（90%）	92（88%）	92（88%）	92（89%）
90 岁以上	19	13（68%）	15（79%）	13（68%）	14（74%）	14（74%）

2. 家政服务需求

在对 548 位老年人家政服务需求的调查中发现（见附表 7），老年人对家政服务中的床上洗浴，窗帘清洁、拆装、取送服务，床上用品清洁和厨房清洁服务的需求都比较高，其中床上洗浴和床上用品清洁服务需求意愿更为强烈。

附表 7　北京市社区 548 位老年人家政服务需求状况

年　龄	调查总人数	家政服务			
		床上洗浴	窗帘清洁、拆装、取送服务	床上用品清洁	厨房清洁服务
60~69 岁	302	175（58%）	138（46%）	141（47%）	140（46%）
70~79 岁	123	99（80%）	74（60%）	75（61%）	73（59%）
80~89 岁	104	96（92%）	94（90%）	94（94%）	94（94%）
90 岁以上	19	14（73%）	14（73%）	14（73%）	13（68%）

3. 精神慰藉及其他服务需求

在对 548 位老年人精神慰藉及其他服务需求的调查中发现（见附表 8），老年人对精神慰藉服务中的心理咨询和文化娱乐活动需求都比较高，此外对于就餐需求意愿强烈。

附表 8　北京市社区 548 位老年人精神慰藉及其他服务需求状况

年　龄	调查总人数	精神慰藉		其他	
		心理咨询	文化娱乐活动	辅具配置	就餐
60~69 岁	302	111（37%）	117（39%）	16（5%）	121（40%）
70~79 岁	123	70（57%）	71（58%）	2（2%）	35（28%）
80~89 岁	104	92（88%）	94（90%）	4（3.8%）	2（2%）
90 岁以上	19	14（73%）	13（68%）	0	5（26%）

三　社区养老驿站供给侧问题

调研团队深入北京市十个养老服务驿站走访调研，采取访谈法和问卷分析等形式，深入剖析问题、大胆求证原因，从宏观政策与规范和微观管理与服务两大层次、十个方面，对社区养老服务驿站供给侧问题进行了总结，为进一步解决问题、提出建议奠定坚实基础。

（一）宏观政策与规范层次问题

1. 各区县优惠政策不均衡

北京市政府相关部门对于已经备案公告运营的驿站，从 2017 年下半年开始，按照平均每个驿站 20 万元的标准，通过专项转移支付给予一次性运营补助支持。但是各区县对养老驿站的租金优惠、场地供给、整改补贴、水电费优惠、设备补贴、税收优惠等各项优惠政策力度和标准不一致，这对养老驿站整体性均衡发展不利。如海淀区养老驿站为商业用电用水，辖区内中央厨房仅电费就高达每月 1 万元，此外房租也是一个很大的问题，虽然由西三旗政府提供场地，但场地面积不大且房租按商业性质收取（11 万/年），阻碍了养老驿站的进一步投资发展。

2. 政府购买服务力度不同

各区县政府对于养老服务驿站提供的社区居家养老服务的购买内容和购买力度不同，且政府购买服务如餐饮、残疾或失能失智老人护理、低保老人服务等，多集中由民办非企业性质的养老驿站承接，将营利性的养老驿站排除在外，不利于社会资本参与养老驿站建设，不利于养老驿站自由竞争。如诚和敬养老连锁驿站作为专门从事资本运营的国有独资公司，在朝阳区无法承接政府购买服务项目，而东城区政府给予其的支持力度不够，在获取、承接政府购买服务这方面出现短板；而海淀区西三旗驿站群通过政府购买服务形式，承接了 83 户失能家庭的定期巡访。

3. 医保护理保险政策缺失

调研中大多数养老服务驿站在推出老年人康复、护理、保健、治疗、助医、助药等服务，以及居家上门医疗服务后，由于不属于医疗保险报销范畴，不能享受医保报销政策，这导致养老服务支付费用较高，因此老年人大多数不会选择在驿站购买医疗服务。加之北京市政策性长期护理保险只在石景山区试点，尚未在全市范围铺开，部分养老护理刚需人群，如长期卧床、失能、半失能、失智的老年人，由于支付能力有限也很少入住日照中心或购买上门护理服务，这直接导致养老服务驿站在社区老年人群体中认可度低、接受度不高、受益人群有限等问题。

4. 养老驿站服务标准较少

养老服务驿站提供老年人助餐、助洁、助医、助行、健康管理、代购、巡视探访、精神慰藉、文化娱乐等方面的服务项目，服务项目繁多但服务质量标准和定价标准的缺失，直接导致养老驿站服务效率和效能不高，社区老人对养老驿站的信任度和认可度降低。2016 年，北京市民政局出台了《社区养老服务驿站设施设计和服务标准（试行）》，对社区养老服务驿站的建筑、附属设施设备、服务项目和运行管理等方面做出规定和要求，但在实际运行过程中，出现执行不到位、服务标准不细化、收费性服务价格定价高、缺乏奖惩机制和退出机制等问题。

5. 养老驿站监管机制薄弱

在养老服务驿站监管过程中，出现多头管理、以罚代管、缺乏监管细则和常态化监管制度缺乏退出机制等问题，从而导致对养老驿站的监管滞后于驿站发展，出现了一些运营资质差、服务质量低的养老驿站扰乱市场秩序的行为。在调研过程中发现，由于缺乏系统性、信息化和严格化的监管体系，缺乏明确的被授权的监管主体实施监管，存在部分单位或企业凭借自身渠道或资源，从政府免费获取场地运营养老驿站，但因缺乏运营经验和能力，服务供给水平低，造成社会资源浪费，引发所在社区老年人的不满，使其他缺少社会资源的专业养老服务商遭受了损失。

（二）微观管理与服务层次问题

1. 驿站服务人群定位模糊

北京市政府对养老服务驿站的功能定位是重点支持驿站辐射开展的各类居家社区养老服务，以及为托底保障对象、困境保障对象、重点保障对象提供低偿服务项目，但调研中发现由于社区宣传力度不大、老人支付能力有限，养老服务驿站的服务对象主要集中于自理老人、健康老人，受众人群较为固定和单一，对特殊困难和特殊需要老年人保障力度和服务效果不大。养老驿站目前提供的服务主要集中在休闲娱乐和老年餐方面，主要为健康的老年人提供文化娱乐等服务，并未将资金和人力集中投入到社区失能、失智老年人身上，未能真正凸显其照护功能。

2. 驿站经营营利能力较弱

养老服务驿站由于人力、租金、水电费等运营成本较高、营利性项目较少且属于微利产业、老年人消费能力和消费意愿不强等，盈利空间小，营利能力较弱。政府街乡、社区及服务运营商的宣传力度不够，老年人对日间照料多床位一间房间布局接受度低，直接导致一些驿站中的日间照料房间基本闲置；驿站的收入来源主要是日间照料和助餐服务，但餐饮和护理等部分服务外包给第三方专业机构来做，加上护理人员或服务人员的人力成本较高，因此盈利空间较小，甚至只能勉强实现收支平衡，严重阻碍了养老驿站的可持续发展。

3. 驿站医疗服务供应短板

社区老年人对就近医疗、护理、康复、保健、助医、助药等需求较为强烈，但养老服务驿站由于缺乏专业资质医疗服务人员且并未与医疗保险报销制度对接等问题，在医疗服务上出现了供应短板。大部分驿站因缺少或无专业的医疗、康复、护理人员，也并未与社区医院进行合作，难以满足老年人急性期后短期照护、康复的现实需求，距政府提出的要求有一定偏差；驿站里的一些助医、康复、理疗服务中无资质的服务人员较多，容易产生纠纷。调研中只有诚和敬养老驿站聘请英智康复医院有专业资质的服务团队，为老人提供专业的助医康复和巡诊服务。

4. 驿站服务人员资质不齐

养老服务驿站管理和服务人员由于缺乏相关运营经验、专业知识和专业背景，在管理效率和服务效能上大打折扣，同时部分驿站服务人员存在年龄偏大、学历较低、学习意愿不强、缺乏资质证书等问题。在养老驿站内部人事管理过程中，在招聘、培训、晋升等环节缺乏制度性规范，缺乏定期系统性、专业化培训，绩效考核的约束力度小、实施不力。养老驿站的薪酬福利待遇标准较低，同时工作量较大、责任较大，一些年轻就业者不愿进入养老服务行业工作，且一些已经从业的服务人员流动性较大，难以形成人才积累和人才队伍持续发展的规模优势。

5. 驿站风险管理能力较弱

养老服务驿站面向身体和心理较脆弱的老年群体，在服务过程中易发生服务纠纷和意外伤害，但大部分养老服务驿站缺乏风险意识，风险管理能力较弱，在消防、地震等灾害预警和演练方面能力比较薄弱。目前，消防部门对于加强养老机构的消防安全规范管理尤为重视，定期对养老服务机构开展消防安全工作检查。但一些过高的消防安全标准并不符合养老机构实际运营情况，导致养老服务机构精力分散，疲于应付消防检查，无法专注服务质量的提升。同时，消防安全改造和设施重建超出机构预算，增加了运营成本，无形中增加了老年人入住的经济负担。

四 多元合作治理下养老服务驿站的发展建议

多元合作治理是社会治理创新的重要理论成果，应用到本调研报告中是指从三大过程（事前—事中—事后）着手介入、从四个层面（政策设计、建设运营、服务管理、监督评估）精准发力、整合八大治理主体（政府部门、社区组织、医疗机构、公益组织、独立机构、老年群体、服务人员和管理人员），共同协作、服务、参与到社区养老服务驿站的建设、发展和完善中（见附图1）。在政策设计层面，充分提升政府部门和社区组织的行政效能；在建设运营层面，充分强化养老驿站管理人员和服务人员能力建设；在服务管理层面，充分争取医疗机构和公益组织支持合作；在监督评估层面，充分发挥老年群体和独立机构的监督作用。

（一）政策设计方面

1. 提高养老驿站层级管理效能

社区养老服务驿站管理涉及上级民政、城建、财政、税务、卫计委、社保等多部门的职能和权限，需要打破部门之间的权力壁垒，加强部门间的职能合作，共同为养老服务驿站发展保驾护航。在社区居家养老服务体系上，建立"政府主导＋层级联动"的层级管理模式，以市、区、街乡、社区四级体系为依托，加快养老服务指导中心建设，分级建立起规模有别、服务范围和服务内容有别、服务对象有别的养老照料中心和养老服务驿站，集成区域专业化资源，形成不同层级的养老综合服务联合体，为本辖区内的居家老年人提供多样化、专业化养老服务。

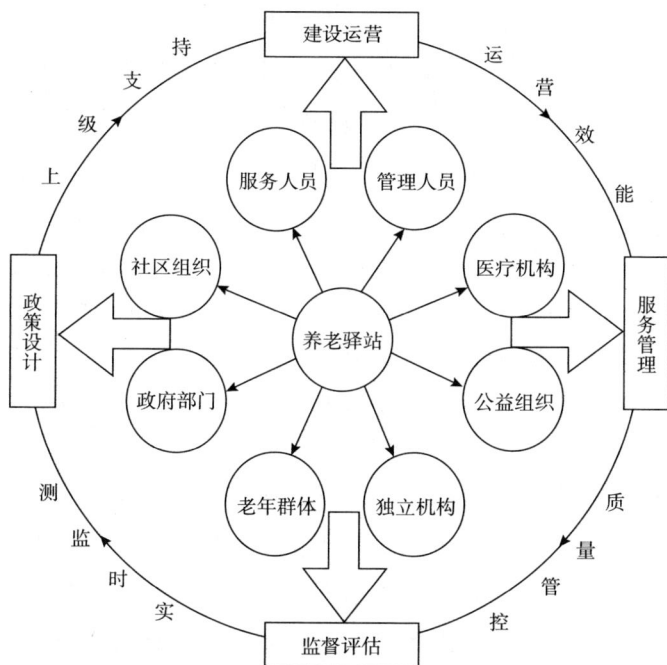

附图 1　多元合作治理下养老服务驿站发展模式

2. 注重优惠政策平衡协调推进

政府部门注重优惠政策在各区县、各养老服务驿站的平衡推进和协调落实，从准入门槛、补贴政策、政府购买等方面推动社会力量参与社区养老服务驿站发展。各区政府应进一步开放养老服务市场，从企业登记、注册服务管理、服务商引进等方面打破服务区域和地区壁垒限制；加大对养老服务领域的财政投入，采取贷款贴息、项目补助、以奖代补等方式，加大对居家养老服务重点领域和重点项目的扶持；对于失能、半失能、空巢、高龄经济困难老人，加快养老驿站康复治疗消费与医保报销相对接进程，加快照护服务补贴制度和长期照护保险制度出台。

3. 加快居家养老服务标准出台

社区居家养老服务标准的制定和出台有利于规范和保障养老服务机构的服务效能和服务质量，确保养老服务有章可循、有标可依，极大地调动各级政府相关部门及其工作人员、驿站运营商、服务商的积极性，服务标准的制定和应用为绩效管理、奖惩管理、质量认证和星级评定等提供依据。

在标准体系中应涵盖"服务商的遴选与退出规范"、"服务商运维管理"、"各级绩效考核标准"、"社会组织服务管理"、"入户服务管理"、"服务流程管理"、"服务质量评价"等，应涉及助餐、助医、助洁、助浴、助急、康复等七项社区居家养老服务的服务标准。

（二）建设运营方面

1. 完善养老驿站内部管理系统

社区养老服务驿站的内部管理系统应当大力引入信息化、智能化和标准化管理技术和手段，以财务管理和人事管理为主要抓手，形成日常运营管理、内部流程管理的全面管理体系。

在工作人员、服务人员和老年服务群体层面，通过多维度、全方位的数据采集，提供决策支持，建立客户体验反馈体系，提升服务标准和客户体验；在养老驿站层面，通过"小前台、大后台"提升运营效率，降低运营风险，支持精细化管理和服务；在运营管理和整体战略层面，通过流程优化、IT固化推进业务标准化，支持项目快速复制、连锁化扩张，实现有效运营管理。

2. 挖掘养老驿站组织的盈利潜能

社区养老服务驿站提升可持续经营能力和盈利水平，通过品牌化、连锁化经营来规避或降低经营风险，摆脱单纯依赖政府补贴的运营模式，探索新的服务项目并进一步挖掘老年人群消费潜力。充分运用市场手段激发养老驿站运营活力，培养一批拥有资金实力的专业养老服务运营企业，使之具备规范的服务流程和管理机制，提供符合市场需求的标准服务。引入有实力和品牌的企业参与养老驿站建设运营，将政府支持与自力更生相结合，市场主体根据市场情况自主经营、自负盈亏，相互之间进行良性的竞争，促进社区居家养老整体市场的成熟和发展。

3. 加强养老驿站风险管控能力

社区养老服务驿站的风险管理应当从风险预防、风险处置和风险评估三个层次推进，提高预防风险意识和风险预警能力，注重风险处置中的痕迹化管理，对潜在风险和已发生的风险进行科学评估并采取对应管控措施。购买养老驿站相关综合责任保险，鼓励老年人购买意外伤害保险。以消防安全为例，公安消防部门尽快制定养老机构消防标准，使养老机构的消防安全工作有章可循。消防部门要帮扶养老驿站管理人员制定相应的消防安全管理制度，明确消防安全责任人，落实消防安全管理制度，提供有针对性的全年消防安全知识培训和灭火演练方案等。

（三）服务管理方面

1. 明确养老驿站服务人群定位

养老服务驿站要进一步明确组织定位和组织功能，突出照护社区中的弱势老年群体；同时在入驻社区之前对辖区内老年人的能力和需求状况进行精准评估以针对性开展服务。社区养老服务驿站在充分实现日间照料、呼叫服务、助餐服务、健康指导、文化娱乐、心理慰藉等六项基本服务功能的同时，还可以根据自身设施条件和周边资源供给情况，拓展开展康复护理、心理咨询、法律咨询等延伸性功能。同时在定位过程中规避误区，即社区养老服务驿站并非"全程"式养老机构，不能无限期、无限制居住，另外养老服务驿站是不包含临终关怀服务的。

2. 注重养老服务人员资质审核

社区养老服务驿站应建立严格的服务人员准入机制，要求服务人员具备资格证书，制定日常工作标准，确保保量、高效、高质供给养老服务。社区养老服务驿站应建立服务人员公示制度，养老护理员应持有职业培训证书或等级鉴定证书，餐饮人员应持有健康证。社区养老服务驿站设站长 1 人，养老护理员与服务对象比例达到 1：6，至少有 1 名社会工作人员、1 名医务人员、1 名工勤人员、1 名财务人员。广泛动员社会公益组织的力量，大力提倡社会慈善组织、社工、社区志愿者和低龄健康老年人到社区养老服务驿站提供志愿服务、老年人互助服务、互乐服务。

3. 拓展养老驿站医疗服务项目

社区养老服务驿站应拓展医疗服务项目以满足社区老年人需求，可通过自行聘请专业化医疗团队，也可通过外包或合作形式由社区医院、私立医院提供服务。依托社区卫生服务机构、护理站或专业医生、护士为老年人提供定期体检、上门巡诊、家庭病床、社区护理、健康管理等服务。扩大社区医院的家庭医生入户诊疗覆盖范围，开放具有医疗资质的护理机构，推动兼具医疗护理和养老功能的综合机构建设。社区养老服务驿站加强老年健康教育，定期组织专业人员举办健康知识及技能培训，提供老年疾病预防、伤害预防、自救及自我保健等健康指导。

（四）监督评估方面

1. 重视社区老人服务质量反馈

社区老年人是社区养老服务驿站服务的直接购买者和消费者，对服务数量和质量有充分的发言权和监督权，在监督评估过程中应充分重视并广泛征集老年人意见，并及时对反映的问题和提出的建议进行反馈。对社区老年人的意见搜集，通过入户调查、访谈、问卷、电话等多种形式，最大限度地便利老年人，评估内容涵盖服务流量、服务对象满意度、家属/监护人满意度、服务时间准确率、服务项目完成率、有效投诉结案率等方面。尤其针对服务质量投诉案例和纠纷案例，相关部门要第一时间进行调查、核实和维权，确保老年人权益得到有效保障。

2. 积极引入第三方独立评估

在对社区养老服务驿站的监督评估过程中，大力引入第三方评估，能够确保对养老服务驿站的监管工作更加科学、全面、客观，有助于提升居家养老服务整体水平。在未来养老服务单位诚信体系建设、社区养老服务驿站奖励扶持、社区居家养老服务运营监管等过程中引入具有一定资质的科研院所、审计机构、评估机构、标杆驿站、行业协会等第三方评估，将评估结果与政府补贴优惠政策或街道社区合作资格直接挂钩，定期公布监督评估结果，对养老服务驿站进行星级评定，便于社区老年人有针对性地选择养老驿站服务，实现市场自由竞争、优胜劣汰。

3. 强化相关责任部门监管职能

政府相关责任部门的监管职能应坚持常态化、实时化、规范化的原则，制定相关监督检查规范和约束方法，建立违规企业退出机制和失信企业黑名单。从事前、事中和事后全过程进行监督检查；通过社区养老服务驿站自我评价、服务对象评价、街道办事处（乡镇政府）评价和区民政、老龄部门委托的第三方社会机构评价等进行360度主体评估；从服务内容、服务需求、服务标准、服务质量、政府补贴项目资金使用情况、服务效果等全方位进行内容评估。重视日常管理和风险管理，提升养老服务驿站的绩效意识、责任意识、服务意识、信用意识和质量意识。

资料 1　丰汇园社区养老服务驿站访谈记录

（一）访谈背景

驿站名称：丰汇园社区养老服务驿站

访谈对象：栾艺及其他两名护理人员

访谈时间：2017 年 9 月 20 日上午

（二）驿站信息

地理位置：北京市西城区金融街丰汇园 13 号楼底商

建筑面积：约 300m²

床位：3 张喘息式床位

功能区：康复区、多功能区、助浴间、日间照料室、心理咨询室、图书阅览区

收费标准：100 元起

是否提供助餐服务：否

服务群体：健康自理老人

（三）政策支持

房租补贴

政府购买服务

（四）盈利状况

丰汇园驿站是所有驿站里面盈利情况最好的

主要收入是街道购买驿站为老人组织的各项活动

（五）人力成本

护理人员为养老服务与管理专业专科毕业生

工资 3000～4000 元/月，有五险一金，包食宿

资料 2　丰台新村养老照料中心访谈记录

（一）访谈背景

驿站名称：丰台新村养老照料中心

访谈对象：总经理傅力、副总经理李宁、区域总监姜胜严、护理主管王静岩

访谈时间：2017 年 9 月 20 日上午

（二）驿站信息

地理位置：北京市丰台区鸿业兴园二区 19 号楼新村街道养老照料中心

床位：61 张

房间配置：阿尔茨海默症照料间 7 间，颐养间 7 间，生活照料间 8 间（分为 4 人间和 6 人间）

收费标准：4000 元起

是否提供助餐服务：是

服务群体：身体机能退化严重及对机构养老有需求的老人

（三）政策支持

房租补贴：房租每平方米 2 元

税费减免

（四）盈利状况

目前亏本

入住率达到 80%～90% 才能盈利，目前入住率只有 50%

（五）人力成本

护理人员均为养老服务与管理专业专科毕业生

晚上偶尔会请护工

（六）座谈会内容整理

傲堂集驿站数量：共6家，西城4家，石景山1家，通州正在筹备1家

傲堂集照料中心数量：共6个，延庆和中关村的还未投入运营。

傲堂集的员工晋升机制是什么样的？

分为储备小组长、正式储备小组长、小组长、护理主管、区域总监五级晋升渠道。

所有人员都要从一线护理员做起。

驿站和照料中心是否可以自负盈亏？

丰汇园驿站盈利，牛街驿站亏本。

丰台新村养老照料中心目前亏本。

是否应将驿站改为日间照料中心，照护失能失智老人？

首先傲堂集驿站现在也有全托的老人，并不全是健康老人。其次，驿站目前的功能主要是社区和居家养老，机构则主要是失能失智老人的照护。所以还是要做好驿站的功能和服务群体的区分。

日本养老经验对中国养老模式有什么启示？

日本从1961年就开始实行全民保险制度，老人在接受治疗、护理和家庭帮助时，个人和保险组织共同承担费用。目前针对养老问题的保险制度主要为护理保险制度。老人接受护理服务或家庭帮助的费用，90%来自社会护理保险制度，10%由个人承担。借鉴日本的经验，建议我国在国家政府、地方财政和个人三方面筹资的同时，鼓励商业和社会福利机构参与，提倡商业保险公司和个体老年服务机构介入，通过风险分摊和多元化老年服务供给，分担家庭和国家的养老压力。

养老服务机构与消防部门的职责是否冲突？

不能因为老年人安全问题，将消防安全提到无限高，安全和民生要平衡。消防部门应为养老服务中心提供服务，帮助其消除消防隐患，不应以管制、罚款为主。并且应制定全面合理的养老服务中心消防标准。

资料 3　海淀优护万家养老照料中心访谈记录

（一）访谈背景

机构名称：优护万家养老照料中心

访谈对象：李博，副总经理。参与机构筹备阶段，主管机构运营

访谈时间：2017 年 8 月 24 日下午

（二）机构信息

机构定位：失能失智老人，解决刚需。目前并未收住有入住意向的自理老人。向社区周边辐射服务，如餐车服务、文娱活动等。

地理位置：海淀区二里庄 5 号楼，社区内嵌入式养老机构。

内部分区：照护区域 + 医疗区域（经卫生部门审批通过）。

机构性质：向民政部门注册的民办非企业。

土地获取方式：向海淀置业（区政府国有资产）租赁，房租目前为 200 万元一年，预计五年后租金增长。

房屋获取方式：由商务会馆改造。

占地面积：1000m^2，建筑面积 2300m^2。

床位收费：根据房间面积和室友数量（单人间～四人间）计，2600～9000 元/月，不包括护理费等。

筹备时间：2016 年 10 月～2017 年 6 月。

开业时间：2017 年 7 月中。

（三）政策支持

目前，机构获得以下两项政策支持：

海淀区卫计委发放医疗区域房租补贴，2 元/平方米。

市和区政府发放一次性床位建设补贴，市床位补贴 300 元/床。

此外，机构希望争取到"海淀区居家养老失能互利互助保险"评估支持的服务。

（四）运营困难

运营中遇到以下主要问题。

1. 入住率低，投资回收期长

机构设置 62 个床位，目前 13 人入住。如果 2017 年底住满，单床均价 8000 元或以上，可在 3~5 年回本。

2. 消防设施建设和审批难

要求：该体量的机构设立 100 吨消防水箱。

解决方案：机构因无地设立水箱，只能通过街道商谈，连接小区消防系统。

目前进展：尚未设立或连接小区水箱。

3. 与社区居民的纠纷较多

屋顶通风扇叶为不锈钢材质，因光污染被居民投诉，后刷成黑色。

屋顶建立消防水箱，被投诉像停尸房，后拆除。

4. 人才短缺

困难：因医护人员对养老机构存在偏见，难吸引到人才。

措施：刚毕业、有临床经验的护士，在医院工资 3400~3600 元，在机构工资 4000 元。

希望得到的政策支持：人才补贴直接发放至机构和人员。

5. 老人普遍对付费养老服务接受度低，目前机构亏本提供服务

面向机构/社会老人按摩：收费 20 元/小时，成本 50 元/小时。

面向机构/社会老人修脚：收费 20 元/小时，成本 50 元/小时。

面向社会，免费承接社会养老服务相关活动，希望起到宣传、辐射周边社区的作用。

图书在版编目（CIP）数据

中国公共服务的网络治理／周悦著 . -- 北京：社
会科学文献出版社，2019.7
ISBN 978 - 7 - 5201 - 3866 - 6

Ⅰ.①中…　Ⅱ.①周…　Ⅲ.①互联网络 – 应用 – 社会
服务 – 研究 – 中国　Ⅳ.①D669.3 - 39

中国版本图书馆 CIP 数据核字（2018）第 252540 号

中国公共服务的网络治理

著　　者／周　悦

出 版 人／谢寿光
责任编辑／桂　芳

出　　版／社会科学文献出版社·皮书出版分社（010）59367127
　　　　　地址：北京市北三环中路甲 29 号院华龙大厦　邮编：100029
　　　　　网址：www. ssap. com. cn
发　　行／市场营销中心（010）59367081　59367083
印　　装／三河市尚艺印装有限公司

规　　格／开　本：787mm×1092mm　1/16
　　　　　印　张：13.75　字　数：219 千字
版　　次／2019 年 7 月第 1 版　2019 年 7 月第 1 次印刷
书　　号／ISBN 978 - 7 - 5201 - 3866 - 6
定　　价／78.00 元